NOVAS TÉCNICAS
DE DECISÃO DO STF
ENTRE INOVAÇÃO E DEMOCRACIA

TERESA MELO

Daniel Sarmento
Prefácio

Gustavo Binenbojm
Apresentação

NOVAS TÉCNICAS DE DECISÃO DO STF
ENTRE INOVAÇÃO E DEMOCRACIA

Belo Horizonte

FÓRUM
CONHECIMENTO JURÍDICO
2022

© 2022 Editora Fórum Ltda.

É proibida a reprodução total ou parcial desta obra, por qualquer meio eletrônico, inclusive por processos xerográficos, sem autorização expressa do Editor.

Conselho Editorial

Adilson Abreu Dallari
Alécia Paolucci Nogueira Bicalho
Alexandre Coutinho Pagliarini
André Ramos Tavares
Carlos Ayres Britto
Carlos Mário da Silva Velloso
Cármen Lúcia Antunes Rocha
Cesar Augusto Guimarães Pereira
Clovis Beznos
Cristiana Fortini
Dinorá Adelaide Musetti Grotti
Diogo de Figueiredo Moreira Neto (*in memoriam*)
Egon Bockmann Moreira
Emerson Gabardo
Fabrício Motta
Fernando Rossi
Flávio Henrique Unes Pereira

Floriano de Azevedo Marques Neto
Gustavo Justino de Oliveira
Inês Virgínia Prado Soares
Jorge Ulisses Jacoby Fernandes
Juarez Freitas
Luciano Ferraz
Lúcio Delfino
Marcia Carla Pereira Ribeiro
Márcio Cammarosano
Marcos Ehrhardt Jr.
Maria Sylvia Zanella Di Pietro
Ney José de Freitas
Oswaldo Othon de Pontes Saraiva Filho
Paulo Modesto
Romeu Felipe Bacellar Filho
Sérgio Guerra
Walber de Moura Agra

FÓRUM
CONHECIMENTO JURÍDICO

Luís Cláudio Rodrigues Ferreira
Presidente e Editor

Coordenação editorial: Leonardo Eustáquio Siqueira Araújo
Aline Sobreira de Oliveira

Rua Paulo Ribeiro Bastos, 211 – Jardim Atlântico – CEP 31710-430
Belo Horizonte – Minas Gerais – Tel.: (31) 2121.4900
www.editoraforum.com.br – editoraforum@editoraforum.com.br

Técnica. Empenho. Zelo. Esses foram alguns dos cuidados aplicados na edição desta obra. No entanto, podem ocorrer erros de impressão, digitação ou mesmo restar alguma dúvida conceitual. Caso se constate algo assim, solicitamos a gentileza de nos comunicar através do *e-mail* editorial@editoraforum.com.br para que possamos esclarecer, no que couber. A sua contribuição é muito importante para mantermos a excelência editorial. A Editora Fórum agradece a sua contribuição.

Dados Internacionais de Catalogação na Publicação (CIP) de acordo com ISBD

M528n	Melo, Teresa
	Novas técnicas de decisão do STF: entre inovação e democracia / Teresa Melo. - Belo Horizonte : Fórum, 2022. 228p. ; 14,5cm x 21,5cm.
	Inclui bibliografia. ISBN: 978-65-5518-347-4
	1. Direito. 2. Direito Constitucional. 3. Processo constitucional. 4. Técnicas de decisão. 5. Supremo Tribunal Federal. I. Título.
2022-684	CDD 342 CDU 342

Elaborado por Vagner Rodolfo da Silva - CRB-8/9410

Informação bibliográfica deste livro, conforme a NBR 6023:2018 da Associação Brasileira de Normas Técnicas (ABNT):

MELO, Teresa. *Novas técnicas de decisão do STF*: entre inovação e democracia. Belo Horizonte: Fórum, 2022. 228p. ISBN 978-65-5518-347-4.

Para o meu avô, Deo, analfabeto nas letras e sábio de vida, por ter me ensinado o que não se aprende nos livros.

Para a minha vovó, Tereza, de quem herdei o nome, que por descuido não veio junto com sua força.

AGRADECIMENTOS

Este livro corresponde, com atualizações, à Dissertação de Mestrado em Direito Público que defendi na Universidade do Estado do Rio de Janeiro (UERJ), em fevereiro de 2019, perante banca integrada pelos Professores Daniel Sarmento (orientador), Gustavo Binenbojm (coorientador), Luís Roberto Barroso e Conrado Hübner Mendes, que me honrou com aprovação com distinção e louvor. À banca sou grata pela leitura cuidadosa do meu trabalho, pelos elogios generosos e críticas pertinentes, que tornaram o resultado melhor.

Escrever um livro é um ato solitário. Ao mesmo tempo, muitas pessoas dele participam sem saber, e é preciso agradecer. Esta é a maior vitória da vida acadêmica: estar cercado de corações e mentes que nos inspiram e conosco dialogam. Sou muito grata a uma turma bacana e sabida que percorre o caminho comigo, na vida pessoal e profissional. E sobretudo pelos que cruzaram a barreira da vida profissional e se tornaram indispensáveis amigos. O primeiro deles, sem dúvida, é o querido Professor Luís Roberto Barroso, que despertou em mim, nos idos de 1999, o interesse pelo Direito Constitucional. Fui sua monitora na graduação da UERJ, assistente de pesquisa, estagiária no seu antigo escritório e assessora no STF. A ele agradeço por ter participado de minha formação acadêmica e por tratar-me com carinho e afeto, mesmo quando ouso dele divergir. Só um professor com enorme grandeza intelectual é capaz de aceitar e estimular a discordância. É uma das pessoas mais vocacionadas para o trabalho público que conheço, daqueles que tiram férias para trabalhar. Ele me ensinou muito, sobre mim e sobre o presente que é estar vivo.

O time de colegas do Supremo Tribunal Federal foi responsável por inúmeras discussões sobre as ideias presentes neste livro. Foi uma honra testar cada construção jurídica com pessoas brilhantes e disponíveis intelectualmente, como Renata Saraiva, Aline Osório, Alonso Freire, André Luiz Araújo, Bernadette Vitorino, Carina Lellis, Eduardo Aidê, Estevão Gomes, Leonardo Cunha, Luísa Lacerda, Marluce Flores, Nina Pencak e Paulo Cesar Villela Souto. Léo é o melhor companheiro de sala que poderia existir, e juntos compartilhamos todas as dores do mestrado. Foi também no Supremo que conheci três das peças fundamentais da minha vida: Patrícia Perrone Campos Mello, Ciro Grynberg e Marcelo Costenaro Cavali. Não sei como fui capaz de viver tanto tempo sem vocês.

Agradeço à Universidade do Estado do Rio de Janeiro por tudo o que me deu de graça, e por todos aqueles que colocou em meu caminho. Muito obrigada à minha turma de Mestrado da UERJ, que tornou a jornada mais leve e o aprendizado mais sólido e divertido: João Pedro Accioly, Leonardo Cunha, Ana Luíza Calil, Renato Toledo, Pedro Dionisio, Alexandre Simões, Bruno Arcanjo, Marcus Vinícius, Thalles Furtado, Felipe Barboza, Julia Iunes e, emprestados de outras turmas, André Tosta e Alessandro Molon. Eu não sabia à época, mas Alessandro Molon viria a ser meu chefe na Câmara dos Deputados, durante a mais desafiadora missão profissional que já recebi. Sou muito grata por ter servido ao meu país ao seu lado e sob o seu exemplo. Com especial afeto, agradeço ainda à Ketlyn Chaves, que emprestou o seu talento para me auxiliar na pesquisa deste trabalho e aos discentes da UERJ que me fizeram mestre: os meus queridos alunos de Direito Constitucional da Turma 2017.1. Estarei à distância de um abraço assistindo ao sucesso de cada um de vocês.

Aos meus eternos professores, o reconhecimento por terem me formado, influenciado e inspirado. Na ordem em que apareceram em minha vida, agradeço aos mestres Luís Roberto Barroso, Gustavo Binenbojm, Daniel Sarmento, Ana Paula de Barcellos, Rodrigo Brandão, José Vicente Santos de Mendonça, Jane Reis e Conrado Hübner Mendes – que chegou por último e se tornou um parceiro indispensável. Gustavo foi meu professor na graduação e no mestrado, Patrono da minha turma, coorientador deste trabalho e, mais do que tudo, é interlocutor constante, conselheiro de primeira hora, dono de ombros que suportam minhas dores, sempre com todo o afeto. Sem ele não haveria método nem sistematização possíveis. É a mente que organiza minhas ideias, melhor do que eu poderia fazer. Muito obrigada por caminhar ao meu lado e por me ensinar tanto, Gustavo.

Meu orientador, Daniel Sarmento, é o grande responsável por minha aprovação no Programa de Pós-Graduação da UERJ, e sem ele este livro não existiria. Eu já tinha desistido de ingressar no Mestrado (mesmo sem ter tentado), mas lá estava ele, ano após ano, insistindo na minha vocação acadêmica. Quem o conhece sabe que sua inteligência o precede, que emociona quando discursa, porque fala do coração. Daniel inspira ao ensinar, ensina com o exemplo, escolhe as lutas que poucos teriam coragem de lutar, faz do país um lugar melhor. Costumo dizer que ele não é um ponto fora da curva, mas a própria *curva fora da curva*, um ser humano disruptivo e insubstituível. Daniel, eu já lhe falei algumas vezes, mas devo fazê-lo por escrito: obrigada por ser meu eterno professor e um de meus melhores amigos há mais de vinte anos.

Aos meus pais, Dário e Norma, agradeço pelas renúncias que fizeram para que eu chegasse até aqui, pelos valores que imprimiram em mim, por me deixarem mais próxima de Deus. À Ele agradeço por esta conquista, embora tendo rezado bem menos do que deveria. À minha irmã, Aninha, por me ensinar desde cedo a compartilhar a vida e por ter me dado a querida Luiza, presente em forma de afilhada. Se não fôssemos irmãs eu faria questão de escolhê-la para ter por perto. Fernando, a você agradeço por ser Pai em maiúsculo, por não apenas "ajudar", mas por dividir comigo a tarefa de criar a Martina, multiplicando o tempo que eu não tenho. Não teria sido capaz de terminar de outra forma, e lhe sou muito grata por tudo.

E a você, filha, obrigada por fazer qualquer conquista parecer pequena. O seu nascimento me deu forças para seguir o sonho de me tornar mestre. As garatujas coloridas que vez ou outra encontrava em minhas anotações e livros faziam brotar em mim um sorriso e uma certeza: era preciso seguir em frente. Mamãe esteve todos os dias ao seu lado, ainda que em muitos deles apenas quando já dormia. Este livro é a mais estranha declaração de amor que você vai receber em sua vida, daquelas que a gente espera nunca ler. De toda forma, é uma declaração de amor. Foi por você, Martina.

É você que ama o passado e que não vê.
É você que ama o passado e que não vê.
Que o novo sempre vem.

(Antônio Carlos Belchior)

LISTA DE ABREVIATURAS E SIGLAS

ADC – Ação Declaratória de Constitucionalidade
ADCT – Ato das Disposições Constitucionais Transitórias
ADI – Ação Direta de Inconstitucionalidade
ADO – Ação Direta de Inconstitucionalidade por Omissão
ADPF – Arguição de Descumprimento de Preceito Fundamental
ANP – Agência Nacional do Petróleo
AO – Ação Originária
CF – Constituição Federal
CNJ – Conselho Nacional de Justiça
CNPCP – Conselho Nacional de Política Criminal e Penitenciária
CPI – Comissão Parlamentar de Inquérito
EC – Emenda Constitucional
FPE – Fundo de Participação dos Estados
HC – Habeas Corpus
ICMBio – Instituto Chico Mendes de Conservação da Biodiversidade
IPEA – Instituto de Política Econômica Aplicada
INSS – Instituto Nacional do Seguro Social
LINDB – Lei de Introdução às Normas do Direito Brasileiro
MI – Mandado de Injunção
Min. – Ministro
MS – Mandado de Segurança
PET – Petição
Rcl – Reclamação
RE – Recurso Extraordinário
Red. – Redator
Rel. – Relator
REsp – Recurso Especial
RI/STF – Regimento Interno do Supremo Tribunal Federal
SL – Suspensão de Liminar
STF – Supremo Tribunal Federal
STJ – Superior Tribunal de Justiça

SUMÁRIO

PREFÁCIO 19

NOTA PRÉVIA 23

APRESENTAÇÃO..25

INTRODUÇÃO 29

CAPÍTULO 1
A INOVAÇÃO PELO SUPREMO TRIBUNAL FEDERAL:
TIPOS, CONTEXTO E LIMITES DA ATIVIDADE NORMATIVA
DA CORTE..37

1.1 O novo papel das cortes constitucionais: a atuação normativa do Supremo Tribunal Federal e seus três principais campos de impacto 37

1.1.1 Atuação normativa do STF com impacto nas normas constitucionais...38

1.1.2 Atuação normativa do STF com impacto na legislação infraconstitucional e na ausência de legislação........................46

1.1.3 Atuação normativa do STF com impacto no processo constitucional 53

1.2 O contexto da assunção do papel normativo pelo Supremo Tribunal Federal: superação de dogmas e leitura contemporânea do princípio da separação de poderes..60

1.2.1 A queda do primeiro dogma: adeus ao legislador negativo de Kelsen (e o ponto ainda indispensável de sua doutrina)...............60

1.2.2 A relativização do segundo dogma: lei inconstitucional nem sempre será lei nula...70

1.2.3 Afinal, o princípio da separação de Poderes impede o STF de criar normas?...79

1.2.4 Do controle de constitucionalidade de normas ao controle de *efetividade* da Constituição: os novos tipos de resposta exigidos do STF..84

1.3 A normatização possível no âmbito da função jurisdicional: por que o Supremo Tribunal Federal pode criar normas e o que limita a sua atuação? 90

1.3.1 Democracia: não somos um governo de juízes 91
1.3.2 Teoria das capacidades institucionais: o Judiciário não pode tudo....96
1.3.3 Fundamento material para a criação judicial: defesa dos direitos fundamentais e das condições da democracia 104
1.3.4 Fundamento processual para a criação judicial: liberdade de conformação processual das Cortes Constitucionais 118

CAPÍTULO 2
NOVAS TÉCNICAS DE DECISÃO PARA A FISCALIZAÇÃO DAS NORMAS E DA EFETIVIDADE DA CONSTITUIÇÃO: INFERÊNCIA CONSTITUCIONAL E INTEGRAÇÃO CONFORME A CONSTITUIÇÃO...131
2.1 Delimitando o problema: o esgotamento das categorias clássicas de decisão em controle de constitucionalidade e as soluções oferecidas pelo STF e pela doutrina 132
2.1.1 A solução envergonhada do STF: a pseudo intepretação conforme a Constituição 134
2.1.2 A solução parcial da doutrina: as sentenças manipulativas.............139
2.2 Por que as sentenças manipulativas não são suficientes para descrever e prescrever a atuação do Supremo Tribunal Federal? 148
2.2.1 Ausência de uniformidade quanto à classificação: a disfuncionalidade de classificações que não classificam 148
2.2.2 Ausência de resposta das sentenças manipulativas para a omissão total: e a existência de uma solução melhor na Constituição de 1988..152
2.2.3 Ausência de resposta para o controle de efetividade da Constituição..158
2.3 A solução proposta: as técnicas da *inferência constitucional* e da *integração conforme a Constituição* 162
2.3.1 A técnica da *inferência constitucional*: atuação normativa do STF com impacto nas normas constitucionais..163
2.3.2 A técnica da *integração conforme a Constituição*: atuação normativa do STF com impacto na legislação infraconstitucional e na ausência de legislação...177

CAPÍTULO 3
ALGUNS PARÂMETROS PARA A ATUAÇÃO NORMATIVA DO SUPREMO TRIBUNAL FEDERAL...187
3.1 Quando o Judiciário não pode criar normas: impossibilidade de decisões criativas em matéria penal, *contra o réu* 188

3.2 Quando o Judiciário possui vantagem comparativa para criar: interesse direto dos demais Poderes e existência de conflito de interesses..197
3.3 Quando o Judiciário está na zona de incerteza: incidência de *testes institucionais* 201
3.3.1 Teste democrático-institucional: *adequação* entre a decisão do STF e os limites democráticos e de capacidade institucional.....................203
3.3.2 Teste dialógico: *necessidade* de manutenção dos canais de diálogo e do sistema de controle recíproco entre os Poderes.........................205
3.3.3 Teste de incentivos: *proporção* entre os incentivos gerados pela decisão e o fim da inércia ou o desbloqueio dos poderes majoritários...208

CONCLUSÃO 211

REFERÊNCIAS...221

PREFÁCIO

Até poucas décadas atrás, o Supremo Tribunal Federal era um ilustre desconhecido para a sociedade brasileira. Em relativamente pouco tempo, passamos da água ao vinho (para alguns críticos, do vinho à água). Na atualidade, não há um único dia em que não seja discutida na nossa esfera pública alguma decisão polêmica da Corte, ou manifestação individual – dentro ou fora dos autos – de qualquer dos seus ministros. O Supremo converteu-se em figura onipresente da nossa vida social, não só por decidir sobre impressionante variedade de assuntos relevantes, como também por se integrar à vida cotidiana dos brasileiros, ao se tornar assunto recorrente na imprensa, nas redes sociais, nas refeições familiares e até mesmo nas mesas de bar. Hoje, talvez mais gente saiba o nome dos onze juízes que integram o STF do que o dos onze jogadores que compõem a equipe titular da seleção brasileira de futebol.

Nesse cenário, uma das críticas mais frequentes feitas à atuação do STF é a de que a Corte legisla, com frequência, afastando-se do seu papel institucional e invadindo a seara dos outros poderes. A atuação criativa e criadora do STF – dizem os críticos – violaria o princípio da separação de poderes, assim como a própria democracia, já que, diferentemente do que ocorre com os parlamentares e com os chefes do Executivo, os ministros do Supremo não são eleitos pelo povo. A acusação de ativismo judicial do STF se tornou lugar-comum. Na comunidade jurídica, os críticos, muitas vezes, apontam a incompatibilidade de certas atuações de nossa Suprema Corte com o modelo kelseniano do "legislador negativo" – de que muitos já ouviram falar, mas poucos conhecem de fato. Por essas e outras razões, o tema da criação do direito pelo exercício da jurisdição constitucional é um dos mais polêmicos e importantes do constitucionalismo brasileiro. Aliás, do constitucionalismo global, pois o tópico é discutido no mundo todo, em tempos de globalização do fenômeno de judicialização da política.

Sobre esse tema tão relevante e complexo, Teresa Melo nos brinda com obra brilhante, criativa, erudita, escrita com primor. Trata-se da sua dissertação de mestrado, apresentada na Faculdade de Direito da UERJ e aprovada com distinção, louvor e indicação para publicação, por banca integrada por Luís Roberto Barroso, Gustavo Binenbojm, Conrado Hubner Mendes e por mim, que tive a honra de orientá-la (Gustavo foi o coorientador). De modo mais específico, Teresa se debruça sobre as novas técnicas decisórias que o STF vem adotando nos últimos tempos, buscando identificá-las, enquadrá-las – com base em inovadora grade conceitual por ela mesmo formulada –, e ainda definir limites para o seu emprego.

A autora demonstra, com razão, que, diante das competências e missões do STF atribuídas pela Carta de 88, é praticamente impossível para a Corte não participar, em alguma medida, do processo de criação de normas jurídicas. A natureza aberta, principiológica e transformadora da Constituição, bem como os papéis do Supremo de guardião de direitos fundamentais e de fiscal da efetividade da Carta, não permitem que o Tribunal permaneça inerte diante das falhas e omissões dos demais poderes estatais na proteção e promoção dos valores constitucionais mais relevantes. Para afirmar a legitimidade – limitada, é certo – de criação judicial do direito na via da jurisdição constitucional, a obra reconstrói também o enferrujado dogma kelseniano do legislador negativo, demonstrando a franca incompatibilidade entre seus pressupostos e o modelo de Constituição e de controle de constitucionalidade adotados no Brasil.

Contudo, essas constatações não levam a autora a endossar, de modo acrítico, o discurso da hegemonia judicial, presente em algumas versões do neoconstitucionalismo. Pelo contrário, a obra reconhece os riscos democráticos subjacentes à "supremocracia". Além disso, identifica, com acerto, os déficits na capacidade institucional do STF, que, em muitas questões, possui condições inequivocamente inferiores às dos demais poderes estatais para criar normas jurídicas adequadas aos problemas a serem regulados. Daí a adoção de concepção sofisticada sobre o fenômeno analisado, que não se contenta com respostas simplórias – *e.g.*, sim ou não ao "ativismo judicial" – mas busca construir novas grades conceituais para a compreensão das técnicas decisórias do STF, além de definir parâmetros para o seu uso legítimo.

Não é o caso de resumir aqui as categorias e parâmetros propostos por Teresa Melo, roubando do leitor o prazer de fruí-los diretamente da obra prefaciada. Cabe-me apenas apontar a sua absoluta originalidade, bem como a sua fecundidade para compreensão e crítica de aspectos nucleares da jurisdição constitucional brasileira, que ainda não tinham sido examinados pela doutrina com olhar tão penetrante e criativo.

São inúmeras as virtudes deste livro. O tema, que diz com os limites da atuação do STF, é central e candente; a pesquisa realizada é erudita e meticulosa; o texto é escrito com primor, agradável e inspirador, sem prejuízo da densidade; as propostas desenvolvidas são originais e instigantes. A obra é toda permeada pelo raro equilíbrio entre, de um lado, sensatez e maturidade intelectual, e, do outro, ousadia e coragem. Sensatez e maturidade que se revelam em posições sempre razoáveis, que levam a sério tanto as exigências normativas do estado democrático de direito, quanto as dificuldades do mundo real em que a jurisdição constitucional é prestada. Ousadia e coragem para criticar dogmas oxidados e categorias teóricas disfuncionais, e também para não se calar diante de claros abusos do STF – como as decisões aditivas contra o réu em matéria penal, que traduzem violação imperdoável ao princípio da legalidade penal.

Teresa é uma das minhas melhores amigas. Generosa, inteligentíssima, divertida, lutadora, disciplinada, uma pessoa que todos querem ter por perto. Conheci-a há mais de 20 anos, quando eu ingressava no magistério na UERJ, e ela ainda cursava a graduação da nossa faculdade. Aluna brilhante, passou a me ajudar em minhas atividades de pesquisa. Recém-formada, Teresa tornou-se procuradora federal, aprovada em disputado concurso público, mudou-se para Brasília, foi assessora do Ministro Herman Benjamin, no STJ, teve uma linda filha. Tudo isso atrasou um pouco o seu retorno à vida acadêmica. Ao publicar minha tese de doutorado, ainda em 2003, para cuja pesquisa Teresa prestara inestimável auxílio, escrevi, nos agradecimentos, que o mundo jurídico ainda ouviria falar muito dela. É chegada a hora! Felizmente, ela reencontrou a sua avassaladora vocação acadêmica, e não vai mais parar.

Teresa Melo exerceu funções relevantes na Advocacia-Geral da União por muitos anos. Assessora o Ministro Luís Roberto Barroso, no STF, e conhece, por dentro, o funcionamento do Supremo, junto ao maior constitucionalista da Corte. Foi assessora do Deputado Federal Alessandro Molon, líder da oposição na Câmara dos Deputados e protagonista em todas as lutas por direitos e justiça no Congresso, nestes dias tão difíceis em que vive o país. Em outras palavras, a Autora conhece a fundo os três poderes da República. Não só as aparências, que figuram nos livros de direito, mas também os bastidores e engrenagens ocultas. É um recurso raríssimo para publicistas, de valor incalculável. Some-se a isso o seu talento extraordinário, sua disciplina férrea, sua capacidade natural de cativar as pessoas, e tem-se a receita infalível para o surgimento de uma grande jurista.

É uma grande honra e felicidade prefaciar o primeiro livro de Teresa Melo, que, com certeza, vai se tornar referência fundamental em tema importantíssimo para o constitucionalismo brasileiro. Boa leitura!

Daniel Sarmento
Professor Titular de Direito Constitucional da Faculdade de Direito da Universidade do Estado do Rio de Janeiro (UERJ). Doutor e Mestre em Direito Público pela UERJ. *Visiting Scholar* na Yale Law School (EUA).

NOTA PRÉVIA

As citações em língua estrangeira constantes do texto foram traduzidas livremente.

APRESENTAÇÃO

O exercício da jurisdição constitucional é marcado, desde suas origens remotas, por um *dilema*: entregar a tarefa de interpretar a Constituição, em caráter definitivo, aos legisladores, e com isso consagrar a supremacia do Parlamento, e não propriamente das ideias contidas na Lei fundamental; ou confiá-la a um Tribunal em moldes judiciários, e com isso conferir a última palavra jurídica da Nação a um colegiado de juízes não eleitos e não submetidos à forma mais tradicional de *accountability* democrática, que são as eleições periódicas.

A tendência inquestionável à opção pelo modelo de controle jurisdicional da constitucionalidade das leis – que se expandiu até para redutos em que havia resistência histórica à sua aplicação, como a França, com a inserção no ordenamento jurídico francês da chamada questão prioritária de constitucionalidade (*question prioritaire de constitutionnalité*) – revela a ascensão dos Tribunais Constitucionais no mundo ocidental, desde pelo menos o segundo pós-guerra, como estratégia institucional de moderação à soberania popular e de proteção das minorias. Com efeito, a experiência histórica recente tem demonstrado que as Cortes constitucionais têm cumprido um importante papel de salvaguarda de direitos fundamentais e árbitro dos conflitos entre os Poderes, servindo de maneira satisfatória à causa da democracia.

Essa constatação, entretanto, não resolve o dilema. Antes, ao contrário, torna-o ainda mais problemático. Isso porque as intervenções da jurisdição constitucional em decisões dos demais Poderes não são mais apenas pontuais e episódicas – como o foram, no século XIX, as da Suprema Corte norte-americana, limitadas a duas – mas passaram a constituir o cotidiano dos regimes democráticos. Como as Constituições não são documentos claros e objetivos, a tarefa de interpretá-las e aplicá-las envolve sempre uma margem, maior ou menor, de subjetividade do intérprete. É dizer, os Tribunais Constitucionais atuam *criativamente* na suposta *revelação* do sentido dos textos que interpretam. Qual a fonte de legitimidade democrática desse enorme poder, que anula leis votadas pela maioria dos representantes eleitos pelo povo? Mais ainda, o que legitima decisões *integrativas* das Cortes, que passam a desempenhar um papel verdadeiramente normativo, em muito desbordante da ultrapassada alegoria do *legislador negativo kelseniano*?

Neste extraordinário livro, Teresa Melo examina a transformação ocorrida na forma de atuação das Cortes Constitucionais, com ênfase na criação judicial de normas para a solução de casos difíceis. Em especial, o livro descreve, com riqueza e precisão, como o Supremo Tribunal Federal brasileiro trilhou um caminho de intervenções construtivas e se inscreveu na lista dos Tribunais mais ativistas do mundo. Com a sua apresentação e defesa no âmbito do programa de pós-graduação *stricto sensu* da Faculdade de Direito da Universidade do Estado do Rio de Janeiro (UERJ), a Autora obteve, com distinção e louvor, o título de Mestre em Direito Público por aquela renomada instituição, sob a orientação do Professor Daniel Sarmento, que presidiu a Banca Examinadora composta também por mim, que tive a honra de coorientar o trabalho, e pelos Professores Luís Roberto Barroso e Conrado Hübner Mendes. Minha aluna nos cursos de graduação e mestrado, credito ao carinhoso vínculo de amizade que nos une o generoso convite da Autora para apresentar a sua obra.

Teresa mira ao longe, mas labora com prudência ao constatar que existe *algum grau de atividade legislativa na função jurisdicional*, embora não seja adequado nem desejável equiparar o trabalho do Supremo Tribunal ao de um *legislador positivo*. Assim, longe de soluções dicotômicas ingênuas, do tipo *tudo ou nada*, a Autora se propõe a responder a pergunta correta: em que medida pode o STF criar uma norma para solução de um caso concreto, sem invadir a esfera de atuação democrática dos poderes eleitos? A questão é muito mais a capacidade institucional do Judiciário para lidar com determinados temas, a intensidade da intervenção pretendida e a matéria regulada por meio da decisão judicial – e não uma abstrata alegação de violação ao princípio da separação de poderes. Nessa toada, no que se refere às decisões criativas do Tribunal, a Autora propõe, com lucidez e apuro técnico, a sua classificação em: (a) decisões construtivas por inferência constitucional (por aplicação direta de princípios e regras constitucionais, ou para a construção de competência constitucional); e (b) decisões construtivas por integração conforme a Constituição (para suprir lacuna constitucional ou para evitar impacto desproporcional).

O livro didaticamente identifica, então, quatro áreas em que se poderia supor a atuação construtiva do Supremo: (i) uma zona em que tal atuação *se impõe*, como na proteção de direitos fundamentais e regras do jogo democrático; (ii) uma zona em que o Judiciário goza de *preferência institucional* para atuar criativamente, como nas situações em que há interesse direto dos demais poderes; (iii) uma zona em que a sua atuação criativa é *interditada,* como na criação de normas penais contra o réu, por força da regra constitucional da legalidade penal estrita); e (iv) uma extensa zona de incerteza de atuação, na qual a intervenção construtiva do STF deve ultrapassar determinados testes institucionais.

Para compatibilizar a atividade normativa judicial com o princípio constitucional da separação dos poderes, a Autora propõe, ao fim, três testes muito interessantes para legitimação da atuação criadora da Corte: (1) se existe adequação entre o pedido e as habilidades e limites democráticos e institucionais do STF (teste democrático-constitucional); (2) caso atendido o pedido, se a decisão mantém – ou ao menos não suprime – o necessário diálogo institucional entre os poderes (teste dialógico); e (3) se é positiva a proporção entre os incentivos gerados pela decisão e o fim da inércia ou bloqueio dos poderes majoritários (teste de incentivos).

O velho Francisco Campos dizia, numa de suas tiradas cortantes, que o STF, sendo o juiz último da autoridade dos demais poderes, acabava por se tornar o juiz único de sua própria autoridade. A tentação de juízes constitucionais por emplacar suas visões de mundo, de processo civilizatório ou da própria história em decisões criativas é enorme. A tal tentação, no entanto, deve-se procurar resistir, em nome tanto do ideal liberal de *autodeterminação individual,* quanto do ideal democrático de *autodeterminação coletiva.* Mas esse amadurecimento institucional depende da consciência dos magistrados sobre os limites de seu próprio poder, do trabalho arguto e esclarecedor da Academia, da maior representatividade social dos poderes eleitos e de uma cidadania mais participativa.

Com a publicação deste precioso livro, Teresa Melo dá uma importante contribuição para a compreensão de como a jurisdição constitucional brasileira tem atuado construtivamente na produção de normas jurídicas, revelando pontos críticos e apontando possíveis soluções. Trata-se de livro imprescindível não apenas a todos os operadores do direito constitucional, mas também aos cidadãos interessados no aprimoramento da democracia no Brasil.

Gustavo Binenbojm
Professor Titular de Direito Administrativo da Faculdade de Direito da Universidade do Estado do Rio de Janeiro (UERJ). Doutor e Mestre em Direito Público pela UERJ. *Master of Laws* (LL.M) pela Yale Law School (EUA).

INTRODUÇÃO

"O SENHOR MINISTRO EROS GRAU (RELATOR):
– A minha anotação, Senhor Presidente, vai ser meio antipática.
Mas eu já disse isso uma vez e vou repetir: não estou preocupado com a doutrina, a doutrina é que tem que se preocupar conosco.
Nós é que definimos o que a doutrina vai ter que dizer depois.
Perdoem-me, mas é assim mesmo.

O SENHOR MINISTRO MARCO AURÉLIO:
– E olha que Vossa Excelência é um doutrinador!

O SENHOR MINISTRO EROS GRAU (RELATOR):
– A doutrina vai nos acompanhar, podem ficar tranquilos.

O SENHOR MINISTRO AYRES BRITTO:
– Mas a doutrina mantém conosco uma relação de mútuo proveito e nos ajuda muito.

O SENHOR MINISTRO EROS GRAU (RELATOR):
– Não, ela nos acompanha sempre".[1]

---

[1] STF, Plenário, ADI nº 2.905, Rel. Min. Eros Grau, j. 16.11.2016, p. 01.02.2018. O diálogo transcrito ocorreu em fevereiro de 2010.

O diálogo anteriormente transcrito serve de bandeira amarela, uma espécie de sinal de alerta a soar antes de qualquer proposta de ampliação dos poderes ou atribuições do Supremo Tribunal Federal. Sem dúvida exterioriza um comportamento judicial que ainda pode ser sentido e testemunhado nos corredores e sessões da Corte, e que passa a ideia de magistrados autocentrados, autorreferentes e sem maiores preocupações com *accountability*. Mas também vale outra reflexão. De fato, grande parte da doutrina e da academia brasileiras prestam reverência aos ministros e aos entendimentos do Supremo Tribunal Federal, tornando a discordância algo incômodo e pessoal. Transcrevi o diálogo com o objetivo de chamar a atenção para os riscos inerentes à defesa da realização de atividade normativa por juízes e tribunais, mas, com humildade e respeito, serve ainda como convite para uma insubordinação qualificada, para a apresentação de críticas *e* de propostas, e para a construção de um ambiente de ideias.

O trabalho se insere no contexto da criação judicial. E o tema a que se refere é resultado de um fenômeno multifatorial: a complexificação das relações sociais, a transferência de poder das instâncias majoritárias para o Judiciário – principalmente para o Supremo Tribunal Federal –, a aproximação entre direito e política, a falta de representatividade do Legislativo, a existência de denúncias de corrupção praticadas por autoridades públicas e empresas, sem esquecer a crise da democracia. Esses e outros fatores interferem diretamente no diagnóstico de que o STF vem, cada vez mais, tomando decisões criativas e que tais provimentos não se inserem nas categorias clássicas de decisão identificadas pela doutrina da década de 90. Esse é o pressuposto de que parte o trabalho, e que não é uma particularidade ou idiossincrasia da Corte brasileira, contando com exemplos nos mais diversos tribunais constitucionais do mundo.

Estudos de direito comparado demonstram que a criação judicial de normas constitui o mais novo papel das cortes constitucionais – que, como todo poder, comporta limites. De toda forma, o exercício da atividade criativa pelo Judiciário ainda é mal compreendido e envolto em dogmas, como o do legislador negativo kelseniano e a defesa de um modelo ultrapassado de separação de poderes. Essa fundação já não sustenta o comportamento decisório atual das cortes constitucionais e, em particular, do Supremo Tribunal Federal. Mas há fatores próprios ao sistema brasileiro que devem ser considerados, como, por exemplo, o texto constitucional abrangente, o desenho institucional e o tipo de comportamento judicial dos membros do Supremo Tribunal Federal.

Essas variáveis não serão objeto de estudo separadamente, mas devem ser apontadas para a boa compreensão do conjunto.

No direito constitucional brasileiro contemporâneo, a atuação do Supremo Tribunal Federal não se limita à interpretação de normas constitucionais e à declaração de constitucionalidade ou inconstitucionalidade de leis ou atos normativos. Com a regulamentação da arguição de descumprimento de preceito fundamental – ADPF, a Corte passou também a exercer um *controle de efetividade* do projeto constitucional. O instrumento pode ser apontado como marco da ampliação dos poderes decisórios da Corte, dos tipos de provimento dela exigidos e do novo tipo de fiscalização constitucional realizada. Não se leva ao *Supremo* apenas questões relacionadas à compatibilização de *leis e atos normativos* com a Constituição. Pergunta-se ao STF, por exemplo, sobre a constitucionalidade ou não da realização da Marcha da Maconha, da restrição do funcionamento do WhatsApp, da greve dos caminhoneiros ou da ameaça de ingresso de policiais e interrupção de aulas em universidades públicas ou privadas. As categorias clássicas de decisão em controle de constitucionalidade já não são suficientes para sistematizar os provimentos do Supremo Tribunal Federal. O *Supremo* encontrou novas formas de comunicar e exteriorizar o conteúdo de suas decisões, mas essas técnicas têm passado ao largo do exame de boa parte da doutrina e, em última análise, do próprio Supremo Tribunal Federal.

Feito o diagnóstico e entendida a atuação judicial normativa como um fato, presente no Brasil e em boa parte das democracias contemporâneas, qual seria então o prognóstico? Como entender a separação de poderes nesse quadro? A democracia admite a inovação judicial? Qual o fundamento para realização de atividade legislativa pelo Supremo Tribunal Federal? A Corte pode e deve criar a norma para a resolução de qualquer caso concreto? Ou há limites e parâmetros a serem observados? O Judiciário brasileiro tem formação e está preparado para executar esse papel? Essas e outras perguntas devem guiar a atuação de juízes e tribunais, e as respostas precisam ser submetidas a rígido controle posterior da academia e da sociedade. Este trabalho não se propõe a responder a todas as indagações pertinentes ao tema, mas é preciso fazer as perguntas certas. Não se questiona se a Corte deve ou não exercer atividade criativa, mas considerando que o faz, como e por que deve se dar a normatização. Esse é o verdadeiro problema. Nesse cenário, busco mudar o foco da discussão atual e lançar luzes sobre os verdadeiros limites impostos à adoção de sentenças criativas, com a formulação de categorias e alguns parâmetros, sem pretensão de definitividade.

Parto do pressuposto de que *algum grau de atividade legislativa está contido na função jurisdicional*, mas que o exercício da normatização por juízes e tribunais submete-se a limites diferentes daqueles impostos ao legislador, estando principalmente relacionados à democracia e às capacidades institucionais do Judiciário. A partir da análise do contexto e dos limites da atividade judicial legislativa, faz-se um recorte para estudar os novos tipos de decisão do Supremo Tribunal Federal e as categorias que têm sido utilizadas para formatar o novo conteúdo de seus provimentos. Embora se insira no âmbito da criação judicial, escolhi estudar o tema sob o enfoque das novas técnicas de decisão do STF. Como *técnica de decisão* deve-se entender, para fins do presente trabalho, a forma pela qual a Corte exterioriza as decisões tomadas no exercício de suas funções constitucionais, ou seja, em qual categoria do processo constitucional o tribunal insere a sua decisão.

O acompanhamento das sessões de julgamento do Supremo Tribunal Federal e a análise de sua jurisprudência demonstram que há pontos cegos na sistematização doutrinária, revelados em decisões peculiares, que fogem às categorias clássicas. Na falta de uma resposta técnico-decisória adequada para conformar os novos conteúdos de seus julgamentos, o STF tem se utilizado da interpretação conforme a Constituição, a fim de rotular decisões que não se limitam à interpretação e que configuram verdadeiro exercício de atividade criativa pelo Tribunal. Essa postura não deve ser estimulada, por constituir exercício de insinceridade normativa e dificultar o controle posterior. Por outro lado, pode resultar da insuficiência da alternativa disponível, que começa a ser estudada pela doutrina processual e constitucionalista brasileira: as sentenças manipulativas italianas.

O trabalho não se refere ao detalhamento das técnicas clássicas de decisão, nem ao estudo pormenorizado das sentenças manipulativas nos sistemas italiano, alemão, espanhol ou português. Esses temas serão tratados na medida em que forem necessários para a demonstração da insuficiência do catálogo técnico-decisório brasileiro ou da solução apenas parcial do problema pelas categorias do direito comparado. Técnicas relativamente novas de decisão, como a modulação temporal de efeitos no controle de constitucionalidade das normas, tampouco foram objeto de estudo específico, por já terem sido positivadas e objeto de muitos trabalhos e debates. A partir da análise da jurisprudência do Supremo Tribunal Federal, busca-se a identificação de desvios em relação às categorias clássicas e a verificação da adequação das respostas oferecidas pelo STF e pela doutrina.

O exame desses fatores levou à conclusão de que nem a ampliação do uso da interpretação conforme a Constituição, nem a adoção das sentenças manipulativas correspondiam a respostas satisfatórias para o contexto brasileiro de revisão judicial. O caso brasileiro demanda respostas próprias, porque representa modelo inédito de fiscalização no mundo. Por isso, o trabalho busca ampliar o debate com a apresentação de novas categorias de decisão para explicar a atuação normativa do STF: a *inferência constitucional* e a *integração conforme a Constituição*. Trata-se, na realidade, da identificação de um padrão decisório do STF e da tentativa de reunião dos casos sob uma mesma nomenclatura, sob o norte da Constituição de 1988. As técnicas propostas *assumem* a realização de atividade normativa pelo Supremo Tribunal Federal e buscam uma conformação maior ao direito constitucional brasileiro do que aquela realizada pelas alternativas disponíveis. Uma pequena contribuição para um longo debate, que apenas se inicia.

A delimitação das novas categorias de decisão utilizadas pelo Supremo Tribunal Federal é importante, porque institucionaliza a prática, gerando previsibilidade e transparência quanto à sua adoção. Além disso, aumenta a qualidade do controle sobre as decisões da Corte, principalmente sob o ponto de vista *institucional*. Se o reconhecimento da normatização pelo STF implica em transferência de poder das instituições politicamente responsáveis para o Judiciário, ainda que respeitados os limites da democracia e da capacidade institucional, a sociedade e as instituições majoritárias precisam saber o que realmente está sendo decidido pelo Supremo Tribunal Federal, ser consideradas no processo de tomada de decisão, e não ter o exercício de suas funções constitucionais típicas bloqueado pela atuação criativa e criadora do STF. Assim, a legitimidade do processo passa pela manutenção de instrumentos constitucionais de controle recíproco e pela introdução de argumentos institucionais no debate, o que considera os limites impostos pelo controle recíproco no processo criativo, ao invés de simplesmente afirmar que a separação de poderes impede toda e qualquer normatização pelo Judiciário.

O argumento institucional soma-se, assim, aos aspectos formais e substanciais para completar a forma como o Supremo Tribunal Federal deve atuar e escolher a técnica de decisão mais apropriada para determinado caso concreto ou conjunto de casos, em respeito ao princípio constitucional da separação de poderes. A preocupação com as instituições envolvidas no processo foi traduzida sob a forma de perguntas, por mim denominadas *testes institucionais*. O trabalho se sustenta em três pontos principais: (i) a delimitação do real contexto em que exercida a fiscalização de constitucionalidade e o *controle de efetividade* da Constituição, que devem observar a democracia e as capacidades institucionais; (ii) a elaboração de novas categorias de decisão para conformar a atividade legislativa exercida pelo Supremo Tribunal Federal à Constituição de 1988 (*inferência constitucional e integração conforme a Constituição*); e (iii) a proposta de incidência de testes institucionais prévios à adoção de decisões e técnicas criativas pela Corte, garantindo-se o respeito à democracia, à separação de Poderes e à igualdade política.

Para tanto, o primeiro capítulo trata do fenômeno da inovação pelo Supremo Tribunal Federal, com a identificação dos diferentes tipos de impacto da atuação normativa da Corte, o contexto em que realizada, e quais os fatores que funcionam como limites à inovação. Inicio com a sistematização da jurisprudência criativa do STF em três grupos, de acordo com o impacto produzido pelo conteúdo normativo, descrevendo os principais precedentes de cada um deles. A organização dos casos, de acordo com os efeitos normativos produzidos (i) nas normas constitucionais; (ii) nas normas infraconstitucionais e na ausência de legislação; e (iii) no processo constitucional, terá relevância para as técnicas de decisão propostas em capítulo próprio, que foram pensadas a partir do padrão identificado na jurisprudência da Corte. Além disso, o conhecimento prévio sobre os precedentes criativos do Supremo Tribunal Federal favorece a leitura dos demais tópicos do trabalho, pois ao longo do texto voltam a ser analisados e citados, sob diferentes pontos de vista. A sistematização da jurisprudência normativa do STF demonstrará, por exemplo, que a atuação criativa em matéria processual é muito utilizada pelo Supremo Tribunal Federal, porém pouco lembrada pela doutrina.

O primeiro capítulo também é responsável por desenhar o contexto em que se insere a realização de atividade legislativa pelo Supremo Tribunal Federal, buscando desconstruir os principais óbices e identificar aqueles que dogmaticamente devem funcionar como limites à normatização pelas Cortes. Afasto os argumentos do legislador negativo kelseniano (e ressalto, por outro lado, que o pensamento de Kelsen não está de todo ultrapassado), aponto os motivos para adesão à leitura contemporânea do princípio da separação de poderes e desloco *os argumentos democrático e de capacidades institucionais para o centro do debate*. Além disso, insiro no contexto de normatização judicial as pré-condições geradas pela relativização do dogma da lei inconstitucional como lei nula – o que ocorreu com a positivação da modulação temporal de efeitos (Lei nº 9.868/1999) –, e pelos novos tipos de resposta demandados da Corte via ADPF (Lei nº 9.882/1999). Esses dois pontos não costumam ser identificados como importantes para o contexto da criação judicial normativa, mas as consequências de sua introdução no modelo brasileiro de revisão judicial foram mais do que legislativas.

Em transição para o segundo capítulo, proponho um debate sobre os dois principais fundamentos para a atuação legislativa do Supremo Tribunal Federal: o material (defesa dos direitos fundamentais e das regras do jogo democrático) e o processual (margem de conformação processual das cortes constitucionais). Aqui está a peculiaridade do sistema brasileiro. Para além do argumento de teoria constitucional sobre a missão das cortes constitucionais para a defesa dos direitos fundamentais e da democracia, a Constituição de 1988 possui fundamento autônomo para a atuação normativa da Corte quanto ao tema: *a norma de competência judicial criativa que se infere da previsão constitucional do mandado de injunção*. A constatação da autorização prévia concedida pelo constituinte originário para que juízes e tribunais criem a norma necessária para a fruição de direitos, não apenas no âmbito de um mandado de injunção, exige uma mudança de perspectiva ao se tratar do tema: coloca o sistema brasileiro em posição de destaque em relação aos demais e autoriza a proposta de soluções próprias.

O segundo capítulo se inicia com o recorte proposto: o estudo das novas técnicas de decisão do Supremo Tribunal Federal. A partir da apontada insuficiência das categorias clássicas para conformar os novos provimentos do STF, estuda-se a válvula de escape utilizada pelo Tribunal e a alternativa disponível no catálogo doutrinário, de resolver o problema a partir do emprego das sentenças manipulativas, com foco nas decisões aditivas oriundas no direito italiano. Desenvolvo três principais óbices ao emprego das sentenças manipulativas para conformação das novas decisões do Supremo Tribunal Federal e concluo que o uso responde apenas parcialmente ao problema. Em seu lugar, com base no fundamento específico do direito constitucional brasileiro para a criação judicial normativa, proponho a visão do problema a partir de duas novas técnicas, de acordo com o principal impacto dos efeitos normativos: a *inferência constitucional* e a *integração conforme a Constituição*. Não se trata de uma solução definitiva, mas do início do debate sob o prisma do direito constitucional *brasileiro* e da jurisprudência *do STF*.

O último capítulo é uma tentativa de aumentar a previsibilidade e a segurança da atuação judicial em matéria legislativa, já que o ponto mais sensível quanto à adoção de técnicas criativas de decisão está na formulação de limites precisos e operáveis metodologicamente.

Separam-se três campos principais: (i) aquele em que a Constituição veda a atuação normativa do Judiciário; (ii) um segundo onde o Supremo Tribunal Federal possui uma vantagem comparativa para normatizar, em que se pode defender uma alteração de preferência legislativa do Parlamento para o STF; (iii) e um último campo em que vige a incerteza sobre a legitimidade da criação judicial. Na tentativa de reduzir os riscos e as dúvidas da invasão do Judiciário sobre a esfera de atuação dos poderes majoritários e sobre o sistema de controle recíproco entre os Poderes, defendo que, principalmente nessa zona de incerteza, devem ser formulados três testes institucionais prévios à tomada de decisão, cujas respostas indicarão uma maior ou menor adesão da solução judicial criativa ao sistema constitucional: *o teste democrático-institucional, o teste dialógico e o teste de incentivos institucionais*. Por fim, apresento as conclusões do estudo sob a forma de proposições objetivas.

CAPÍTULO 1

A INOVAÇÃO PELO SUPREMO TRIBUNAL FEDERAL: TIPOS, CONTEXTO E LIMITES DA ATIVIDADE NORMATIVA DA CORTE

1.1 O novo papel das cortes constitucionais: a atuação normativa do Supremo Tribunal Federal e seus três principais campos de impacto

Em estudo comparado sobre *Constitutional Courts as Positive Legislators*, Allan Randolph Brewer-Carías analisa o sistema constitucional dos mais diferentes países, para, ao final, constatar que: embora as cortes constitucionais tenham como princípio básico a sua submissão à Constituição, não invadindo o campo de atuação do legislador ou do constituinte originário, todas atuam, em maior ou menor grau, como *legisladores positivos*. A atuação como "legislador positivo" seria o *novo papel das cortes e das supremas cortes do mundo*, merecendo análise e formulação de limites. Não correspondem a legisladores no sentido de propor, *de forma livre*, normas de caráter geral e abstrato. Mas o papel das cortes constitucionais se modificou radicalmente ao longo dos anos, principalmente no pós-guerra, sendo influenciado por princípios como o da conservação da norma e o da prevalência dos direitos humanos. Em casos de proteção dos direitos fundamentais, por exemplo, o professor venezuelano entende que não há dúvidas quanto à aceitação da atividade criadora dos tribunais constitucionais com interferência na função legislativa, para aplicar princípios e valores constitucionais.[2]

---

[2] BREWER-CARÍAS, Allan Randolph. *Constitutional Courts as Positive Legislators*. Nova Iorque: Cambridge University Press, 2011. p. 892.

No que aqui interessa, o reconhecimento desses princípios teve como consequência, por exemplo, a criação de técnicas de decisão como a interpretação conforme a Constituição e o reconhecimento da legitimidade dos tribunais para colmatarem as lacunas que impediam a fruição de direitos constitucionais por ausência total ou parcial de normas regulamentadoras. O impacto do novo papel normativo das cortes constitucionais é produzido sobre três principais áreas: (i) nas normas constitucionais, com influência no poder constituinte originário e derivado; (ii) na legislação infraconstitucional, seja ao adicionar, reduzir ou substituir provisões, seja ao decidir sobre a produção de efeitos temporais das leis, seja na ausência de legislação, suprindo a omissão total ou parcial do legislador ordinário; e (iii) no processo constitucional, notadamente na criação de novas técnicas de decisão.

Todos os três campos de normatização pelas cortes constitucionais podem ser verificados na jurisprudência do Supremo Tribunal Federal. O STF interfere criativamente no texto da Constituição e das emendas constitucionais, na legislação existente, na supressão da omissão do legislador e no processo de controle de constitucionalidade, apesar de não diferenciar esses campos, nem analisar cada hipótese de criação judicial de forma individualizada. Parece incontestável que os pressupostos para a intervenção criativa da Corte com impacto no poder constituinte são diferentes daqueles referentes à supressão da omissão em tema de direitos fundamentais, embora essa diferenciação fuja ao objeto do presente estudo. Adiante seguem exemplos que demonstram que o Supremo Tribunal Federal exerce atividade criativa, tal como qualquer outra suprema corte, em cada um dos campos anteriormente referidos. A lista é descritiva, mas os casos aqui citados serão utilizados ao longo do trabalho, principalmente para apresentação da proposta de novas técnicas criativas de decisão e quando da análise de limites e estabelecimento de parâmetros para a atividade legislativa do STF.

1.1.1 Atuação normativa do STF com impacto nas normas constitucionais

A primeira forma de atuação normativa do Supremo Tribunal Federal é a que produz efeitos sobre o poder constituinte originário ou derivado, porque interfere sobre o próprio texto constitucional. Ocorre, por exemplo, tanto ao (i) integrar normas constitucionais, quanto, também, ao (ii) resolver disputas federativas entre órgãos e entes estatais, ao (iii) apreciar a constitucionalidade de emendas à Constituição, ou ao (iv) exercer legitimamente a chamada mutação constitucional.

Os dois principais casos em matéria de atuação positiva do STF com impacto nas normas constitucionais referem-se aos julgados sobre nepotismo (ADC nº 12/DF, Rel. Min. Ayres Britto) e fidelidade partidária (MS nº 26604/DF, Relª. Minª. Cármen Lúcia). A ADC nº 12 tinha por objeto a Resolução nº 07/2005 do Conselho Nacional de Justiça – CNJ, que impedia a contratação de cônjuges, companheiros e parentes de magistrados sem concurso público. O Supremo Tribunal Federal não apenas julgou constitucional a resolução do CNJ, com fundamento direto no princípio da moralidade previsto no art. 37 da Constituição, como *estendeu a proibição do nepotismo até o terceiro grau de parentesco nos Poderes Judiciário, Legislativo e Executivo; da União, Estados e Municípios.* O precedente, de conteúdo fortemente criativo, deu origem à Súmula Vinculante nº 13/STF.[3]

Na seara político-partidária, o julgamento do MS nº 26.604, Relª. Minª. Cármen Lúcia, adicionou à Constituição uma nova hipótese de perda de mandato parlamentar. Embora a troca voluntária de partido político (infidelidade partidária) constasse expressamente do art. 35 da Constituição *de 1969* como causa de perda de mantado – e *não* houvesse sido reproduzida no art. 55 da Constituição de 1988 –, o STF considerou a fidelidade partidária como "corolário lógico-jurídico necessário do sistema constitucional vigente, sem necessidade de sua expressão literal". Acrescentou ao texto constitucional, por suposta interpretação constitucional, um novo fato gerador de perda do mandato parlamentar.

Em matéria de processo constitucional, uma decisão importante de atuação criativa do Supremo Tribunal Federal com interferência nas normas constitucionais refere-se ao julgamento dos embargos de declaração no RE nº 571.572/BA, Relª. Minª. Ellen Gracie. Ao apreciar os aclaratórios, sem citar a questão de fundo, o STF se deparou com a seguinte questão processual: como prestigiar a competência constitucional do Superior Tribunal de Justiça para uniformizar a interpretação do direito ordinário federal, se a própria Constituição não prevê o cabimento de recurso especial contra acórdão de turmas recursais

---

[3] Súmula Vinculante nº 13/STF: "A nomeação de cônjuge, companheiro ou parente em linha reta, colateral ou por afinidade, até o terceiro grau, inclusive, da autoridade nomeante ou de servidor da mesma pessoa jurídica investido em cargo de direção, chefia ou assessoramento, para o exercício de cargo em comissão ou de confiança ou, ainda, de função gratificada na administração pública direta e indireta em qualquer dos poderes da União, dos Estados, do Distrito Federal e dos Municípios, compreendido o ajuste mediante designações recíprocas, viola a Constituição Federal".

dos juizados especiais? Na hipótese, não se encontravam presentes os pressupostos de cabimento dos embargos de declaração, nem o recurso extraordinário havia sido conhecido quanto à discussão sobre a competência do STJ – tendo a matéria, quanto ao ponto, transitado em julgado.

De toda forma, em razão da inexistência de outro meio processual capaz de solucionar o problema, a Corte resolveu conhecer dos embargos para solucionar a questão, declarando "o cabimento, em caráter excepcional, da reclamação prevista no art. 105, I, *f*, da Constituição Federal, para fazer prevalecer, até a criação da turma de uniformização dos juizados especiais estaduais, a jurisprudência do Superior Tribunal de Justiça na interpretação da legislação infraconstitucional". Dessa forma, estabeleceu uma nova hipótese de cabimento de reclamação para o Superior Tribunal de Justiça.[4]

O impacto também pode ser sentido em matéria de controle de constitucionalidade de emendas constitucionais. Foi o que ocorreu, por exemplo, com a Emenda Constitucional nº 62/2009, que alterou o art. 100 da Constituição Federal e acrescentou o art. 97 ao ADCT, cujo texto foi objeto da ADI nº 4357 e da ADI nº 4425, ambas da relatoria do Min. Luiz Fux. Do mesmo modo, a Emenda Constitucional nº 73/2013, que criou quatro novos Tribunais Regionais Federais, questionada na ADI nº 5017, Rel. atual Min. Luiz Fux. Embora nem todas as ações diretas de inconstitucionalidade tenham sido julgadas no mérito, foram admitidas e processadas perante o Supremo Tribunal Federal.

Em primeiro lugar, o caso dos precatórios. A Emenda Constitucional nº 62/2009 estabelecera novo regime especial de pagamento de precatórios e foi parcialmente declarada inconstitucional nas ADIs nº 4357 e nº 4425, Rel. Min. Luiz Fux, por violação a cláusulas pétreas, como a garantia do acesso à justiça, a independência entre os poderes e a coisa julgada. Seu julgamento pode ser considerado um marco em termos de atuação do STF com impacto nas normas constitucionais, o que não significa afirmar que tenha atuado como "constituinte

---

[4] O acréscimo foi registrado com precisão por Thiago Magalhães Pires: "O STF atuou como legislador positivo. Simples assim. Ao contrário do que costuma dizer, mas de acordo com sua jurisprudência recente, o Tribunal modificou o sistema constitucional para alterar, em caráter transitório, a regra pertinente ao cabimento da reclamação para o STJ. Note-se que tanto essa norma como aquela que define o cabimento do recurso especial – e que seria, por assim dizer, a grande 'culpada' pelo problema identificado – foram estabelecidas pelo próprio poder constituinte originário". (PIRES, Thiago Magalhães. Legislador negativo? O STF e a vinculação dos juizados especiais à jurisprudência do STF. *Revista de Direito do Estado*, Rio de Janeiro, a. 4, n. 15, jul./set. 2009. p. 336).

positivo". O Tribunal concluiu que a declaração pura e simples da inconstitucionalidade material de dispositivos da emenda geraria uma situação inconstitucional ainda mais grave: o retorno ao regime de pagamento de precatórios anterior. Considerando que a Emenda Constitucional nº 62/2009 pelo menos movimentara a fila de precatórios, resolveu estabelecer um verdadeiro *sistema normativo de transição em substituição ao anterior, criado por emenda constitucional.*

A solução encontrada é bastante complexa e envolve os seguintes pontos principais: (i) quanto à correção monetária, o STF modulou os efeitos da declaração de inconstitucionalidade para considerar válido o índice básico da caderneta de poupança (TR) para a correção dos precatórios até a data do julgamento da modulação de efeitos (25 de março de 2015), estabelecendo, em sua substituição, o Índice de Preços ao Consumidor Amplo Especial (IPCA-E); (ii) foram mantidas as compensações, leilões e pagamentos à vista realizados até a data do julgamento da modulação de efeitos; (iii) estendeu-se, pelo prazo de cinco anos (a contar de janeiro de 2016), a possibilidade de realização de acordos diretos com os credores de precatórios, observada a ordem de preferência e; (iv) foi atribuída ao Conselho Nacional de Justiça a competência para supervisionar o pagamento de precatórios nos termos da decisão, e para apresentar proposta normativa que solucionasse duas outras questões: a compensação de precatórios vencidos com a dívida ativa; e o uso compulsório de 50% dos depósitos judiciais tributários para o pagamento de precatórios.[5]

---

[5] Para registro, há ainda outra ação direta de inconstitucionalidade proposta em matéria de precatórios, questionando a legitimidade de dispositivos da Emenda Constitucional nº 94/2016: a ADI nº 5679, Rel. Min. Luís Roberto Barroso, cuja cautelar foi deferida nos termos da seguinte ementa da decisão monocrática: "Direito de propriedade. Ação direta de inconstitucionalidade. Emenda Constitucional que autoriza o uso de depósitos judiciais para o pagamento de precatórios em atraso. Cautelar indeferida. 1. A EC nº 94/2015 autorizou o uso de: (i) 75% dos depósitos judiciais e administrativos, referentes a processos tributários ou não, nos quais entes estatais sejam parte; e de (ii) 20% dos demais depósitos judiciais, excluídos aqueles destinados à quitação de créditos de natureza alimentícia. Determinou, ainda, a criação de fundo garantidor com a parcela remanescente dos depósitos, para garantir a solvabilidade do sistema. 2. Emendas constitucionais são normas dotadas de presunção qualificada de constitucionalidade, em virtude do quórum elevado exigido para a sua aprovação, aspecto que reforça sua legitimidade democrática. 3. O requerente não demonstrou que o fundo garantidor, tal como idealizado, é incapaz de assegurar a solvabilidade do sistema e que, portanto, há risco real de que os particulares não levantem seus depósitos no momento cabível. 4. Os recursos dos depósitos judiciais, nos termos da norma impugnada, serão utilizados exclusivamente para o pagamento de precatórios em atraso até 25.03.2015. Essa destinação condiciona o uso dos recursos à prévia constituição do fundo garantidor e impõe que os pertinentes valores sejam transferidos das contas de depósito para conta específica, vinculada ao pagamento de precatórios, administrada pelo Tribunal competente, afastando-se o trânsito desses valores pelas contas dos Tesouros

Na ADI nº 5017, Rel. atual Min. Luiz Fux, o Ministro Joaquim Barbosa, no exercício da Presidência do Supremo Tribunal Federal, deferiu medida cautelar para suspender a eficácia da Emenda Constitucional nº 73/2013, que acrescia parágrafo ao art. 27 do ADCT para criar os Tribunais Regionais Federais das 6ª, 7ª, 8ª, e 9ª Regiões,[6] que deveriam ser instalados em até seis meses da data de promulgação da emenda. No caso, após basear-se em estudo do Instituto de Pesquisa Econômica Aplicada – IPEA para concluir que os gastos com os novos tribunais eram ineficientes para enfrentar "o afogamento da Justiça Federal" – cujo gargalo, no entender do Ministro, estaria na primeira instância e nos juizados especiais –, o Min. Joaquim Barbosa entendeu que a medida era de iniciativa privativa do Judiciário e "nem sequer a utilização do expediente de emenda à Constituição poderia atalhar a prerrogativa de iniciativa do Poder competente na propositura legislativa e nas discussões que sejam de seu *direto interesse*" (grifei). Tratava-se, portanto, o próprio exercício do poder de emendar a Constituição quanto à organização do Poder Judiciário, ainda que o Presidente do Supremo Tribunal Federal não possua legitimidade ativa na forma do art. 60 da CF. Estavam em jogo os *interesses diretos do próprio Poder julgador da questão*, matéria que será revisitada ao final deste trabalho quando da sugestão de parâmetros.

A atuação positiva do STF no poder constituinte também se manifesta pela utilização da chamada mutação constitucional. No julgamento conjunto da ADI nº 4277 e da ADPF nº 132, ambas da relatoria do Ministro Ayres Britto, a Corte reconheceu a mutação constitucional do art. 226, §3º,[7] da CF, para declarar a possibilidade de união estável entre pessoas do mesmo sexo, conferindo nova interpretação ao que se entendia por "entidade familiar". Em outra oportunidade, ao julgar o RE nº 778.889/PE, da relatoria do Ministro Luís Roberto Barroso, o STF

---

estaduais ou municipais. 5. Cautelar parcialmente deferida, apenas para explicitar as condições a serem atendidas pelos entes públicos para a utilização dos recursos oriundos dos depósitos judiciais, tal como enunciado no item anterior: (i) destinação exclusiva para precatórios; (ii) prévia constituição de fundo garantidor; e (iii) não trânsito dos recursos pela conta do Tesouro". O mérito continua pendente de julgamento.

[6] O art. 27, §11º, do ADCT, acrescido pela EC nº 73/2013, criava os seguintes Tribunais Regionais Federais: o da 6ª Região, com sede em Curitiba e jurisdição nos Estados do Paraná, Santa Catarina e Mato Grosso do Sul; o da 7ª Região, com sede em Belo Horizonte e jurisdição no Estado de Minas Gerais; o da 8ª Região, com sede em Salvador e jurisdição nos Estados da Bahia e Sergipe; e o da 9ª Região, com sede em Manaus e jurisdição nos Estados do Amazonas, Acre, Rondônia e Roraima.

[7] Art. 226, §3º, CF: "Para efeito da proteção do Estado, é reconhecida a união estável entre o homem e a mulher como entidade familiar, devendo a lei facilitar sua conversão em casamento".

invocou a mutação constitucional para decidir, por maioria,[8] superar o precedente firmado no RE nº 197.807, Rel. Min. Octávio Gallotti[9] e estabelecer tese segundo a qual "os prazos da licença adotante não podem ser inferiores aos prazos da licença gestante". Na hipótese, o Supremo Tribunal Federal concluiu que a norma do art. 7º, XVIII,[10] CF, ao referir-se à licença *gestante*, possui comando literal *subinclusivo* e que o caso envolvia mutação constitucional, pois houve alteração da realidade social e nova compreensão do alcance dos direitos do adotado.[11]

Outro exemplo brasileiro de mutação constitucional corresponde ao caso do foro por prerrogativa de função.[12] Em 1999, ao apreciar questão de ordem suscitada no Inquérito nº 687, Rel. Min. Sydney Sanches, o STF cancelou o verbete da Súmula nº 394,[13] em razão do aumento do número de casos daquela natureza perante o Supremo Tribunal Federal e da necessidade de racionalização dos trabalhos da corte. A jurisprudência foi revista para restringir a competência originária do Supremo Tribunal Federal somente às hipóteses em que o agente político estivesse na titularidade do cargo ou no exercício da função.[14] O novo

---

[8] O Ministro Marco Aurélio votou pelo não provimento do pedido do recurso extraordinário. Afirmou que a atuação do STF é vinculada ao direito positivo e, portanto, não poderia substituir o legislador e assentar que estaria deficiente a normatividade aprovada pelos representantes do povo. Com efeito, destacou que o artigo 7º, XVIII, CF, versa sobre licença à gestante, o que pressupõe a gestação. Assim, segundo o Ministro Marco Aurélio, haveria uma dupla proteção: à mulher que engravida, que se tornará parturiente, e também à criança. Quanto ao art. 227, §6º, da Constituição Federal, apenas impede o tratamento diferenciado aos filhos, não dizendo respeito à situação jurídica nem da gestante, nem, muito menos, da adotante. Por fim, destaca que "houve uma opção normativa, e caminhou o legislador para previsão".

[9] STF, Plenário, RE nº 197.807, Rel. Min. Octávio Gallotti, j. 30.05.2000, p. 18.08.2000, com a seguinte ementa: "Não se estende à mãe adotiva o direito à licença, instituído em favor da empregada gestante pelo inciso XVIII do art. 7º, da Constituição Federal, ficando sujeito ao legislador ordinário o tratamento da matéria".

[10] Art. 7º, CF: "São direitos dos trabalhadores urbanos e rurais, além de outros que visem à melhoria de sua condição social: (...) XVIII – licença à gestante, sem prejuízo do emprego e do salário, com a duração de cento e vinte dias".

[11] Para detalhes sobre o julgamento do caso da licença-adotante, conferir: MELO, Teresa. Algoritmo ou destino: a constitucionalização do direito do trabalho a partir dos votos do Ministro Luís Roberto Barroso. *In*: SARAIVA, Renata *et al.* (Coords.). *Ministro Luís Roberto Barroso – 5 anos de Supremo Tribunal Federal*: homenagem de seus assessores. Belo Horizonte: Editora Fórum, 2018. p. 381-397.

[12] STF, Plenário, AP nº 937-QO, Rel. Min. Luís Roberto Barroso, j. 03.05.2018, p. 11.12.2018.

[13] Súmula nº 394/STF (cancelada): "Cometido o crime durante o exercício funcional, prevalece a competência especial por prerrogativa de função, ainda que o inquérito ou a ação penal sejam iniciados após a cessação daquele exercício".

[14] Consta do voto do Min. Sydney Sanches, relator do Inq nº 687-QO, o seguinte trecho: "[Q]uando a Súmula foi aprovada, eram raros os casos de exercício de prerrogativa de foro perante esta Corte. Mas os tempos são outros. (...). E a Corte (...) já está praticamente se inviabilizando com o exercício das competências que realmente tem, expressas na

julgamento atribuiu ao art. 102, I, "b", da Constituição, portanto, sentido diametralmente oposto ao até então consagrado na Súmula nº 394/STF, vale dizer, o de que *não* haveria foro por prerrogativa de função para ex-ocupante de cargo eletivo.[15]

Por fim, o caso mais emblemático de mutação constitucional refere-se à Reclamação nº 4.335/AC, Rel. Min. Gilmar Mendes, que discutiu se a norma do art. 52, X,[16] da Constituição Federal sofrera ou não mutação constitucional.[17] Embora sem conclusão quanto a esse ponto, seu estudo é representativo da atuação criativa do Supremo quanto ao poder constituinte. Isso porque o Relator do caso, Min. Gilmar Mendes, defendia ser possível, "sem qualquer exagero, falar-se de uma autêntica mutação constitucional em razão da completa reformulação do sistema jurídico e, consequentemente, da nova compreensão que se conferiu à regra do art. 52, X, da Constituição de 1988". A finalidade do art. 52, X, CF, segundo o Min. Gilmar Mendes, seria *apenas a de tornar pública a decisão do tribunal*, levando-a ao conhecimento de todos os cidadãos.[18]

Constituição (...) É de se perguntar, então: deve o Supremo Tribunal Federal continuar dando interpretação ampliativa a suas competências, quando nem pela interpretação estrita tem conseguido exercitá-las a tempo e a hora? Não se trata, é verdade, de uma cogitação estritamente jurídica, mas de conteúdo político, relevante, porque concernente à própria subsistência da Corte, em seu papel de guarda maior da Constituição Federal e de cúpula do Poder Judiciário Nacional".

[15] BARROSO, Luís Roberto. *Curso de direito constitucional contemporâneo*: os conceitos fundamentais e a construção do novo modelo. São Paulo: Saraiva, 2010. p. 132.

[16] Art. 52, CF: "Compete privativamente ao Senado Federal: (...) X – suspender a execução, no todo ou em parte, de lei declarada inconstitucional por decisão definitiva do Supremo Tribunal Federal".

[17] O caso concreto envolvia questionamento de decisão judicial que indeferira pedido de progressão de regime em favor de apenados que cumpriam penas de reclusão em regime integralmente fechado, pela prática de crimes hediondos. A Defensoria Pública apontou, na reclamação, o descumprimento da decisão do Supremo Tribunal Federal no HC nº 82.959, da relatoria do Ministro Marco Aurélio, em que a Corte afastara a vedação de progressão de regime aos condenados pela prática de crimes hediondos, considerando inconstitucional o art. 2º, §1º, da Lei nº 8.072/1990. O Relator, Min. Gilmar Mendes, analisou o fundamento utilizado pelo juiz de direito, de que a decisão no HC nº 82.959/SP somente teria eficácia contra todos os condenados por crimes hediondos/equiparados a partir da expedição, pelo Senado Federal, de resolução suspendendo a eficácia do dispositivo de lei declarado inconstitucional pelo STF, nos termos do art. 52, X, da Constituição Federal. Assim, a questão principal consistia em saber se a norma do art. 52, X, da CF havia ou não sofrido mutação constitucional.

[18] Para que fique mais claro, nos termos do voto do Min. Relator Gilmar Mendes: "Parece legítimo entender que, hodiernamente, a fórmula relativa à suspensão de execução da lei pelo Senado Federal há de ter simples efeito de publicidade. Desta forma, se o Supremo Tribunal Federal, em sede de controle incidental, chegar à conclusão, de modo definitivo, de que a lei é inconstitucional, essa decisão terá efeitos gerais, fazendo-se a comunicação ao Senado Federal para que este publique a decisão no Diário do Congresso. Tal como assente, não é (mais) a decisão do Senado que confere eficácia geral ao julgamento do Supremo.

Tal interpretação, como decorre da leitura do dispositivo, não deriva de seu programa normativo,[19] afronta o diálogo entre os Poderes[20] e retira toda a eficácia do texto constitucional.[21]

O julgamento da Reclamação nº 4.335/AC é de relevância histórica para o estudo da mutação constitucional, ainda que, no geral, a discussão sobre a existência ou não de mutação constitucional do art. 52, X, da CF tenha sido sombreada pela possibilidade de edição de súmulas vinculantes, autorizadas pela Emenda Constitucional nº 45/2004 e que, no particular, o caso concreto tenha sido resolvido pela edição da Súmula Vinculante nº 26.[22] De toda forma, não cabe ao Judiciário excluir a participação de outro Poder do jogo constitucional, que existe para diluir o efeito contramajoritário da declaração de inconstitucionalidade em controle difuso, sob pena de violação do sistema constitucional

---

A própria decisão da Corte contém essa força normativa. Parece evidente ser essa a orientação implícita nas diversas decisões judiciais e legislativas acima referidas. Assim, o Senado não terá a faculdade de publicar ou não a decisão, uma vez que não se cuida de uma decisão substantiva, mas de simples dever de publicação, tal como reconhecido a outros órgãos políticos em alguns sistemas constitucionais. (...) Portanto, a não-publicação, pelo Senado Federal, de Resolução que, nos termos do art. 52, X da Constituição, suspenderia a execução da lei declarada inconstitucional pelo STF, não terá o condão de impedir que a decisão do Supremo assuma a sua real eficácia jurídica".

[19] Como explica J. J. Gomes Canotilho, "uma coisa é admitirem-se alterações no âmbito ou esfera da norma que ainda se podem considerar susceptíveis de serem abrangidas pelo programa normativo (Normprogram), e outra coisa é legitimarem-se alterações constitucionais que se traduzem na existência de uma realidade constitucional inconstitucional, ou seja, alterações manifestamente incomportáveis pelo programa da norma constitucional. (...) Por outras palavras que colhemos em K. Stern: a mutação constitucional deve considerar-se admissível quando se reconduz a um problema normativo-endogenético, mas já não quando ela é resultado de uma evolução normativamente exogenética". (CANOTILHO, J. J. Gomes. *Direito constitucional e teoria da Constituição*. Coimbra: Almedina, 2000. p. 1.192).

[20] O que não se permite, a pretexto de realizar mutação constitucional, é subverter o texto do art. 52, X, da CF para proceder a uma alteração que não poderia ser admitida sequer por emenda, haja vista o óbice do art. 60, §4º, III, da CF. A norma do art. 52, X, da Constituição confere maior legitimidade ao sistema brasileiro de controle de constitucionalidade, já que atrai o Poder Legislativo – majoritário e representativo – para o sistema de revisão judicial, aumentando os mecanismos de diálogos institucionais. É exercício de controle recíproco, fruto do desenho institucional, e não mais um veículo de publicação das decisões da corte constitucional.

[21] Além disso, seria uma forma de burlar o entendimento do Supremo Tribunal Federal de que não cabe controle de constitucionalidade de norma constitucional originária: ao fim e ao cabo, o que se estaria afirmando com a tese da "mutação" corresponderia, na verdade, a uma declaração parcial de inconstitucionalidade do art. 52, X, da CF sem redução de texto, diante da sua incompatibilidade com o sistema misto de controle de constitucionalidade estabelecido pela Constituição de 1988.

[22] Súmula Vinculante nº 26: "Para efeito de progressão de regime no cumprimento de pena por crime hediondo, ou equiparado, o juízo da execução observará a inconstitucionalidade do art. 2º da Lei *nº* 8.072, de 25 de julho de 1990, sem prejuízo de avaliar se o condenado preenche, ou não, os requisitos objetivos e subjetivos do benefício, podendo determinar, para tal fim, de modo fundamentado, a realização de exame criminológico".

de freios e contrapesos de um Poder sobre o outro. Se o Legislativo (supostamente) não prestigia o disposto no art. 52, X, da Constituição,[23] sua possível omissão não justifica uma "mutação" contra o princípio democrático. Aliás, em tempos de protagonismo judicial, o exercício da faculdade nele contida constitui importante freio à atuação do Supremo Tribunal Federal, gerando incentivos para que a Corte passe a atribuir maior peso à margem de apreciação do legislador e à autocontenção no exercício de seu papel de guarda da Constituição.

1.1.2 Atuação normativa do STF com impacto na legislação infraconstitucional e na ausência de legislação

O segundo campo de incidência de decisões de cunho criativo do Supremo Tribunal Federal refere-se à legislação infraconstitucional, aquele relacionado à essência do controle de constitucionalidade das leis: o papel de interpretar e verificar a compatibilidade e a efetividade de leis e atos normativos com a Constituição Federal. A partir da consagração de técnicas de decisão que evitam ao máximo a declaração de inconstitucionalidade das normas, prestigiando-se a sua conservação e a atuação do legislador ordinário, aumenta-se o conteúdo criativo dos julgados do STF em relação às leis existentes. Ao invés de simplesmente declarar uma lei como inconstitucional, o Supremo tem buscado determinar quais intepretações da norma são compatíveis com a Constituição; ou promover a alteração normativa capaz de torná-la constitucional; ou mesmo adicionar o conteúdo necessário para afastar sua inconstitucionalidade.

Há várias decisões que exemplificam a atuação normativa do Supremo Tribunal Federal com impacto na legislação infraconstitucional. Para alguns, o julgamento da ADPF nº 54, da relatoria do Ministro Marco Aurélio, inovou no Código Penal ao criar uma hipótese de excludente de tipicidade do crime de aborto: o reconhecimento de que a interrupção terapêutica do parto no caso de gravidez de fetos anencefálicos não se

---

[23] O trabalho empírico realizado por Fábio Carvalho Leite demonstra o contrário do entendimento difuso e difundido sobre a inércia do Senado Federal. Ver: LEITE, Fábio Carvalho. Mitos e equívocos sobre a participação do senado no controle de constitucionalidade. *Revista Direito, Estado e Sociedade*, n. 52, p. 67-97, jan./jun. 2018. Disponível em https://revistades. jur.puc-rio.br/index.php/revistades/article/view/1055/505. Acesso em 18 set. 2018.

encontraria tipificada nos arts. 124, 126 e 128, I e II, do Código Penal.[24] Do mesmo modo, ao julgar a ADI nº 4815, Relª. Minª. Cármen Lúcia, o STF conferiu interpretação conforme a Constituição, sem redução do texto dos arts. 20 e 21[25] do Código Civil para, em consonância com os direitos fundamentais à liberdade de pensamento e de expressão, declarar inexigível a necessidade de consentimento do biografado para a publicação de suas biografias.

Outro julgado com interferência criativa da Corte na legislação infraconstitucional refere-se à ADI nº 3.324, Rel. Min. Marco Aurélio, que apreciou a constitucionalidade do art. 1º da Lei nº 9.536/1997. A norma garantia ao servidor público removido *ex officio* (no interesse da Administração) para localidade diversa, o direito de transferência "entre instituições vinculadas a qualquer sistema de ensino, em qualquer época do ano e independente[mente] da existência de vaga". Embora a lei não restringisse o exercício do direito à congeneridade das instituições, o STF estabeleceu que a interpretação do dispositivo em conformidade com a Constituição "pressupõe a observância da natureza jurídica do estabelecimento educacional de origem, a congeneridade das instituições envolvidas – de privada para privada, de pública para pública –, mostrando-se inconstitucional interpretação que resulte na mesclagem – de privada para pública".

Em paralelo, a técnica da modulação temporal dos efeitos da declaração de inconstitucionalidade, por sua própria natureza, dá origem a muitas decisões de impacto direto na legislação infraconstitucional, como as que determinam uma data no futuro para que a lei declarada inconstitucional deixe de produzir efeitos jurídicos válidos (*vacatio sententiae*). As zonas de certeza correspondentes aos efeitos *ex tunc* ou *ex nunc* há muito deixaram de representar resposta adequada para conformar a decisão acerca do momento da produção de efeitos da

---

[24] De acordo com a teoria do bem jurídico, não haveria crime por impossibilidade de ofensa ao bem jurídico protegido, já que na gravidez de fetos anencefálicos não existe vida em potencial. No caso, a norma penal incriminadora é ilegítima. Sobre o tema, conferir: TAVARES, Juarez Estevam Xavier. Inovações constitucionais no direito penal. *Revista de Direito da Defensoria Pública*, v. 3, n. 4, p. 51-72, 1990.

[25] Art. 20, Código Civil: "Salvo se autorizadas, ou se necessárias à administração da justiça ou à manutenção da ordem pública, a divulgação de escritos, a transmissão da palavra, ou a publicação, a exposição ou a utilização da imagem de uma pessoa poderão ser proibidas, a seu requerimento e sem prejuízo da indenização que couber, se lhe atingirem a honra, a boa fama ou a respeitabilidade, ou se se destinarem a fins comerciais".
Art. 21, Código Civil: "A vida privada da pessoa natural é inviolável, e o juiz, a requerimento do interessado, adotará as providências necessárias para impedir ou fazer cessar ato contrário a esta norma".

inconstitucionalidade. A jurisprudência do Supremo Tribunal Federal, antes mesmo da autorização do art. 27 da Lei nº 9.868/1999, já admitia a fixação do momento em que uma lei declarada inconstitucional deveria deixar de produzir efeitos.

Hoje, não há dúvidas de que os efeitos da declaração de inconstitucionalidade no tempo passaram a transitar numa escala que se inicia com o efeito retroativo puro (*ex tunc*), passa pelo efeito retroativo determinado no tempo (*pro praeteriti*), chega no efeito prospectivo puro (*ex nunc*) e termina no efeito prospectivo determinado no tempo (*pro futuro*). Nesse sentido, uma lei pode ser declarada inconstitucional desde a sua edição; a partir de determinada data no passado (como a concessão da cautelar, por exemplo); somente a partir da data do julgamento; da publicação da *ata* de julgamento; da publicação do acórdão; ou, ainda, em data estabelecida no futuro. Decidir sobre a manutenção ou não da eficácia de uma lei – ainda que por prazo limitado – corresponde a uma atuação positiva do STF na legislação infraconstitucional.

Uma observação relevante, que às vezes passa despercebida: a técnica da modulação temporal de efeitos não se confunde com *a convalidação da inconstitucionalidade*, tipo de decisão que já foi tomada mais de uma vez pelo Supremo Tribunal Federal sob a forma de "modulação temporal". Foi o que ocorreu, por exemplo, na ADI nº 4.029, da relatoria do Ministro Luiz Fux,[26] proposta em face da lei federal que criara o Instituto Chico Mendes de Conservação da Biodiversidade (ICMBio), sob alegação de que a medida provisória que deu origem à lei de criação do Instituto não havia sido examinada pela Comissão Mista de Deputados e Senadores de que trata o art. 62, §9º, da CF,[27] além de não ter atendido aos requisitos de relevância e urgência previstos no art. 62, *caput*, da CF. Em defesa da norma, a Advocacia-Geral da União alegou que, apesar da ausência de apreciação da Comissão Mista, a medida provisória fora analisada por deputado relator nomeado pelo Congresso Nacional, na forma da Resolução nº 1º/2002 do Congresso Nacional, que dispensava a prolação de parecer por parte da Comissão Mista, sendo suficiente a elaboração de razões de relevância e urgência por parlamentar relator.[28] O Supremo Tribunal Federal, entretanto,

---

[26] STF, Plenário, ADI nº 4029/DF, Relator Min. Luiz Fux, j. 08.03.2012, p. 27.06.2012.

[27] Art. 62, §9º, CF: "Caberá à comissão mista de Deputados e Senadores examinar as medidas provisórias e sobre elas emitir parecer, antes de serem apreciadas, em sessão separada, pelo plenário de cada uma das Casas do Congresso Nacional".

[28] Como afirmei em artigo para o portal JOTA, a não instalação de comissões mistas gerava verdadeiro *império do Relator de plenário*, "pois seu poder para inadmitir, acolher ou rejeitar emendas apresentadas ao texto principal era quase absoluto: as chances de seu parecer ser

reconheceu a existência de vício no processo legislativo, tendo declarado, por maioria, a inconstitucionalidade dos arts. 5º, *caput*, e 6º, *caput* e parágrafos, da Resolução nº 1/2002 do Congresso Nacional, vencidos os Ministros Ricardo Lewandowski e Marco Aurélio.

Após a decisão, a Advocacia-Geral da União apresentou questão de ordem informando que aproximadamente *quinhentas* medidas provisórias tramitaram mediante a adoção do procedimento declarado inconstitucional e, das que se encontravam em tramitação à época, outras cinquenta já haviam incorrido no mesmo vício. Assim, para garantir segurança jurídica às normas editadas, submeteu ao Plenário o pedido para concessão de prazo de vinte e quatro meses para que o Congresso Nacional pudesse adaptar o processo de tramitação de medidas provisórias à nova orientação. O Ministro Relator Luiz Fux propôs "uma leve ponderação, que seria a seguinte: a partir de então, de agora, as novas medidas provisórias deveriam se submeter àquele procedimento legislativo constitucional – as novas –; e as que já tramitaram e estão tramitando que sejam consideradas válidas pelo processo que elas seguiram". A questão de ordem foi acolhida. Semelhante solução foi adotada na ADI nº 5.127, Rel. para acórdão Min. Edson Fachin, que vedou o chamado "contrabando legislativo"[29] na lei de conversão de medidas provisórias. Na ocasião, decidiu-se pela *manutenção* de todas as leis de conversão fruto da prática inconstitucional, promulgadas até a data do julgamento, inclusive a impugnada naquela ação.

Dos casos narrados é preciso diferenciar as hipóteses em que a decisão do Supremo Tribunal Federal acaba por *manter a própria norma declarada inconstitucional* – passando "por cima" do vício de inconstitucionalidade – daquelas em que a Corte conserva temporalmente apenas os *efeitos concretos da norma* declarada inconstitucional, retirando a norma inconstitucional do ordenamento. A hipótese em que a norma declarada inconstitucional permanece *genérica e*

---

rejeitado pelo Plenário eram baixíssimas, não precisava negociar o texto com a oposição, e nem mesmo buscar o consenso. A prática gerava, ainda, um desequilíbrio de forças no Congresso Nacional: como a disputa pela relatoria da matéria na Câmara e no Senado era muito acirrada justamente em função da concentração de poderes nas mãos do relator, dificilmente a designação cabia à oposição". (MELO, Teresa. Medidas Provisórias e estratégias antidemocráticas em tempos de Covid-19: diminuição de prazo para deliberação não é compatível com a ausência de previsão de comissões mistas. *Jota*, 14 abr. 2020. Disponível em: https://www.jota.info/opiniao-e-analise/artigos/medidas-provisorias-e-estrategias-anti-democraticas-em-tempos-de-covid-19-14042020. Acesso em 14 abr. 2020).

[29] Em linhas gerais, a prática refere-se à apresentação de emendas parlamentares sem pertinência temática com a medida provisória sujeita à aprovação do Legislativo, também conhecidas no jargão do Congresso Nacional como "jabutis".

abstratamente regendo as situações que nela se enquadrem, apesar da declaração de sua inconstitucionalidade, é bem diferente do caso em que a norma declarada inconstitucional é retirada do ordenamento jurídico, mantendo-se, circunstancialmente, apenas os efeitos concretos com base nela produzidos, por razões de interesse público ou de segurança jurídica. No "caso dos precatórios", ainda que o STF tenha admitido a continuidade de produção de efeitos pelo prazo de cinco anos após a declaração de inconstitucionalidade da emenda à constituição, a partir daí os dispositivos seriam extirpados do ordenamento. Essa sim é hipótese de modulação de efeitos temporais, na modalidade *pro futuro*.

Diferentemente, no "caso ICMBio" e no "caso do contrabando legislativo", o Supremo Tribunal Federal não declarou a inconstitucionalidade da própria norma arguida como inconstitucional, mas sim do costume legislativo não compatível com a Constituição que contaminou o processo legislativo (ou seja, da não criação da comissão prevista no art. 62, §9º, da CF, ou da inclusão, na lei de conversão da medida provisória, de dispositivos sem pertinência temática com a MP). Essa situação se refere a uma *convalidação da lei inconstitucional*, e não à modulação de efeitos temporais, já que a lei inconstitucional continuará no ordenamento, com os atributos de generalidade e abstração, produzindo efeitos indefinidamente (apesar de o costume inconstitucional que contaminou o processo de sua elaboração ter sido afastado). É preciso que fique claro para o Supremo Tribunal Federal que *decisões convalidatórias de inconstitucionalidade não se confundem com a técnica de modulação temporal de efeitos da lei inconstitucional*, devendo-se nomear os institutos por seus nomes próprios, a fim de permitir o debate franco e honesto a respeito da admissão, em cada caso, da convalidação de uma inconstitucionalidade.

De outro lado, é para o campo da omissão inconstitucional e de suas repercussões que o foco de estudo em matéria de atuação normativa do Supremo Tribunal Federal tem classicamente se orientado, principalmente nos casos em que a ausência de regulamentação interfere na fruição de direitos fundamentais.[30] Isso porque, além da prever a

---

[30] "Se considerarmos que os direitos fundamentais são condições para a cooperação democrática, então, o Judiciário possui também a prerrogativa de concretizá-los quando tem lugar a inércia dos demais ramos do Estado na realização dessa tarefa. (...) Não há, portanto, obstáculos democráticos à possibilidade de o Judiciário elaborar a norma regulamentadora capaz de permitir a concretização de tais condições. Pelo contrário, a democracia o requer. Para que se justifique a atuação judiciária, é necessário apenas que a não-regulamentação implique deixar de concretizar um direito fundamental. Do contrário, cabe à maioria decidir sobre a conveniência e a oportunidade de elaborar a norma regulamentadora". (SOUZA NETO,

ação direta de inconstitucionalidade por omissão (ADO) para o controle do impacto da omissão legislativa na higidez do sistema normativo, a Constituição de 1988 estabeleceu uma garantia específica quando em jogo direitos subjetivos: o mandado de injunção,[31] cuja construção seguiu uma longa caminhada jurisprudencial. De um (i) primeiro momento em que o Supremo entendia que só deveria dar ciência da mora ao Poder Legislativo, passou-se pela (ii) concepção intermediária, em que o tribunal estabelecia prazo para a aprovação de norma regulamentadora, até chegar ao (iii) momento atual, em que o Supremo Tribunal Federal já assume que juridicamente lhe cabe estabelecer a norma faltante. Ou seja: com base em fundamento constitucional, o Supremo reconhece o seu papel de legislador provisório, cujas normas serão válidas até a superveniência de lei infraconstitucional regulamentadora da matéria.

Três importantes temas foram julgados pelo STF em mandado de injunção: o direito de greve no serviço público, o direito à aposentadoria especial dos servidores públicos e a necessidade de regulamentação do aviso prévio. O primeiro foi objeto do MI nº 708/DF, Rel. Min. Gilmar Mendes, do MI nº 670/ES, Relª. Minª. Rosa Weber e do MI nº 712/PA, Rel. Min. Luiz Fux. Diante da ausência de norma regulamentadora do art. 37, VII, da CF,[32] o Supremo Tribunal Federal decidiu caber à Corte adotar "medidas normativas como alternativa legítima de superação de omissões inconstitucionais, sem que a proteção judicial efetiva a direitos fundamentais se configur(asse) como ofensa ao modelo de separação de poderes".[33]

Aplicou ao setor público, por analogia, a Lei nº 7.783/1999, que disciplina o direito de greve no âmbito privado. E mais. O reconhecimento do direito de greve dos servidores públicos e a ausência de norma regulamentadora produzia ainda uma outra consequência: a necessidade de fixar a competência constitucional para processo e julgamento dos dissídios de greve do setor público. Até a definitiva disciplina legislativa, o STF sanou a omissão para aplicar, também por analogia, os critérios

---

Cláudio Pereira de. Mandado de Injunção: efeitos da decisão e âmbito de incidência. *Revista Interesse Público*, v. 43, p. 97-116, 2007. p. 114).
[31] Art. 5º, LXXI, CF: "conceder-se-á mandado de injunção sempre que a falta de norma regulamentadora torne inviável o exercício dos direitos e liberdades constitucionais e das prerrogativas inerentes à nacionalidade, à soberania e à cidadania".
[32] Art. 37, VII, CF: "A administração pública direta e indireta de qualquer dos Poderes da União, dos Estados, do Distrito Federal e dos Municípios obedecerá aos princípios de legalidade, impessoalidade, moralidade, publicidade e eficiência e, também, ao seguinte: (...) VII – O direito de greve será exercido nos termos e nos limites definidos em lei específica".
[33] Trecho da ementa do julgamento conjunto dos mandados de injunção referidos.

da Lei nº 7.701/1998,[34] a fim de decidir se a competência para processo e julgamento dos futuros casos seria do Superior Tribunal de Justiça, dos Tribunais Regionais Federais ou dos Tribunais de Justiça. No MI nº 721, Rel. Min. Rel. Marco Aurélio, o STF não apenas verificou a ausência de regulamentação do art. 40, §4º,[35] da Constituição Federal, que disciplina a aposentadoria especial no serviço público, como também determinou a aplicação do art. 57, §1º, da Lei nº 8.213/91,[36] por analogia. Estendeu a regra do regime geral de previdência social ao regime próprio, porque ambas tratariam de aposentadoria especial. Embora aqui, a rigor, a razão de direito não seja a mesma, o STF aplicou a regra do regime geral por presunção de que os casos seriam iguais.

A analogia é recurso muito utilizado para suprir a ausência de regulamentação de direitos subjetivos, porque seu fundamento é o princípio da igualdade, na medida em que onde existe a mesma razão deve haver a mesma disposição do direito. Mas no MI nº 943, Rel. Min. Gilmar Mendes, o STF constatou a inexistência de qualquer parâmetro normativo preestabelecido em matéria de aviso prévio proporcional, diferentemente do que ocorrera com o direito de greve ou com a aposentadoria especial. O Ministro Gilmar Mendes, então, indicou adiamento do feito para consolidar as propostas de regulamentação da matéria, de forma a concretizar o direito ao aviso prévio proporcional ao tempo de serviço. Nesse ínterim, em prazo recorde, foi publicada a Lei nº 12.506/2011, que finalmente disciplinou o instituto,[37] passando

---

[34] Quanto ao ponto, decidiu o Supremo: "Se a paralisação for de âmbito nacional, ou abranger mais de uma região da justiça federal, ou ainda, compreender mais de uma unidade da federação, a competência para o dissídio de greve será do Superior Tribunal de Justiça (por aplicação analógica do art. 2º, I, "a", da Lei nº 7.701/1988). Ainda no âmbito federal, se a controvérsia estiver adstrita a uma única região da justiça federal, a competência será dos Tribunais Regionais Federais (aplicação analógica do art. 6º da Lei nº 7.701/1988). Para o caso da jurisdição no contexto estadual ou municipal, se a controvérsia estiver adstrita a uma unidade da federação, a competência será do respectivo Tribunal de Justiça (também por aplicação analógica do art. 6º da Lei nº 7.701/1988). As greves de âmbito local ou municipal serão dirimidas pelo Tribunal de Justiça ou Tribunal Regional Federal com jurisdição sobre o local da paralisação, conforme se trate de greve de servidores municipais, estaduais ou federais". (STF, Plenário, MI nº 708, Rel. Min. Gilmar Mendes, j. 25.10.2007, p. 31.10.2008).

[35] Art. 40, §4º, CF: "**É vedada a adoção de requisitos e critérios diferenciados para a concessão de aposentadoria aos abrangidos pelo regime de que trata este artigo, ressalvados, nos termos definidos em leis complementares, os casos de servidores**".

[36] Art. 57, §1º, Lei nº 8.213/1999: "A aposentadoria especial, observado o disposto no art. 33 desta Lei, consistirá numa renda mensal equivalente a 100% (cem por cento) do salário-de-benefício".

[37] Art.1º, Lei nº 12.506/2011: "O aviso prévio, de que trata o Capítulo VI do Título IV da Consolidação das Leis do Trabalho – CLT, aprovada pelo Decreto-Lei nº 5.452, de 1º de maio de 1943, será concedido na proporção de 30 (trinta) dias aos empregados que contêm até 1 (um) ano de serviço na mesma empresa. Parágrafo único. Ao aviso prévio previsto

a ser aplicada pelo Supremo Tribunal Federal aos casos pendentes de julgamento final.

1.1.3 Atuação normativa do STF com impacto no processo constitucional

Em matéria de processo constitucional, a atividade inovadora do Supremo Tribunal Federal tem sido exercida de duas formas principais: para interpretar ampliativamente as competências da Corte, e para a criação de meios processuais para solucionar o caso concreto. O maior exemplo de *ampliação* de uma competência do Supremo Tribunal Federal refere-se à possibilidade de controle de constitucionalidade de emendas à Constituição,[38] que embora não listada expressamente no rol do art. 102 da Constituição Federal, decorreu da *interpretação* conjunta do art. 102, I, *a*, e do art. 62, §4º, da CF. Hoje, o STF entende que lhe cabe realizar o controle de qualquer emenda à Constituição, independentemente da matéria, o que não sustento neste trabalho.

Como se verá adiante, a competência para a revisão judicial de emendas à constituição é fruto de *inferência constitucional* e precisa ser justificada caso a caso. Ao Supremo Tribunal Federal não cabe autoconferir-se uma nova competência constitucional, de forma genérica e abstrata, além das já previstas no art. 102 da CF. O desenho dos Poderes do Estado, e de seus *checks* e *balances*, foi realizado pelo constituinte e precisa ser levado em consideração no caso concreto, sob pena de inviabilização do sistema, de desequilíbrio entre os Poderes, e de hegemonia de um sobre o outro – tudo o que não se quer em um Estado limitado por uma constituição. Outra criação de competência realizada pelo STF, mas em favor do Superior Tribunal de Justiça, refere-se à hipótese de cabimento de reclamação para o STJ quando em jogo a uniformização da interpretação da lei federal realizada pelos juizados especiais e incabível recurso especial.[39]

---

neste artigo serão acrescidos 3 (três) dias por ano de serviço prestado na mesma empresa, até o máximo de 60 (sessenta) dias, perfazendo um total de até 90 (noventa) dias".

[38] STF, Plenário, ADI nº 829, Rel. Min. Moreira Alves, j.14.04.1993, p. 16.09.1994: "Não há dúvida de que, em face do novo sistema constitucional, é o STF competente para, em controle difuso ou concentrado, examinar a constitucionalidade, ou não, de emenda constitucional – no caso, a n. 2, de 25 de agosto de 1992 – impugnada por violadora de cláusulas pétreas explícitas ou implícitas".

[39] STF, Plenário, RE nº 571.572-EDcl, Rel. Ministra Ellen Gracie, j. 26.08.2009, p. 27.11.2009.

As *soluções processuais* do Supremo Tribunal Federal são muitas, e não se referem apenas à criação de novas técnicas de decisão ou à inserção de novas competências; o pacote criativo processual possui os mais diversos expedientes. Para citar apenas três exemplos, *todos decididos monocraticamente*, já houve (i) deferimento de medida cautelar *de ofício*[40] em ação direta de inconstitucionalidade, ou seja, *sem* pedido expresso do requerente na petição inicial;[41] (ii) deferimento de medida cautelar sem pedido expresso nos autos, porém formulado *em despacho oral* da parte requerente da ADI com o Relator;[42] e (iii) suspensão cautelar do andamento de todos os processos que apresentem relação com o objeto da ação, determinada no âmbito de *ação direta de inconstitucionalidade*,[43] apesar de a autorização normativa referir-se a essa possibilidade no âmbito da arguição de descumprimento de preceito fundamental (art. 5º, §3º, da Lei nº 9.882/1999),[44] da ação declaratória de constitucionalidade

---

[40] STF, decisão monocrática ADI nº 5.908-MC, Rel. Min. Alexandre de Moraes, j. 15.03.2018, p. 20.03.2018.

[41] Em regra, a jurisprudência do STF não admite a concessão de medida cautelar de ofício em ações de controle concentrado de constitucionalidade, como no caso sobre o estado de coisas inconstitucional dos presídios, decorrente da pandemia do novo coronavírus (COVID-19): "Relator não pode, de ofício, na ADPF que trata sobre o Estado de Coisas Inconstitucional dos presídios, determinar medidas para proteger os presos do COVID-19. A decisão do Ministro Relator que, de ofício, na ADPF que trata sobre o Estado de Coisas Inconstitucional no sistema prisional, determina medidas para proteger os presos do COVID-19 amplia indevidamente o objeto da ação. É certo que no controle abstrato de constitucionalidade, a causa de pedir é aberta. No entanto, o pedido é específico. Nenhum dos pedidos da ADPF nº 347 está relacionado com as questões inerentes à prevenção do COVID-19 nos presídios. Não é possível, portanto, a ampliação do pedido cautelar já apreciado anteriormente. A Corte está limitada ao pedido. Aceitar a sua ampliação equivale a agir de ofício, sem observar a legitimidade constitucional para propositura da ação. Ademais, em que pese a preocupação de todos em relação ao COVID-19 nas penitenciárias, a medida cautelar, ao conclamar os juízes de execução, determina, fora do objeto da ADPF, a realização de megaoperação para analisar detalhadamente, em um único momento, todas essas possibilidades e não caso a caso, como recomenda o Conselho Nacional de Justiça. O STF entendeu que, neste momento, o Poder Judiciário deve seguir as recomendações sobre a questão emitidas pelo Conselho Nacional de Justiça CNJ e por portaria conjunta dos Ministérios da Saúde e da Justiça. Para evitar a disseminação do novo coronavírus nas prisões, o CNJ recomendou a análise de situações de risco caso a caso. A Recomendação nº 62/2020 do CNJ traz orientações aos Tribunais e aos magistrados quanto à adoção de medidas preventivas contra a propagação do Covid-19 no âmbito dos sistemas de justiça penal e socioeducativo". (STF. Plenário. ADPF **nº 347** TPI-Ref/DF, Rel. orig. Min. Marco Aurélio, Red. p/ o ac. Min. Alexandre de Moraes, julgado em 18.03.2020, p. 01.07.2020).

[42] STF, decisão monocrática ADI nº 5.365-MC, Rel. Min. Luís Roberto Barroso, j. 1º.10.2015, p. 05.10.2015.

[43] STF, decisão monocrática ADI nº 5.609-MC, Rel. Min. Luís Roberto Barroso, j. 16.05.2017, p. 19.05.2017.

[44] Art. 5º, Lei nº 9.882/1999: "O Supremo Tribunal Federal, por decisão da maioria absoluta de seus membros, poderá deferir pedido de medida liminar na argüição de descumprimento de preceito fundamental. (...) §3º A liminar poderá consistir na determinação de que juízes

(art. 21 da Lei nº 9.868/1999)[45] e da ação direta de inconstitucionalidade por omissão (art. 12-F, §1º, da Lei nº 9.868/1999).[46]

O tema renderia uma tese própria. Restringindo-se ao estudo proposto, a parcela de inovação que mais interessa está na criação de novas técnicas de decisão em controle de constitucionalidade. Quanto ao ponto, o acórdão do Supremo Tribunal Federal no caso Raposa Serra do Sol (PET nº 3.388, Rel. Min. Ayres Britto, Rel. atual Min. Luís Roberto Barroso) é um exemplo de atividade criativa em sede de processo constitucional – e por sinal muito questionável. A Corte, por maioria, considerou válido o procedimento de demarcação contínua da reserva indígena (ao invés da demarcação em ilhas), mas estabeleceu uma série de *salvaguardas institucionais* para a execução do julgado, decorrentes dos arts. 231 e 232 da Constituição. Embora nem todas as condicionantes possam, de fato, ser reconduzidas ao texto constitucional, como se analisará mais adiante, por ora basta registrar que *a declaração de constitucionalidade com a fixação de subregras constitucionais* corresponde a uma técnica de decisão inédita no STF. O Tribunal estabeleceu um verdadeiro regime jurídico de constitucionalidade, a partir da incidência de dezenove condicionantes.

A doutrina não conseguiu classificar o acórdão da PET nº 3.388, Rel. atual Ministro Luís Roberto Barroso, porque seu conteúdo não se adequa à nenhuma categoria de decisão existente na doutrina brasileira do controle de constitucionalidade.[47] Muitos qualificam o acórdão como uma *decisão aditiva*, mas os pressupostos das aditivas não se encontram presentes na hipótese, como se estudará em item pertinente. Fato é que o conjunto chamado pelo Supremo Tribunal Federal de *salvaguardas institucionais* no caso Raposa Serra do Sol é conhecido pela Corte

---

e tribunais suspendam o andamento de processo ou os efeitos de decisões judiciais, ou de qualquer outra medida que apresente relação com a matéria objeto da argüição de descumprimento de preceito fundamental, salvo se decorrente da coisa julgada".

[45] Art. 21, Lei nº 9.868/1999: "O Supremo Tribunal Federal, por decisão da maioria absoluta de seus membros, poderá deferir pedido de medida cautelar na ação declaratória de constitucionalidade, consistente na determinação de que os juízes e os Tribunais suspendam o julgamento dos processos que envolvam a aplicação da lei ou do ato normativo objeto da ação até seu julgamento definitivo".

[46] Art. 12-F, §1º, Lei nº 9.868/1999: "A medida cautelar poderá consistir na suspensão da aplicação da lei ou do ato normativo questionado, no caso de omissão parcial, bem como na suspensão de processos judiciais ou de procedimentos administrativos, ou ainda em outra providência a ser fixada pelo Tribunal".

[47] Gabriel Accioly refere-se à decisão como *sui generis*. (GONÇALVES, Gabriel Accioly. *O desenvolvimento judicial do direito*: construções, interpretação criativa e técnicas manipulativas. Rio de Janeiro: Lumen Juris, 2016. p. 174).

Constitucional da Colômbia como *subregras constitucionais*,[48] núcleo da técnica de decisão colombiana que identifico por *decisão paramétrica*[49] (*sentencias hito*), embora na corte vizinha tenha servido para qualificar decisões que declaram a inconstitucionalidade, não a constitucionalidade. O que o Supremo Tribunal Federal consagrou no precedente da Raposa Serra do Sol foi o uso da *sentença paramétrica de constitucionalidade*, embora nem todos os parâmetros firmados no precedente ostentem, de fato, o atributo da constitucionalidade.

Outra técnica de decisão com origem na jurisprudência do Supremo Tribunal Federal refere-se à modulação de efeitos *subjetivos* em mandado de injunção, uma vez que a hipótese não é expressamente abarcada pelo art. 27 da Lei nº 9.868/1999, restrita à modulação *temporal* de efeitos. Embora o *writ* configure exemplo de processo subjetivo e, por natureza, produza efeitos *inter partes*, o Supremo já vinha reconhecendo sua dimensão objetiva para ampliar os efeitos das decisões proferidas em mandado de injunção aos casos semelhantes, conferindo-lhe eficácia subjetiva *ultra partes*. A inovação jurisprudencial foi incorporada pelo art. 9º, §1º, da Lei nº 13.300/2016,[50] embora a lei regulamentadora do mandado de injunção pareça ter reagido à jurisprudência ampliativa do Supremo Tribunal Federal, dando um passo atrás ao prever, como *regra*,

---

[48] Subregras constitucionais, no direito colombiano, correspondem a "formulações que permitem aplicar o direito previsto abstratamente na Constituição diretamente a um caso concreto, por intermédio de comandos jurídicos prescritivos formulados pelo tribunal". (GARCÍA, Hernán Alejandro Olano. Tipología de nuestras Sentencias Constitucionales. *Revista Universitas*, n. 108, p. 596, dez. 2004).

[49] Sobre as técnicas de decisão da Corte Constitucional da Colômbia, confira-se: MELO, Teresa. Precisamos falar sobre a Colômbia: tipos de sentença e técnicas de decisão da Corte Constitucional. *In*: MÔNACO, Gustavo Ferraz de Campos; LOULA, Maria Rosa (Coords). *Direito internacional e comparado*: trajetória e perspectivas – Homenagem aos 70 anos do Professor Catedrático Rui Manuel Moura Ramos. São Paulo: Quartier Latin, 2021. v. II, p. 517-538. No artigo, com base na doutrina constitucional da Colômbia, estabeleço a seguinte sistematização: "1. Quanto ao sentido da decisão: sentenças estimatórias e sentenças desestimatórias. 2. Quanto à manipulação do conteúdo: 2.a. Sentenças interpretativas ou de constitucionalidade condicionada (de acolhimento ou de rechaço); 2.b. Sentenças integradoras ou aditivas; 2.c. Sentenças substitutivas; 2.d. Sentenças apelativas ou exortativas (de delegação, por inconstitucionalidade simples ou por constitucionalidade precária). 3. Quanto à modulação dos efeitos: 3.a. Sentenças com efeitos retroativos ou *ex tunc*; 3.b. Sentenças prospectivas (com efeitos *pro futuro* e *ex nunc*); 3.c. Sentenças de inconstitucionalidade diferida ou de constitucionalidade temporal; 3.d. Sentenças com modulação subjetiva. 4. Quanto às considerações da Corte: 4.a. Sentenças fundacionalistas; 4.b. Sentenças paramétricas; 4.c. Sentenças confirmadoras de princípio; 4.d. Sentenças *pop*. 5. Modelos específicos da Corte Constitucional Colombiana: 5.a. Sentenças de unificação de jurisprudência; 5.b. Sentenças sobre o mínimo existencial".

[50] Art. 9º, §1º, Lei nº 13.300/2016: "Poderá ser conferida eficácia *ultra partes* ou *erga omnes* à decisão, quando isso for inerente ou indispensável ao exercício do direito, da liberdade ou da prerrogativa objeto da impetração".

(i) a eficácia subjetiva limitada às partes (art. 9º da Lei nº 13.300/2016);[51] e (ii) a necessidade de a injunção determinar prazo razoável para que o impetrado promova a edição de norma regulamentadora (art. 8º, I, da Lei nº 13.300/2016).[52] Certamente haverá embates quanto ao possível retrocesso do mandado de injunção, mas os reflexos da alteração normativa ainda não foram sentidos no Supremo Tribunal Federal.

Uma decisão criativa com impacto no processo constitucional que passou abaixo do radar da doutrina corresponde à questionável declaração incidental de inconstitucionalidade em controle abstrato, com efeitos vinculantes. A *declaração incidental de inconstitucionalidade em controle abstrato, com efeito vinculante*, ocorreu em parte dos julgados do chamado "caso amianto", apreciados conjuntamente pelo STF na ADI nº 3.406 e na ADI nº 3.470, ambas da relatoria da Ministra Rosa Weber. O cerne da decisão constou da ata da sessão de julgamento, do dia 29.11.2017: "O Tribunal, por maioria e nos termos do voto da Relatora, julgou improcedente a ação, e, incidentalmente, declarou a inconstitucionalidade do art. 2º da Lei nº 9.055/95, *com efeito vinculante e erga omnes*" (grifo acrescentado).[53]

Em sessão ocorrida meses antes, para julgar a inconstitucionalidade de outras leis estaduais sobre a mesma questão, o STF havia produzido decisão diferente. Em 24.08.2017, no julgamento conjunto das ADIs nºs 3937, 3356, 3357 e da ADPF nº 109, Red. para acórdão Min. Dias Toffoli, consta da ata da decisão de julgamento o seguinte:

> O Tribunal julgou improcedente a ação direta, com a declaração incidental de inconstitucionalidade do art. 2º da Lei nº 9.055/1995, vencidos os Ministros Marco Aurélio (Relator) e Luiz Fux, que julgavam procedente a ação, e vencido parcialmente o Ministro Alexandre de Moraes, que julgava improcedente a ação, *sem declaração incidental de inconstitucionalidade do art. 2º da Lei nº 9.055/95*.

---

[51] Art. 9º, Lei nº 13.300/2016: "A decisão terá eficácia subjetiva limitada às partes e produzirá efeitos até o advento da norma regulamentadora".
[52] Art. 8º, I, Lei nº 13.300/2016: "Reconhecido o estado de mora legislativa, será deferida a injunção para: I – determinar prazo razoável para que o impetrado promova a edição da norma regulamentadora".
[53] STF, Plenário, ADI nº 3.406 e ADI nº 3.470, Relª. Minª. Rosa Weber, j. 29.11.2017, p. 01.02.2019. Consta ainda da ata da decisão de julgamento: "Vencidos o Ministro Marco Aurélio, que votou pela procedência do pedido, e, em parte, o Ministro Alexandre de Moraes, que divergia parcialmente para julgar parcialmente procedente o pedido e dar interpretação conforme aos arts. 2º e 3º da Lei nº 3.579 do Estado do Rio de Janeiro, nos termos do seu voto. Ao final, o Tribunal indeferiu pedido de análise de modulação de efeitos suscitado da tribuna. Impedidos os Ministros Roberto Barroso e Dias Toffoli. Ausente, justificadamente, o Ministro Ricardo Lewandowski".

Os julgamentos envolviam conflitos entre leis estaduais e a lei federal: a lei *federal* que permitia o uso do amianto *do tipo crisotila* em todo o país (Lei nº 9.055/1995), e leis *estaduais* que proibiam a utilização de *qualquer tipo* de amianto nos limites de seus territórios. Ou seja, em matéria de iniciativa legislativa concorrente,[54] os estados-membros legislaram de forma mais rígida (proibiam todos os tipos de amianto, sem exceção), do que a União (que proibia todos os tipos de amianto, com exceção do crisotila).[55]

As ações diretas de inconstitucionalidade e a arguição de descumprimento de preceito fundamental haviam sido propostas apenas contra as leis estaduais – sem impugnação da lei federal –, mas o Supremo Tribunal Federal entendeu que a declaração de (in)constitucionalidade das leis locais pressupunha a manifestação da Corte sobre a (in) constitucionalidade da lei federal.[56] Por isso, em pelo menos um dos julgamentos conjuntos (ADI nº 3.406 e ADI nº 3.470, Relª. Min.ª Rosa Weber), ao concluir pela constitucionalidade das leis estaduais proibitivas de todos os tipos de amianto, o STF também declarou incidentalmente a inconstitucionalidade da lei federal, que permitia a espécie crisotila – porém com efeitos *erga omnes* e vinculantes. Trata-se, sem dúvida, de nova técnica de decisão em controle de constitucionalidade das normas, que suscita diversas dúvidas: se a declaração de inconstitucionalidade se produziu de forma incidental, como declarar sua eficácia *erga omnes* e vinculante sem a participação do Senado Federal? Buscou-se aqui

---

[54] A matéria versa sobre produção e consumo (art. 24, V, CF/88), proteção do meio ambiente (art. 24, VI) e proteção e defesa da saúde (art. 24, XII, CF/88).

[55] Sobre esse ponto manifestou-se o redator para acórdão, Ministro Dias Toffoli: "Assim, se a lei federal admite, de modo restrito, o uso do amianto, em tese, a lei estadual ou municipal não poderia proibi-lo totalmente, pois, desse modo, atuaria de forma contrária à prescrição da norma geral federal. Nesse caso, não temos norma suplementar, mas norma contrária/substitutiva à lei geral, em detrimento da competência legislativa da União (...) No entanto, pelos fundamentos que serão expostos a seguir, entendo que o art. 2º da Lei federal nº 9.055/1995 passou por um processo de inconstitucionalização e, no momento atual, não mais se compatibiliza com a Constituição de 1988, razão pela qual os estados passaram a ter competência legislativa plena sobre a matéria até que sobrevenha eventual nova legislação federal, nos termos do art. 24, §§3º e 4º, da CF/88".

[56] Consta do voto do redator para acórdão, Ministro Dias Toffoli: "Embora a Lei federal nº 9.055/95 não seja impugnada nestas ações – somente na ADI nº 4.066 (a qual estou impedido de julgar por ter atuado nela como Advogado-Geral da União) –, a causa de pedir nas ações de controle concentrado é aberta e 'o STF, no exercício da competência geral de fiscalizar a compatibilidade formal e material de qualquer ato normativo com a Constituição, pode declarar a inconstitucionalidade, incidentalmente, de normas tidas como fundamento da decisão' (Rcl nº 4374/PE, Rel. Min. Gilmar Mendes, *DJe* de 04.09.13)".

novamente afastar o comando do art. 52, X, da CF?[57] Quais os impactos da universalização desse entendimento no sistema constitucional de freios e contrapesos? Todos esses casos, dos três grandes campos identificados, demonstram que a discussão acerca da possibilidade ou não de atuação normativa do Supremo Tribunal Federal apresenta um desvio de perspectiva. A verdadeira questão não está em saber *se* o STF pode inovar normativamente, porque é certo que *algum grau de atividade legislativa está contido na função jurisdicional das cortes*. Entretanto, porque juízes *não* são legisladores, estão sujeitos a limites diferenciados no exercício da atividade normativa. Como se verá, esses limites – que certamente existem – não se confundem com as objeções clássicas ao exercício da normatização pelo Judiciário, como o mal compreendido legislador negativo de Kelsen e a doutrina clássica da separação de poderes, que se desestruturam quando confrontados com o texto e o projeto da Constituição de 1988.

No recorte do Professor Conrado Hübner Mendes, "passamos a discutir 'se' uma Corte está ou não legislando, e não 'quando, como, quanto e por que' legisla".[58] A atuação legislativa das cortes constitucionais em geral, e do Supremo Tribunal Federal em particular, não é uma idiossincrasia do STF, é um papel que está sendo exercido pela maioria dos tribunais constitucionais do mundo e que decorre da própria Constituição, por menos usual que essa afirmação possa parecer. Estabelecida a premissa de que existe atividade legislativa *dentro* da função jurisdicional, passa-se então à necessidade mais importante na matéria: a definição de limites, critérios e parâmetros para a intervenção criativa da Corte,[59] contribuição que esse trabalho visa a apresentar, sem pretensão de definitividade. Antes disso, porém, é preciso analisar como se chegou até o momento atual, de criação de normas pelo Judiciário, passando pela descrição do tipo de fiscalização que o Supremo Tribunal Federal exerce nos dias de hoje. Entendido

---

[57] Sobre o tema, v. análise anterior sobre o julgamento da Reclamação nº 4.335/AC, Rel. Min. Gilmar Mendes, no item a respeito da atuação criativa do STF com impacto nas normas constitucionais.

[58] MENDES, Conrado Hübner. Ativismo social, não judicial. *O Globo*, 16 ago. 2018. Disponível em https://epoca.globo.com/conrado-hubner-mendes/ativismo-social-nao-judicial-22983759. Acesso em 16 ago. 2018.

[59] No campo da omissão inconstitucional há alguns trabalhos doutrinários que estabelecem parâmetros para a atuação positiva legítima do Supremo. Ver, por exemplo, SARLET, Ingo; VIANNA, Rodrigo. A tutela dos direitos fundamentais e o STF como "legislador positivo". *Revista Mestrado em Direito*, Osasco, a. 13, n. 2, p. 95-133, jul./dez. 2013.

o contexto, discutem-se os limites e fundamentos para o exercício da atividade legislativa pelo STF: se o legislador negativo kelseniano e a separação de poderes não são os verdadeiros limites à normatização pelo Supremo Tribunal Federal, quais são?

1.2 O contexto da assunção do papel normativo pelo Supremo Tribunal Federal: superação de dogmas e leitura contemporânea do princípio da separação de poderes

1.2.1 A queda do primeiro dogma: adeus ao legislador negativo de Kelsen (e o ponto ainda indispensável de sua doutrina)

Quem é o legislador negativo de Kelsen? Sua concepção pode ser transplantada para o sistema brasileiro de controle de constitucionalidade? As premissas da teoria se encontram presentes no Brasil? Há, por outro lado, algum ponto da doutrina kelseniana que encontra amparo na Constituição de 1988 e, portanto, deve ser observado? Essas são apenas algumas das perguntas que o Supremo Tribunal Federal deveria formular ao se deparar com situações que exigem algum grau de criação judicial, antes de fazer uso do *coringa* em que se transformou o legislador negativo kelseniano. A constatação de que o Supremo Tribunal Federal atua de forma criativa é recorrente na doutrina, que em geral enuncia esse fato para associá-lo a alguma espécie de ativismo e cita variados exemplos de decisões que confirmariam a tese. Não é suficiente. É preciso, em acréscimo, demonstrar que o legislador negativo kelseniano é *incompatível* com a Constituição de 1988 e que não pode, sob qualquer ângulo de análise, ser utilizado como fundamento das decisões da Corte. Uma decisão que só se fundamenta no legislador negativo kelseniano é uma não decisão.

De acordo com Kelsen, como regra geral, haveria atividade legislativa nas hipóteses em que a decisão de um caso concreto, em princípio com eficácia subjetiva *inter partes*, passasse a servir de parâmetro para decisões futuras sobre o mesmo tema. A atribuição de eficácia *erga omnes* ao produto da atividade judicial (em princípio exercida apenas entre as partes), resultaria na atribuição de natureza *legislativa* ao ato, já que presente o caráter de norma geral.[60] O dogma do legislador negativo kelseniano nasce nesse contexto, seguindo a seguinte construção: "Anular uma lei significa pôr uma norma geral, já que tal anulação tem o mesmo caractere de generalidade da formação da lei, sendo por assim dizer uma formação de signo negativo, *e portanto uma função legislativa*"[61] (grifo acrescentado). A categorização das cortes como legisladores negativos teria surgido não para afastar, mas

> para remarcar o caráter criativo da jurisdição constitucional precisamente porque, de um lado, evidencia que todo ato jurídico é ao mesmo tempo criação (de direito novo) e execução de direito (já existente) e, de outro, lança um golpe contra a ideia tradicional de que, entre legislação e jurisdição, haveria uma diferença ontológica.[62]

A expressão *legislador*, ainda que com o sinal negativo, é empregada por Kelsen em seu sentido técnico. Para Kelsen, declarar uma lei inconstitucional é sim uma atividade de natureza *legislativa*, dado o seu caráter de norma geral. Por isso, a partir daí, formata um modelo de controle de constitucionalidade de uso exclusivo por uma Corte Constitucional (ou nela *concentrado*), sem a coparticipação dos demais órgãos do Judiciário. A criação de um tribunal especializado no controle de constitucionalidade buscava obstar a fruição de atividade legislativa pelas instâncias ordinárias, impedindo desequilíbrios na divisão de funções entre os três Poderes do Estado, e foi formulada

---

[60] Kelsen teria identificado esse caráter de regra geral em três situações, de acordo com Gabriel Accioly: (i) quando cria uma solução cujo conteúdo não pode ser reconduzido a uma norma jurídica prévia, servindo como precedente para aplicação a casos posteriores; (ii) quando determina qual interpretação deve ser seguida no caso de uma norma plurissignificativa e, (iii) na declaração de inconstitucionalidade de uma lei. (GONÇALVES, Gabriel Accioly. *O desenvolvimento judicial do direito*: construções, interpretação criativa e técnicas manipulativas. Rio de Janeiro: Lumen Juris, 2016. p. 139).

[61] KELSEN, Hans. O controle judicial da constitucionalidade: um estudo comparado das constituições austríaca e americana. *In*: KELSEN, Hans. *Jurisdição Constitucional*. São Paulo: Martins Fontes, 2007. p. 311.

[62] SOUSA FILHO, Ademar Borges de. *Sentenças aditivas na jurisdição constitucional brasileira*. Belo Horizonte: Fórum, 2016. p. 89. A mesma constatação consta de trabalho de Gabriel Accioly: "Partindo da noção de que, como regra geral, o que distingue a função legislativa da jurisdicional é o fato de que as normas provenientes desta possuem caráter individual, enquanto as daquela teriam caráter geral, aduz Kelsen que a invalidação de uma lei teria o mesmo grau de generalidade do que a edição normativa, embora, no caso da anulação, o que ocorreria seria a elaboração de uma norma geral com sinal negativo, cujo efeito seria o de eliminar do sistema o ato inconstitucional. Por se tratar de uma norma geral que retira, e não agrega conteúdos ao direito, tratar-se-ia de uma legislação negativa" (GONÇALVES, Gabriel Accioly. *O desenvolvimento judicial do direito*: construções, interpretação criativa e técnicas manipulativas. Rio de Janeiro: Lumen Juris, 2016. p. 139).

por Kelsen como resposta teórica à crítica endereçada à *judicial review* americana, que supostamente afrontaria a doutrina da separação de poderes. Seria a Corte, *e apenas ela*, partícipe da atividade legislativa. Nas clássicas palavras do próprio Kelsen:

> A anulação de um ato legislativo por um órgão distinto do órgão legislativo é, de fato, uma ingerência no chamado "poder legislativo". Tal argumento, entretanto, revelar-se-á muito problemático se considerarmos que o órgão a que é confiada a anulação das leis inconstitucionais *não exerce uma função verdadeiramente jurisdicional*, mesmo se, com a independência de seus membros, é organizado em forma de tribunal. Tanto que se possa distingui-las, a diferença entre função jurisdicional e função legislativa consiste antes de mais nada em que esta cria normas gerais, enquanto aquela cria unicamente normas individuais. Ora, anular uma lei é estabelecer uma norma geral, porque a anulação de uma lei tem o mesmo caráter de generalidade que sua elaboração, nada mais sendo, por assim dizer, que a elaboração com sinal negativo e, portanto, ela própria uma função legislativa. E *um tribunal que tenha o poder de anular leis é, por conseguinte, um* órgão *do poder legislativo*.[63] (grifos acrescentados).

Embora a afirmação de que a corte constitucional integra o Legislativo deva ser entendida contextualmente, Kelsen conclui afirmando que a atividade da Corte – embora de natureza legislativa – não equivale à *função* legislativa do Legislativo, porque, (i) embora exista *criação* na atividade jurisdicional, tal como na atividade legislativa, (ii) ela não se exerce de forma *livre* – sendo a diferença entre jurisdição e legislação uma questão de grau, não de natureza.[64]

Por seu raciocínio, a atividade de anular leis detém natureza legislativa *e* deve ser atribuída a um órgão específico – de forma concentrada – porque somente esse desenho institucional garantiria o devido respeito à doutrina da separação de poderes. O fundamento de Kelsen, portanto, *não* se refere ao fato de que seria ilegítimo ao Judiciário criar normas, mas justo o contrário: reconhecida a premissa

---

[63] KELSEN, Hans. A garantia jurisdicional da Constituição (a justiça constitucional). *Revista de Direito Público*, n. 1, p. 108-109, jul./set. 2003. p. 108-109.

[64] KELSEN, Hans. A garantia jurisdicional da Constituição (a justiça constitucional). *Revista de Direito Público*, n. 1, p. 91-109, jul./set. 2003. p. 91: "Não há entre as duas funções uma oposição absoluta, como entre a criação e a aplicação do Direito, mas antes uma oposição meramente relativa. Um exame mais apurado mostra que ambas as funções são um ato de criação e, ao mesmo tempo, de aplicação do Direito. A legiferação e a execução não são duas funções estatais coordenadas; são duas etapas hierarquizadas do processo de criação do Direito e, também, duas etapas intermediárias".

de que, ao criar normas, a atividade (legislativa) judicial promoveria um desbalanceamento do equilíbrio entre os Poderes, deveria ser atribuída com exclusividade a uma corte constitucional – fora da estrutura do Judiciário e do insulamento que lhe é peculiar, e assim mais próxima à política. Vale dizer, a formulação original do "legislador negativo" possui sentido diametralmente *oposto* àquele empregado pelo Supremo Tribunal Federal.[65]

Apesar da necessidade de superação do dogma do legislador negativo, Kelsen tinha razão em relação a um ponto, que subsiste até os dias atuais: não cabe ao Judiciário, no processo de controle de efetividade da Constituição, a criação normativa *de forma livre*. O desafio dos dias atuais, semelhante ao da doutrina de Kelsen, está em responder à questão de *como* compatibilizar a atuação judicial normativa com o princípio da separação de poderes (entendido a partir e dentro do texto da Constituição de 1988 – e não da doutrina clássica sobre o tema, conforme analisado em item próprio).

Os limites à atividade legislativa do Judiciário são diferentes dos limites da função legislativa do Parlamento, ainda que os dois estejam simultaneamente sujeitos à Constituição. Se a qualificação "negativo" não serve mais à descrição e à prescrição da atividade jurisdicional do Supremo Tribunal Federal, a palavra "legislador" deve continuar a ser lida em sentido técnico, ainda que à luz da função jurisdicional e dos limites das cortes constitucionais. Em outras palavras: embora o Judiciário exerça *atividade* legislativa, não possui *função* legislativa, tal qual a função típica exercida pelo Poder Legislativo na divisão (funcional) de Poderes.[66] Ainda que Judiciário e Legislativo estejam

---

[65] SOUZA NETO, Cláudio Pereira de. Mandado de Injunção: efeitos da decisão e âmbito de incidência. *Revista Interesse Público*, v. 43, p. 97-116, 2007. p. 106: "O uso que o STF faz desse termo 'legislador negativo' não corresponde à sua formulação original. Para enfatizar a natureza constitutiva (i.e, criadora de normatividade) da decisão da Corte constitucional, Kelsen afirma que ela possui *função legislativa negativa* (...). Segundo o autor, a decisão que anula a lei 'inconstitucional' é, na realidade, um ato de revogação da lei. Daí porque, para Kelsen, a decisão do Tribunal constitucional deve apenas gerar efeitos *ex nunc*, prospectivos. Pode-se considerar, portanto, que, em certo sentido, na formulação original, a expressão possuía um significado inverso ao atribuído pelo STF. Este é o principal critério utilizado pela Corte para justificar a sua atuação: não lhe caberia criar direito novo, mas tão-só declarar a nulidade do direito criado em desacordo com a Constituição".

[66] Essa divisão, porém, jamais se verificou na prática e já se considera impossível de ser concretizada: "The pure doctrine of the separation of powers implied that the functions of government could be uniquely divided up between the branches of government in such a way that no branch need ever exercise the function of another. *In practice such a division of function has never been achieved, nor indeed is it desirable that it should be, for it would involve a disjuncture in the actions of government which would be intolerable.* But the criticism of the threefold conception of government functions can be taken much further than pointing out that it has

simultaneamente submetidos à moldura constitucional, dada a natureza de poderes constituídos, a realização de escolhas entre *indiferentes jurídicos*[67] (desde que constitucionais) é própria da função legislativa.[68] A discricionariedade é atributo das funções constituídas e majoritárias, não do Judiciário, cuja *função* é *jurisdicional*. A regra, em um sistema democrático, deve ser a realização de escolhas pelos representantes politicamente eleitos pelo povo, seja em respeito ao princípio da separação de Poderes, tal como desenhado pela Constituição de 1988, seja porque o Judiciário não possui capacidade institucional para a realização de escolhas entre indiferentes normativos.

É nesse sentido que se afirma que não cabe ao Poder Judiciário a livre realização de escolhas no exercício da atividade legislativa (criativa), ainda que em determinadas situações lhe seja legítimo elaborar normas para garantir a realização do projeto previsto na Constituição. A propósito, há autores que defendem que é a atividade legislativa do Judiciário – e não a função jurisdicional em si –, o verdadeiro fundamento para a garantia da independência dos juízes, uma vez que, para bem exercer a criação legislativa, devem estar protegidos contra as mais variadas pressões.[69] A compatibilização entre a função legislativa do Legislativo e a atividade legislativa do Judiciário passa

---

never been wholly achieved in practice. It can be suggested that the 'multifunctionality' of political structures can, and perhaps must, be carried to the point where any attempt at a division of functions is quite impossible". (VILE, M. J. C. *Constitutionalism and the separation of powers*. Oxford: Oxford University Press, 1967. p. 349).

[67] GRAU, Eros Roberto. *Ensaio e discurso sobre a interpretação/aplicação do direito*. São Paulo: Malheiros, 2009. p. 283.

[68] A diferença entre legislação e jurisdição pode ser estudada a partir das lições de Ricardo Guastini, apresentadas por Antônio Peleja Júnior: "Sob o ponto de vista material, pode-se fazer uma distinção em quatro níveis: a lei tem um conteúdo tipicamente normativo e abstrato, enquanto a sentença possui um conteúdo individual e concreto; a lei é o resultado de um ato de vontade, enquanto a sentença é fruto de um duplo ato de conhecimento ou acertamento: escolha da lei por meio da interpretação e escolha do caso concreto submetido a juízo; a legislação é uma atividade 'livre' e não tem um escopo predeterminado, ao passo que a jurisdição é uma atividade que tem por escopo aplicar a lei; por último, enquanto a legislação é uma atividade primária, originária e independente de outra, a jurisdição é uma atividade estruturalmente subordinada a lei e logicamente dependente da legislação". (PELEJA JÚNIOR, Antônio Veloso. *Sentenças aditivas e jurisdição constitucional*. Curitiba: Juruá, 2017. p. 148. V., também, GUASTINI, Riccardo. *Il giudice e la leggi*: lezioni di diritto costituzionale. Torino: Giappichelli, 1995. p. 11-12).

[69] "The reason for the independence of the judiciary, therefore, and incidentally of juries, is not that they perform a judicial function, an expression to which it is very difficult to give a precise meaning. The argument for the independence of the judge is that in performing his function of rule-interpretation he should not be subject to pressure that would cause him to vary the meaning of the rules to suit the views of the persons affected by them, and that in ascertaining "facts" he will not be influenced by considerations of expediency. It is an essential element in the maintenance of that stability and predictability of the rules

pelo reconhecimento de que a "última palavra provisória" em matéria de *legislação* sempre caberá ao Legislativo, ou seja, de que a criação judicial deve ser realizada de forma a não bloquear a revisão do poder preferencialmente desenhado para legislar.[70] A "última palavra" em matéria de criação judicial não pode ser retirada do Legislativo.

Feito o registro, a terceira premissa em que se funda a construção teórica kelseniana diz respeito ao (iii) conceito que o autor atribui à constituição. Dentro da célebre estrutura escalonada da ordem jurídica, constituição corresponde à *"base fundamental da ordem estatal"*, sendo responsável por regular "a elaboração das leis, (e) das normas gerais em execução das quais atuam os órgãos estatais – tribunais e autoridades administrativas".[71] Isso significa dizer que, para Kelsen, apenas as normas relativas ao *processo legislativo* e *aos* órgãos *do Estado* são normas constitucionais no sentido estrito – *e restrito* – do termo. Todas as demais normas, acaso presentes no texto constitucional, seriam apenas *formalmente* constitucionais. O *conteúdo* de Constituição, assim, restringe-se às normas criadoras de leis e definidoras dos órgãos do Estado, o que exclui do conceito de normas materialmente constitucionais aquelas referentes aos direitos fundamentais. É o que se depreende da seguinte passagem:

> Um núcleo permanente perpassa as múltiplas transformações sofridas pela noção de Constituição: a ideia de um princípio supremo, que determina a ordem estatal em sua totalidade e a essência da comunidade constituída por essa ordem. Qualquer que seja a definição da Constituição, essa é sempre o alicerce do Estado, a base da ordem jurídica que se pretende abarcar. O que sempre, e em primeiro lugar, se entende por Constituição – nisso coincidindo essa noção com a de forma do Estado – é um princípio em que se expressa juridicamente o equilíbrio das forças políticas do momento, uma norma que regula a elaboração das leis, das normas gerais em execução das quais atuam os órgãos estatais – tribunais e autoridades administrativas. Essa regra da

---

which is the core of constitutionalism". (VILE, M. J. C. *Constitutionalism and the separation of powers*. Oxford: Oxford University Press, 1967. p. 361).

[70] "(C)an we then save the idea of functionalism in the sense in which it has traditionally been used in the analysis of political systems? The first idea which we might use is that of a hierarchy or structure of rules, so that even if we accept that judges and administrators *must* also make rules these will be subordinated to those made by the legislature". (VILE, M. J. C. *Constitutionalism and the separation of powers*. Oxford: Oxford University Press, 1967. p. 351).

[71] KELSEN, Hans. A garantia jurisdicional da Constituição (a justiça constitucional). *Revista de Direito Público*, n. 1, p. 91-109, jul./set. 2003. p. 95.

criação das normas jurídicas essenciais do Estado, da determinação dos órgãos e do processo legislativo forma a Constituição, no sentido próprio, original e estrito do termo. (...) *nada se opõe a que essa forma constitucional também seja usada para normas que não fazem parte da Constituição no sentido estrito,* em primeiro lugar para normas reguladoras, não da criação, mas do conteúdo das leis. *Disso resulta a noção de Constituição no sentido lato. É a noção a que se recorre quando as Constituições modernas contêm, além das regras relativas aos órgãos e ao processo legislativo, uma enumeração de direitos fundamentais da pessoa ou de liberdades individuais.*[72] (grifo acrescentado).

Da sua noção de constituição decorre o quarto pressuposto da sua doutrina: como, para Kelsen, as normas de direitos fundamentais não possuem o conteúdo próprio de constituição, sendo apenas formalmente constitucionais, uma lei que violasse um direito fundamental seria apenas *formalmente* inconstitucional. E mais: por não conceber limites ao poder de reforma da constituição, uma lei contrária à constituição deixaria de sê-lo caso viesse a ser aprovada como emenda constitucional. Vale dizer, o único tipo de inconstitucionalidade concebido por Kelsen é a *inconstitucionalidade formal,* como transcrito a seguir:

(...) distingue-se amiúde a inconstitucionalidade formal da inconstitucionalidade material das leis. Tal distinção só pode ser aceita com a ressalva de que a chamada inconstitucionalidade material é, em última análise, uma inconstitucionalidade formal: uma lei cujo conteúdo fere as prescrições da Constituição deixaria de ser inconstitucional se fosse aprovada como uma lei de natureza constitucional.[73]

Com a noção de constituição em sentido formal, Kelsen busca reduzir o parâmetro de controle para conter ao máximo a atividade criativa dos juízes constitucionais que, como ele mesmo afirma, podem vir a criar norma geral. É uma teoria preocupada em responder as críticas de que o controle de constitucionalidade judicial violaria a separação de Poderes. A saída encontrada foi reduzir o alcance do controle, tanto com (i) a previsão de um único órgão capaz de exercer essa competência (e de forma concentrada), (ii) quanto com a restrição das normas que deveriam necessariamente figurar na Constituição, o que por conseguinte (iii) diminui o parâmetro de controle de constitucionalidade das leis.

---

[72] KELSEN, Hans. A garantia jurisdicional da Constituição (a justiça constitucional). *Revista de Direito Público,* n. 1, p. 91-109, jul./set. 2003. p. 96.
[73] KELSEN, Hans. A garantia jurisdicional da Constituição (a justiça constitucional). *Revista de Direito Público,* n. 1, p. 91-109, jul./set. 2003. p. 96.

As normas de direitos fundamentais – que na Constituição de 1988 são listadas em extenso rol, têm aplicabilidade imediata e, mais do que isso, constituem cláusulas pétreas –, para Kelsen *não são fonte de direitos* e sequer deveriam figurar no texto constitucional. O não reconhecimento dos direitos fundamentais como normas materialmente constitucionais e, nessa qualidade, insuscetíveis de funcionarem como parâmetro para a verificação da constitucionalidade das leis com eles incompatíveis, corresponde ao *principal sustentáculo* da construção kelseniana de que as cortes constitucionais atuariam apenas como legisladores negativos.[74]

A Kelsen devem ser reconhecidos os méritos da implementação, na Constituição Austríaca, de um modelo de jurisdição constitucional que ajudou a formular.[75] Somos devedores de suas ideias,[76] mas estamos atrasados em superar de vez o dogma do legislador negativo, que só faz sentido dentro do modelo formulado por Kelsen. Não há fundamento para reproduzi-lo no sistema idealizado pela Constituição de 1988, como sinalizado em alguns votos do STF.[77] Nem sob o ponto de vista

---

[74] Ver: GONÇALVES, Gabriel Accioly. *O desenvolvimento judicial do direito*: construções, interpretação criativa e técnicas manipulativas. Rio de Janeiro: Lumen Juris, 2016. p. 147. De acordo com o autor, "além de se tratar de um modelo de Constituição francamente incompatível com os adotados desde o segundo pós-guerra, tal concepção torna a Lei Maior alheia à totalidade dos casos processados perante a jurisdição ordinária, já que a fonte dos direitos individuais adjudicáveis é deslocada para um patamar infraconstitucional, qual seja, a lei. A finalidade da Constituição exaure-se em um âmbito normativo interno, de estruturação lógica do ordenamento jurídico, não se projetando sobre a sociedade senão de forma mediata, através da invalidação de normas inconstitucionais, ocupando-se a jurisdição constitucional, assim, meramente, de um problema de conflito de normas de estágios distintos".

[75] Características do modelo concentrado kelseniano já podiam ser verificadas, desde 1858, em países como Colômbia e Venezuela. Portanto, apenas 50 (cinquenta) anos após *Marbury v. Madison* (1808) e antes mesmo da edição da Constituição Austríaca de 1920. Confira-se: "(t)he fact was that the system, by that time and without the need to create a separate constitutional court, was already in existence, with similar substantive trends in some Latin American countries such as Colombia and Venezuela, where the annulment powers regarding unconstitutional statutes had been granted since 1858 to supreme courts of justice". BREWER-CARÍAS, Allan Randolph. *Constitutional Courts as Positive Legislators*. Nova Iorque: Cambridge University Press, 2011. p. 8-9.

[76] Já se tornou célebre a afirmação de Francisco Javier Diaz Revorio, de que "somos devedores de Kelsen, mas não 'escravos' de suas ideias" (tradução livre). (REVORIO, Francisco Javier Díaz. *Las sentencias interpretativas del tribunal constitucional*. Valladolid: Lex Nova, 2001. p. 305).

[77] É preciso registrar as tentativas do Ministro Gilmar Mendes de convencer seus pares a superar o dogma do legislador negativo. Por todas, cito trecho de voto proferido na ADPF nº 54: "A experiência das Cortes Constitucionais europeias – destacando-se, nesse sentido, a *Corte Costituzionale* italiana – bem demonstra que, em certos casos, o recurso às decisões interpretativas com efeitos modificativos ou corretivos da norma constitui a única solução viável para que a Corte Constitucional enfrente a inconstitucionalidade existente no caso concreto, sem ter que recorrer a subterfúgios indesejáveis e soluções simplistas como a declaração de inconstitucionalidade total ou, no caso de esta trazer consequências drásticas

da teoria e da filosofia constitucionais, nem sob a ótica da prática da jurisdição constitucional pelo Supremo Tribunal Federal. O legislador negativo de Kelsen não é o mesmo legislador negativo do Supremo Tribunal Federal. A versão do STF "constitui exemplo singular de uso sincrético de teorias inconciliáveis, qual seja, a combinação de um positivismo à la Escola da Exegese com o normativismo kelseniano".[78]

A Constituição de 1988, por conter normas abertas e de cunho abstrato, (i) demanda a atividade criativa dos juízes e tribunais, trazendo inclusive regra de competência judicial para realização de atividade legislativa, como analisado em momento oportuno. Dado o seu caráter analítico e seu extenso rol de direitos fundamentais – com natureza de cláusulas pétreas e de aplicabilidade imediata –, (ii) não se adequa à noção kelseniana de *constituição em sentido estrito*, nem ao seu conceito de normas formalmente constitucionais. A previsão, por exemplo, da garantia constitucional do mandado de injunção, (iii) autoriza a concretização de direitos pelo STF. A atribuição de diversas competências jurisdicionais ao Supremo Tribunal Federal, que não se resumem ao controle de constitucionalidade, (iv) retira do tribunal a natureza de estrita Corte Constitucional.[79]

---

para a segurança jurídica e o interesse social, a opção pelo mero não conhecimento da ação. Sobre o tema, é digno de nota o estudo de Joaquín Brage Camazano, do qual cito a seguir alguns trechos: 'La raíz esencialmente pragmatica de estas modalidades atipicas de sentencias de la constitucionalidad hace suponer que su uso es practicamente inevitable, con una u otra denominación y con unas u otras particularidades, por cualquier órgano de la constitucionalidad consolidado que goce de una amplia jurisdicción, en especial si no seguimos condicionados inercialmente por la majestuosa, pero hoy ampliamente superada, concepción de Kelsen del TC como una suerte de 'legislador negativo'. Si alguna vez los tribunales constitucionales fueron legisladores negativos, sea como sea, hoy es obvio que ya no lo son; y justamente el rico 'arsenal' sentenciador de que disponen para fiscalizar la constitucionalidad de la Ley, más allá *del planteamiento demasiado simple 'constitucionalidad/ inconstitucionalidad', es un elemento* más, y de importancia, que viene a poner de relieve hasta qué punto es así'. *Y es que, como* Fernández Segado destaca, 'la praxis de los tribunales constitucionales no ha hecho sino avanzar en esta dirección' de la superación de la idea de los mismos como legisladores negativos, 'certificando [asi] la *quiebra del modelo kelseniano del legislador negativo"*. (...) Assim, o recurso a técnicas inovadoras de controle da constitucionalidade das leis e dos atos normativos em geral tem sido cada vez mais comum na realidade do direito comparado, na qual os tribunais não estão mais afeitos às soluções ortodoxas da declaração de nulidade total ou de mera decisão de improcedência da ação com a consequente declaração de constitucionalidade".

[78] BRANDÃO, Rodrigo. O STF e o dogma do legislador negativo. *Revista Direito, Estado e Sociedade*, Rio de Janeiro, n. 44, p. 190, jan./jun. 2014.

[79] O Supremo não possui nem a natureza, nem o comportamento de corte constitucional. Em artigo publicado no portal JOTA, sobre a ferramenta *Supremo em Números*, analisei a estatística do STF e cheguei à seguinte conclusão: "Por fim, o diagnóstico mais representativo da crise de identidade por que passa o Supremo Tribunal Federal: embora tenha como função precípua a guarda da Constituição, somente subsidiariamente atua no controle abstrato de constitucionalidade das normas, talvez sua mais significativa face de corte

Além disso, como se verá a seguir, (v) o sistema brasileiro de controle de constitucionalidade *de leis e atos normativos* evoluiu para um controle de efetividade da *própria Constituição*. Para tanto, admite as formas difusa e concentrada de verificação da constitucionalidade, autoriza o controle de normas pré-constitucionais (se violadoras de preceitos fundamentais da Constituição de 1988), o uso das mais diversas técnicas de decisão para a concretização e realização do projeto constitucional, e produz normas gerais por múltiplas vias: pela edição de súmulas vinculantes, pelo julgamento de questões recursais com repercussão geral reconhecida, pelo sistema de vinculação a precedentes, pela modulação temporal de efeitos, pelo controle da omissão *etc*. Não permite, sob qualquer ângulo de análise, a qualificação do STF como legislador negativo.

Há, sim, freios e limites a serem observados, mas não o "legislador negativo" de Kelsen. A tese do legislador negativo como freio à atividade criativa do STF só se justifica por razões de conveniência da Corte. O Supremo Tribunal Federal substitui a vontade do legislador, acrescenta normas, modifica as anteriores, cria as faltantes, interfere no poder constituinte, mas, quando entende conveniente não fazê-lo, veste a capa de legislador negativo e joga o coringa na mesa. O dogma poderia ser substituído, com ganhos em argumentação e motivação, por uma postura judicial de deferência, pelo reconhecimento da margem de apreciação do legislador ou, até mesmo, por uma análise comparativa de capacidades institucionais. Além dele, outros dois temas devem ser examinados no contexto das objeções clássicas à atuação normativa do Supremo Tribunal Federal: o dogma da lei inconstitucional como lei nula, e o princípio da separação de Poderes.

---

constitucional. Os processos com maior tempo de tramitação são justamente os de controle concentrado de constitucionalidade, que levam, em média, mais de 7 anos para serem resolvidos. Segundo o relatório, entre os casos de controle concentrado baixados em 2016, cerca de 33,6% já tinham mais de uma década de duração. E não é só: respondem pelas maiores taxas de congestionamento do STF, superiores a 90% – a significar que mais de 90% dos processos de controle concentrado em curso perante o STF foram protocolizados antes de 2016. Se a litigiosidade está concentrada nas classes processuais que provocam a competência revisora do STF, também nela estão seus esforços. Onde está o tesouro do STF, aí não está o seu coração". (MELO, Teresa. Supremo em ação: o que nos diz a mais nova ferramenta de controle da Corte. *Jota*, 08 mai. 2018. Disponível em: https://www.jota. info/opiniao-e-analise/artigos/supremo-em-acao-ferramenta-controle-10052018. Acesso em 16 ago. 2018).

1.2.2 A relativização do segundo dogma: lei inconstitucional nem sempre será lei nula

Eis um dogma que não costuma ser associado à atuação das cortes constitucionais como legisladores positivos, mas que precisou ser desconstruído para que se chegasse ao momento atual. O conhecimento convencional propaga a noção de que a lei inconstitucional é lei nula de pleno direito, incapaz de produzir ou de ter produzido efeitos jurídicos válidos, cabendo aos juízes e tribunais apenas a *declaração* da inconstitucionalidade da lei ou do ato normativo. Ainda de acordo com a doutrina clássica, reconhecer efeitos jurídicos a uma lei incompatível com a Constituição corresponderia a lhe negar supremacia.[80] Por isso, qualquer modulação da lei inconstitucional não seria compatível com o sistema jurídico brasileiro.

Ressalte-se, desde já, que essa premissa foi expressamente afastada com a aprovação do instituto da modulação temporal de efeitos da declaração de inconstitucionalidade, prevista no art. 27 da Lei nº 9.868/1999[81] para as ADIs, ADOs e ADCs, e reproduzida pelo art. 11 da Lei nº 9.882/1999[82] para as ADPFs, o que abriu espaço para a Corte modular (e atuar criativamente) em relação aos efeitos no tempo – e ir além da autorização legislativa, modulando também os efeitos *subjetivos*, como analisado anteriormente.

Mas, voltando ao objeto principal do tópico: lei inconstitucional é sempre lei nula? Se nula, deve necessariamente operar efeitos retroativamente? Qual o impacto da resposta a essas perguntas sobre a criação de novas técnicas de decisão pelo Supremo Tribunal Federal?

---

[80] Este é o fundamento utilizado pelo Ministro Marco Aurélio Mello para a não aplicação da norma prevista no art. 27 da Lei nº 9.868/1999.

[81] Art. 27, Lei nº 9.868/1999: "Ao declarar a inconstitucionalidade de lei ou ato normativo, e tendo em vista razões de segurança jurídica ou de excepcional interesse social, poderá o Supremo Tribunal Federal, por maioria de dois terços de seus membros, restringir os efeitos daquela declaração ou decidir que ela só tenha eficácia a partir de seu trânsito em julgado ou de outro momento que venha a ser fixado". Ao elaborar a regra do art. 27 da Lei nº 9.868/1999, o legislador inspirou-se no art. 284, nº 4, da Constituição de Portugal, que permite ao Tribunal Constitucional graduar os efeitos da declaração de inconstitucionalidade quando o exigirem a segurança jurídica, razões de equidade ou interesse público de excepcional relevo.

[82] Art. 11, Lei nº 9.882/1999: "Ao declarar a inconstitucionalidade de lei ou ato normativo, no processo de argüição de descumprimento de preceito fundamental, e tendo em vista razões de segurança jurídica ou de excepcional interesse social, poderá o Supremo Tribunal Federal, por maioria de dois terços de seus membros, restringir os efeitos daquela declaração ou decidir que ela só tenha eficácia a partir de seu trânsito em julgado ou de outro momento que venha a ser fixado".

A manipulação temporal dos efeitos das decisões do STF em controle concentrado de constitucionalidade só foi possível porque o próprio Supremo, paulatinamente, após a promulgação da Constituição – e, portanto, antes das autorizações normativas das leis nº 9.868/1999 e 9.882/1999 –, já vinha flexibilizando o dogma da *lei inconstitucional como lei nula*.[83] Com a aprovação das leis nº 9.868/1999 e nº 9.882/1999, a prática anterior do STF apenas se institucionaliza: o tribunal amplia o rol de técnicas de decisão, podendo restringir os efeitos da declaração de inconstitucionalidade ou decidir que ela só tivesse eficácia a partir de seu trânsito em julgado, ou de outro momento que viesse a ser fixado, desde que satisfeitos os requisitos (i) *material*, de existência de razões de segurança jurídica ou de excepcional interesse social[84] e (ii) *processual*, pelo voto da maioria de dois terços dos membros da Corte.[85]

O dogma da nulidade da lei inconstitucional é herança do sistema americano de controle de constitucionalidade, que serviu de inspiração a Ruy Barbosa na elaboração do texto da Constituição dos *Estados Unidos do Brasil* de 1891. O modelo de *judicial review*, desde as clássicas palavras do Juiz John Marshall, ao apreciar o caso *Marbury v. Madison*,[86] baseia-se

---

[83] Em acórdão da relatoria do Ministro Francisco Rezek, por exemplo, a corte reconheceu, em 1993, que a "jurisprudência do STF" havia se firmado "no sentido de que a retribuição declarada inconstitucional não é de ser devolvida no período de validade inquestionada da lei de origem – mas tampouco paga após a declaração de inconstitucionalidade". (STF, Segunda Turma, RE nº 122.202/MG, Rel. Min. Francisco Rezek, j. 10.08.1993, p. 08.04.1994).

[84] A possibilidade foi considerada, por alguns Ministros do STF, como uma técnica "alternativa": "A aceitação do princípio da nulidade da lei inconstitucional não impede, porém, que se reconheça a possibilidade de adoção, entre nós, de uma declaração de inconstitucionalidade alternativa. (...) Ao revés, a adoção de uma decisão alternativa é inerente ao modelo de controle de constitucionalidade amplo, que exige, ao lado da tradicional decisão de perfil cassatório com eficácia retroativa, também decisões de conteúdo outro, que não importem, necessariamente, na eliminação direta e imediata da lei do ordenamento jurídico". (STF, Plenário, RE nº 197.917, Rel. Min. Maurício Corrêa, j. 06.06.2002, p. 07.05.2004).

[85] O caráter político herdado da "política judicial de conveniência" ainda reverbera em algumas propostas de modulação de efeitos, como a realizada pelo Relator no julgamento do RE nº 500.171 – ED, Rel. Min. Ricardo Lewandowski, j. 16.03.2011, p. 03.06.2011: "Eu apenas quero ressaltar um aspecto técnico: ainda que seja caso de rejeição (dos embargos de declaração), eu entendo que o Tribunal pode exercer a *discricionariedade política* de fazer a modulação dos efeitos temporais". Ainda que os conceitos de segurança jurídica e de interesse social sejam abertos e plurissignificativos, a modulação de efeitos tal como estabelecida em lei não está sujeita à conveniência do Tribunal.

[86] *Marbury v. Madison*, (5 U.S.) 137 (1803). Consta do voto de John Marshall o seguinte trecho pertinente, reproduzido por Lêda Boechat: "A Constituição é a lei suprema e a lei que a contraria é nula. Tal teoria está essencialmente ligada a uma Constituição escrita e, consequentemente, deve ser considerada por esta Corte como um dos princípios fundamentais da nossa sociedade. Não deve, por isso, ser perdida de vista na ulterior consideração deste assunto. Se uma lei do Congresso, contrária à Constituição, é nula, obriga, apesar de sua invalidade, os tribunais e devem estes dar-lhe efeito? Ou, em outras palavras, embora não seja lei, constitui regra operante, como se lei fosse? Admiti-lo corresponderia a negar, de

na *declaração* de uma inconstitucionalidade *preexistente* pela Suprema Corte. Pela sistemática, a inconstitucionalidade não seria constituída com a decisão do Judiciário, mas declarada, sendo os atos inconstitucionais nulos e írritos (*null and void*) desde o início. Por isso, os efeitos de uma declaração de inconstitucionalidade deveriam retroagir à edição da lei, solução indispensável para o reestabelecimento da higidez do sistema. Ou seja, na formulação original do modelo americano de controle de constitucionalidade, a declaração de inconstitucionalidade da lei deveria ser seguida pela pronúncia da sua nulidade, com produção de efeitos *ex tunc*.

Em contraposição ao modelo americano, costuma-se apresentar o modelo austríaco idealizado por Kelsen, em que a inconstitucionalidade é *constituída* com a decisão da Corte Constitucional e considerada *anulável*.[87] Vale dizer, se a lei foi regularmente aprovada pelo processo legislativo e entrou em vigor, seus efeitos só deveriam cessar com a pronúncia da inconstitucionalidade pelo Poder Judiciário, sendo certo que até a manifestação da Corte a lei deveria ser considerada válida. De acordo com Kelsen, afirmar que uma lei é inconstitucional significaria apenas acrescentar ao ordenamento uma outra modalidade de supressão da lei: além da possibilidade de a lei ser revogada por uma lei posterior, também poderia ser suprimida do ordenamento jurídico a partir da decisão de inconstitucionalidade da Corte Constitucional, já que a manifestação judicial *constitui* o vício.[88]

---

fato, o estabelecido na teoria; e pareceria, ao primeiro golpe de vista, absurdo tão grosseiro que sobre o mesmo é desnecessário insistir". (RODRIGUES, Lêda Boechat. *A Corte Suprema e o Direito Constitucional Americano*. Rio de Janeiro: Civilização Brasileira, 1992. p. 37).

[87] "Segundo o pensamento de Kelsen, no mundo jurídico não existem atos nulos, toda norma jurídica é sempre válida, isto é, não é nula, mas pode ser anulada. Existem, todavia, diferentes graus de anulabilidade. Uma norma jurídica, em regra, é anulada com efeitos para o futuro, mas o ordenamento jurídico pode estabelecer que a anulação opere retroativamente, hipótese em que se costuma caracterizar, de forma incorreta, a norma como nula *ab initio* ou nula de pleno direito. Quando a ordem jurídica dispõe que a lei conflitante com a Constituição é nula, necessita determinar qual é a autoridade competente para verificar a presença dos pressupostos da nulidade. Essa apreciação tem caráter constitutivo, pois sem ela a lei não pode ser considerada nula". (GALLOTTI, Maria Isabel. A declaração de inconstitucionalidade das leis e seus efeitos. *Revista de Direito Administrativo*, Rio de Janeiro, v. 170, p. 18-40, out./dez. 1987).

[88] Nas palavras do próprio Kelsen: "Se a afirmação, corrente na jurisprudência tradicional, de que uma lei é inconstitucional há de ter um sentido jurídico possível, não pode ser tomada ao pé da letra. O seu significado apenas pode ser o de que a lei em questão, de acordo com a Constituição, pode ser revogada não só pelo processo usual, quer dizer, por outra lei, segundo o princípio *lex posterior derogat priori*, mas também através de um processo especial, previsto pela Constituição. Enquanto, porém, não for revogada, tem de ser considerada como válida; e, enquanto for válida, não pode ser inconstitucional". (KELSEN, Hans. *Teoria Pura do Direito*. (Trad. João Batista Machado). São Paulo: Martins Fontes, 1995. p. 300).

Da forma como contrapostos os modelos americano e austríaco, não é equivocado afirmar que a forma de produção de efeitos estaria intrinsecamente ligada à natureza jurídica do ato inconstitucional. Se nulo, operaria efeitos *ex tunc*. Se anulável, operaria efeitos *ex nunc*. Ocorre que, com o passar dos anos, houve a dissociação entre os binômios nulidade-retroatividade e anulabilidade-prospectividade, tanto nos Estados Unidos, quanto na Áustria. Como afirma Mauro Cappelleti, tal como

> na Áustria as exigências práticas levaram, em 1929, a uma atenuação do rigor teórico da doutrina da não-retroatividade, assim, por outro lado, nos Estados Unidos da América, como já foi aludido, e, igualmente, na Alemanha e na Itália, as exigências práticas induziram a atenuar notavelmente a contraposta doutrina da eficácia *ex tunc*, ou seja, da retroatividade.[89]

A prática voltou-se contra a teoria, demonstrando a inexistência de vinculação necessária entre a natureza jurídica da lei inconstitucional e os efeitos que dela decorrem. No sistema americano, a lei inconstitucional continua sendo considerada *nula*, mas os efeitos da declaração da inconstitucionalidade podem ou não ser produzidos retroativamente, já que "the Constitution neither prohibits nor requires retrospective effect".[90] A supremacia da Constituição, que fundamenta o controle de constitucionalidade nos Estados Unidos e no Brasil, não *impõe* a retroatividade dos efeitos.

---

[89] CAPPELLETTI, Mauro. *O controle judicial de constitucionalidade das leis no direito comparado*. Porto Alegre: Sérgio Antônio Fabris Editor, 1999. p. 122.

[90] A essa conclusão chegou a Suprema Corte dos Estados Unidos ao apreciar o caso *Linkletter v. Walker*, explicado por Daniel Sarmento: "O cidadão Linkletter havia sido criminalmente condenado com base em provas ilícitas. Depois da sua condenação definitiva, a Suprema Corte, no caso *Mapp v. Ohio*, passara a estender a vedação do uso de provas ilícitas (*exclusionary rule*) aos Estados. Assim, Linkletter pediu Suprema Corte a revisão da sua condenação, mas esta denegou o pedido, sob o fundamento de que '*the Constitution neither prohibits nor requires retrospective effect*'. Segundo tal entendimento, a Suprema Corte poderia ponderar, em face do caso concreto, as vantagens e desvantagens decorrentes da retroatividade dos seus julgados. (...) Posteriormente, em *Stovall v. Denno*, apreciando outra causa penal, a Suprema Corte definiu que a retroatividade ou não da nova orientação jurisdicional dependeria, essencialmente: (a) dos fundamentos que levaram à mudança da jurisprudência, (b) do grau de confiança das autoridades legais na jurisprudência anterior, e (c) dos efeitos na administração da justiça da aplicação retroativa da nova jurisprudência". (SARMENTO, Daniel. A eficácia temporal das decisões no controle de constitucionalidade. *In*: SARMENTO, Daniel (Org.). *O controle de constitucionalidade e a Lei nº 9.868/99*. Rio de Janeiro: Lumen Juris, 2001. p. 112-113).

Para citar três hipóteses genéricas que demonstram essa dissociação, (i) a supressão retroativa da norma inconstitucional poderia, em tese, gerar vácuo normativo ainda mais gravoso e incompatível com outros valores constitucionais; (ii) a inconstitucionalidade poderia ser reconhecida após a vigência prolongada da lei, possibilitando a consolidação de diversas situações jurídicas que não seria constitucional ignorar; e (iii) a inconstitucionalidade pode operar de forma *superveniente*, o que por definição excepciona a retroatividade plena da declaração de inconstitucionalidade.

Mas o tripé da formulação original do modelo americano, formado por *nulidade, caráter declaratório da decisão* e *efeito* ex tunc *da desconstituição*, continua a representar o *lugar comum das obras nacionais*,[91] apesar de não mais sustentar sequer o sistema americano de controle de constitucionalidade. A alternativa da jurisdição constitucional clássica, entre a constitucionalidade plena e a declaração de inconstitucionalidade da lei com eficácia *ex tunc*,

> faz abstração da evidência de que a implementação de uma nova ordem constitucional não é um fato instantâneo, mas um processo, no qual a possibilidade de realização da norma da Constituição – ainda quando teoricamente não se cuide de preceito de eficácia limitada – subordina-se muitas vezes a alterações da realidade fática que a viabilizem.[92]

Sob a ótica do sistema brasileiro de controle de constitucionalidade, o dogma da nulidade da lei inconstitucional produz, no mínimo, duas inconsistências: (i) associa a inconstitucionalidade com a nulidade, o que nem sempre é verdadeiro; e (ii) vincula nulidade à retroatividade dos efeitos, o que, como visto, corresponde a uma petição de princípio.[93] Ao mesmo tempo, e em postura aparentemente contraditória com o dogma da nulidade da lei inconstitucional, a doutrina

---

[91] FERREIRA FILHO, Manoel Gonçalves. O valor do ato inconstitucional em face do direito positivo brasileiro. *Revista de Direito Administrativo*, Rio de Janeiro, v. 230, p. 220-227, out./dez. 2002. p. 220.

[92] STF, Plenário, RE nº 135.328, Rel. originário Min. Sepúlveda Pertence, Rel. atual Min. Marco Aurélio, j. 29.06.1994, p. 20.04.2001.

[93] Nas palavras de Ana Paula Ávila: "É nulo, porque não produz efeitos e não produz efeitos porque é nulo, ou é anulável porque produz efeitos ou produz efeitos porque é anulável. Como se pretende demonstrar, nulidade e anulabilidade são, intrinsecamente, muito mais parecidas do que diferentes". (ÁVILA, Ana Paula de Oliveira. *A modulação dos efeitos temporais pelo STF no controle de constitucionalidade*: ponderação e regras de argumentação para a interpretação conforme a Constituição do artigo 27 da Lei nº 9.868/99. Porto Alegre: Editora Livraria do Advogado, 2009. p. 32).

aceita sem maiores questionamentos a possibilidade de reconhecimento de inconstitucionalidade sem pronúncia de nulidade. Na declaração parcial de inconstitucionalidade sem redução de texto, na intepretação conforme a Constituição, na declaração de lei "ainda constitucional" (com ou sem apelo ao legislador), observa-se, com tranquilidade, que há inconstitucionalidade, mas não há nulidade. Somente a dissociação entre nulidade e inconstitucionalidade é capaz de explicar a criação dessas técnicas, o que demonstra a importância da superação do dogma aqui tratado para ampliação do rol das técnicas de decisão da jurisdição constitucional.

Na declaração de inconstitucionalidade por omissão, tampouco se pode falar em pronúncia da nulidade da lei, seja porque a regulamentação é inexistente (no caso de omissão total), seja porque a retirada da lei parcialmente omissa do ordenamento jurídico agravaria ainda mais a situação de omissão (no caso de omissão parcial).[94] E mais: a associação entre inconstitucionalidade e nulidade tampouco é coerente com o sistema de controle difuso de constitucionalidade, já que a *stare decisis* inexiste no Brasil.

Se é certo que a decisão que declara a inconstitucionalidade de uma lei em controle difuso, em regra, produz efeitos apenas entre as partes do processo, também é certo que o diploma normativo inconstitucional permanece no ordenamento jurídico e produz efeitos para todas as demais pessoas. Se lei inconstitucional fosse lei nula e se a nulidade exigisse a desconstituição retroativa de todos os efeitos da norma, o sistema difuso de controle de constitucionalidade brasileiro teria um vício intrínseco – o que nem mesmo a previsão do art. 52, X, da CF, seria capaz de resolver.

Em segundo lugar, ainda que a lei inconstitucional *também* possa ser nula, a nulidade não exige ou impõe a desconstituição retroativa de efeitos. A decisão sobre o momento em que a inconstitucionalidade deve produzir efeitos decorre de uma ponderação entre normas constitucionais. Diante do caso concreto, deve-se atribuir pesos à nulidade da lei e aos valores e princípios de estatura constitucional atingidos pelos efeitos da declaração de inconstitucionalidade. A depender do

---

[94] Aliás, na precisa observação de Daniel Sarmento, no caso de declaração de inconstitucionalidade por omissão parcial, "a aplicação da lei inconstitucional, até que outra advenha para cumprir os ditames constitucionais, se afigura um imperativo reclamado pela própria Lei Maior". (SARMENTO, Daniel. A eficácia temporal das decisões no controle de constitucionalidade. *In*: SARMENTO, Daniel (Org.). *O controle de constitucionalidade e a Lei nº 9.868/99*. Rio de Janeiro: Lumen Juris, 2001. p. 117).

resultado do balanceamento, os efeitos poderão se produzir *ex tunc*, *pro praeteriti*, *ex nunc* ou *pro futuro*.

Estabelecidas essas premissas, pode-se afirmar que a lei inconstitucional *nem sempre* será lei nula. A nulidade é a maior sanção para um ato inconstitucional, mas com ele não se confunde. E ainda que nula, pode admitir a produção de efeitos, se assim determinar o resultado da ponderação.[95] Nas palavras de Gomes Canotilho:

> (1) inconstitucionalidade e nulidade não são conceitos idênticos;
> (2) a nulidade é um resultado da inconstitucionalidade, isto é, corresponde a uma reacção da ordem jurídica contra a violação das normas constitucionais;
> (3) a nulidade não é uma conseqüência lógica e necessária da inconstitucionalidade, pois, tal como na doutrina civilística, a *ilicitude de* um acto pode conduzir à nulidade ou anulabilidade, e na doutrina administrativa a *ilegalidade é* susceptível de ter como reacção desfavorável a nulidade ou anulabilidade, também a *constitucionalidade é* susceptível de várias sanções, diversamente configuradas pelo ordenamento jurídico.[96]

É nesse contexto que surge a norma do art. 27 da Lei nº 9.868/1999, cuja exposição de motivos já fazia menção à inadequação da pronúncia da nulidade em determinados casos, bem como à possibilidade de uma lei inconstitucional produzir efeitos.[97] A positivação da técnica da modulação temporal de efeitos não apenas institucionalizou uma prática que lhe antecedera, estabelecendo quórum e parâmetros de aplicação, *como relativizou, por lei, o dogma da nulidade da lei inconstitucional*. Passada

---

[95] Em virtude da relativização da nulidade da lei inconstitucional e da possibilidade de lhe reconhecer efeitos jurídicos válidos, Manoel Gonçalves Ferreira Filho questiona, por último, a natureza declaratória da decisão de inconstitucionalidade: "Não se pode mais considerar declaratória a natureza da ação direta de inconstitucionalidade, mas sim constitutiva-negativa, para empregar a lição de Pontes de Miranda. Sim, porque a decisão não irá apenas declarar um fato – estar a lei viciada de inconstitucionalidade – mas irá desconstituí-la, neste ou naqueles termos, a partir deste ou daquele momento". (FERREIRA FILHO, Manoel Gonçalves. O valor do ato inconstitucional em face do direito positivo brasileiro. *Revista de Direito Administrativo*, Rio de Janeiro, v. 230, p. 220-227, out./dez. 2002. p. 227).

[96] CANOTILHO, J. J. Gomes. *Direito constitucional e teoria da Constituição*. Coimbra: Almedina, 2000. p. 952-953.

[97] Exposição de motivos da Lei nº 9.868/99: "Ao lado da ortodoxa declaração de nulidade, há de se reconhecer a possibilidade de o Supremo Tribunal, em casos excepcionais, mediante decisão da maioria qualificada (dois terços dos votos), estabelecer limites aos efeitos da declaração de inconstitucionalidade, proferindo a inconstitucionalidade com eficácia *ex nunc* ou *pro futuro*, especialmente naqueles casos em que a declaração de nulidade se mostre inadequada (v.g.: lesão positiva ao princípio da isonomia) ou nas hipóteses em que a lacuna resultante da declaração de nulidade possa dar ensejo ao surgimento de uma situação ainda mais afastada da vontade constitucional".

a fase inicial de desconfiança, a maior consequência da positivação da técnica da modulação temporal de efeitos foi possibilitar que o Supremo Tribunal Federal questionasse abertamente os efeitos de suas decisões e, em alguns casos, até mesmo revisitasse a teoria da nulidade.[98] Essa libertação teórico-metodológica pode ser apontada como o segundo grande passo para a diversificação das técnicas de decisão do Supremo Tribunal Federal, levando a Corte a admitir expressamente, por exemplo, a modulação da *constitucionalidade* e da não recepção, duas outras técnicas inovadoras do controle de constitucionalidade.

A modulação da declaração de *constitucionalidade* ocorreu, por exemplo, no julgamento do RE nº 631.240, Rel. Min. Luís Roberto Barroso, cujo pedido foi julgado parcialmente procedente para declarar *constitucional* a exigência de prévio requerimento administrativo, a fim de comprovar o interesse de agir para demandar em juízo o pedido de concessão de benefício previdenciário. Na ocasião, em razão da prolongada oscilação da jurisprudência sobre a matéria, o Min. Luís Roberto Barroso estabeleceu uma fórmula detalhada e eficiente de transição.[99] Quanto ao juízo de não recepção, o Supremo Tribunal Federal reviu entendimento anterior em relação à inaplicabilidade da

---

[98] Nesse sentido, confira-se trecho do voto do Ministro Ricardo Lewandowski no RE nº 370.682, Plenário, Rel. Min. Gilmar Mendes, j. 25.06.2006, p. 19.12.2007: "As referidas disposições afastam, pois, a imposição obrigatória da sanção de nulidade, com efeitos *ex tunc*, visto que autorizaram o STF a estabelecer, discricionariamente, tendo como balizas os conceitos indeterminados de '*segurança jurídica*' ou de '*excepcional interesse social*', que sua decisão, em certos casos, tenha eficácia em momento posterior à vigência da norma declarada inconstitucional. É dizer, o direito positivo, agora, consagra a tese, já defendida por alguns no passado, em sede doutrinária segundo a qual a decisão de inconstitucionalidade tem natureza constitutivo-negativa, e não apenas declaratória, como se entendia tradicionalmente, a partir de uma interpretação clássica do princípio da supremacia, combinada com uma leitura mais estrita dos dispositivos constitucionais que tratam da matéria".

[99] Confira-se o trecho pertinente da ementa: "Quanto às ações ajuizadas até a conclusão do presente julgamento (03.09.2014), sem que tenha havido prévio requerimento administrativo nas hipóteses em que exigível, será observado o seguinte: (i) caso a ação tenha sido ajuizada no âmbito de Juizado Itinerante, a ausência de anterior pedido administrativo não deverá implicar a extinção do feito; (ii) caso o INSS já tenha apresentado contestação de mérito, está caracterizado o interesse em agir pela resistência à pretensão; (iii) as demais ações que não se enquadrem nos itens (i) e (ii) ficarão sobrestadas, observando-se a sistemática a seguir. 7. Nas ações sobrestadas, o autor será intimado a dar entrada no pedido administrativo em 30 dias, sob pena de extinção do processo. Comprovada a postulação administrativa, o INSS será intimado a se manifestar acerca do pedido em até 90 dias, prazo dentro do qual a Autarquia deverá colher todas as provas eventualmente necessárias e proferir decisão. Se o pedido for acolhido administrativamente ou não puder ter o seu mérito analisado devido a razões imputáveis ao próprio requerente, extingue-se a ação. Do contrário, estará caracterizado o interesse em agir e o feito deverá prosseguir. 8. Em todos os casos acima – itens (i), (ii) e (iii) –, tanto a análise administrativa quanto a judicial deverão levar em conta a data do início da ação como data de entrada do requerimento, para todos os efeitos legais". (STF, Plenário, RE nº 631.240/MG, Rel. Min. Luís Roberto Barroso, j. 03.09.2014, p. 10.11.2014).

técnica da modulação temporal de efeitos na declaração de não recepção do direito anterior,[100] para reconhecer, no julgamento unânime do RE nº 600.885, Relª. Minª. Cármen Lúcia, a ausência de incompatibilidade entre a não recepção e o instituto da modulação temporal.[101]

Se a técnica da interpretação conforme a Constituição é apontada por alguns autores como a *porta de entrada*[102] de decisões de cunho fortemente criativo, relativizando o dogma do legislador negativo; a positivação da técnica da modulação temporal foi o marco para a relativização do dogma da nulidade da lei inconstitucional. O caráter antifundacionalista[103] da modulação temporal de efeitos da declaração

---

[100] STF, Segunda Turma, AI nº 582.280, Rel. Min. Celso de Mello, j. 12.09.2006, p. 06.11.2006: "Revela-se inaplicável, no entanto, a teoria da limitação temporal dos efeitos, se e quando o Supremo Tribunal Federal, ao julgar determinada causa, nesta formular juízo negativo de recepção, por entender que certa lei pré-constitucional mostra-se materialmente incompatível com normas constitucionais a ela supervenientes. A não-recepção de ato estatal pré-constitucional, por não implicar a declaração de sua inconstitucionalidade – mas o reconhecimento de sua pura e simples revogação (RTJ nº 143/355 – RTJ nº 145/339) –, descaracteriza um dos pressupostos indispensáveis à utilização da técnica da modulação temporal, que supõe, para incidir, dentre outros elementos, a necessária existência de um juízo de inconstitucionalidade. Inaplicabilidade, ao caso em exame, da técnica da modulação dos efeitos, por tratar-se de diploma legislativo que, editado em 1984, não foi recepcionado, no ponto concernente à norma questionada, pelo vigente ordenamento constitucional".

[101] Eis o trecho pertinente da ementa: "Não foi recepcionada pela Constituição da República de 1988 a expressão "nos regulamentos da Marinha, do Exército e da Aeronáutica" do art. 10 da Lei nº 6.880/1980. 5. O princípio da segurança jurídica impõe que, mais de vinte e dois anos de vigência da Constituição, nos quais dezenas de concursos foram realizados se observando aquela regra legal, modulem-se os efeitos da não-recepção: manutenção da validade dos limites de idade fixados em editais e regulamentos fundados no art. 10 da Lei nº 6.880/1980 até 31 de dezembro de 2011". (STF, Plenário, j. 09.02.2011, p. 01.07.2011).

[102] SOUSA FILHO, Ademar Borges de. *Sentenças aditivas na jurisdição constitucional brasileira*. Belo Horizonte: Fórum, 2016. p. 95.

[103] Ainda que não seja objeto do presente estudo, defendo que a matriz pragmatista de Thamy Pogrebinschi (POGREBINSCHI, Thamy. *Pragmatismo*: teoria Social e Política. Rio de Janeiro: Relume Dumará, 2005), representada por *antifundacionalismo, contextualismo* e *consequencialismo*, amolda-se com perfeição – e *em abstrato* – à norma do art. 27 da Lei nº 9.868/1999. Em síntese, a modulação temporal de efeitos é antifundacionalista, por positivar a possibilidade de afastamento do dogma da nulidade da lei inconstitucional. É contextualista, porque, para ser aplicada, exige o estudo do contexto fático, político, social, econômico e, sobretudo, jurídico (representado pelas decisões anteriores da Corte). E é consequencialista, por demandar a análise antecipada dos efeitos que a decisão pode vir a gerar, na busca do ponto ótimo entre o fato e a norma. Assim, se cabe discussão acerca da possibilidade de utilização de argumentos pragmatistas no momento da decisão de mérito, certo é que tais argumentos possuem caráter *primordial* quando, após declarada a inconstitucionalidade da norma, a Corte passa a analisar a presença dos requisitos autorizadores da modulação de efeitos de uma lei declarada inconstitucional. O ganho democrático em admitir essa posição consiste na necessidade de abertura de contraditório específico para que os interessados possam apresentar todas as possíveis consequências da decisão de inconstitucionalidade, observado o contexto em que proferida. Ainda que não caiba nova sustentação oral, tal providência diminui a assimetria informacional, aumenta a legitimidade democrática da modulação, neutraliza as críticas de ausência de capacidade institucional do Judiciário para

de inconstitucionalidade permite, enfim, ao STF, questionar institutos e propor soluções criativas em matéria de processo constitucional. O contexto de abertura do Supremo Tribunal Federal a novas categorias decisórias começa pela superação e incompatibilização do dogma do legislador negativo de Kelsen com o sistema constitucional brasileiro; passa pela relativização do dogma da lei inconstitucional como lei nula; e é completado pela leitura contemporânea do significado do princípio constitucional da separação de poderes. A compreensão desse princípio de forma congelada no tempo gera resultados sem conexão com a própria Constituição.

1.2.3 Afinal, o princípio da separação de Poderes impede o STF de criar normas?

A resposta que se propõe é negativa. Mas a pergunta desafia o entendimento majoritário, calcado na concepção kelseniana de legislador negativo, de que a atividade legislativa caberia ao Parlamento e que ao Judiciário seria apenas conferido o poder de retirada das normas do ordenamento jurídico. A noção de separação de poderes que se reproduz há anos, e que encobre a existência de concepções doutrinárias diversas entre si,[104] prescreve que ao Judiciário caberia apenas aplicar (ou suspender, nos casos de inconstitucionalidade) as leis aprovadas pelo Legislativo. A explicação costuma evoluir da divisão estritamente funcional para a fórmula consagrada pelo direito estadunidense de controle recíproco entre os poderes, ou *checks and balances*.[105] Isso sem

---

proceder à análise de efeitos e promove o dever de transparência dos critérios e fundamentos utilizados. V. MELO, Teresa. *Modulação temporal de efeitos*: técnica pragmatista de decisão e parâmetros para sua aplicação. 2020, no prelo.

[104] PIÇARRA, Nuno. *A separação dos poderes como doutrina e princípio constitucional*: um contributo para o estudo das suas origens e evolução. Coimbra: Coimbra Editora, 1989. p. 12: "Podem enumerar-se, para já, pelo menos as seguintes acepções: 1ª. Distinção entre os conceitos de legislativo, executivo e judicial, para designar quer funções estaduais distintas quer os órgãos que respectivamente as exercem; 2ª. Independência ou imunidade de um órgão estadual, quanto ao(s) seu(s) titular(es) ou quanto aos seus actos, perante a acção ou interferência de outro; 3ª. Limitação ou controlo do poder de um órgão estadual mediante o poder conferido a outro órgão de anular ou impedir a perfeição dos actos do primeiro, ou mediante a responsabilização de um perante o outro; 4ª. Participação de dois ou mais órgãos, independentes entre si, da mesma função estadual, em ordem à prática de um acto imputável a todos; 5ª. Incompatibilidade de exercício simultâneo de cargos em diferentes órgãos estaduais".

[105] O que não significa que a releitura estadunidense seja "esvaziada de conteúdo social", como lembrado por Conrado Hübner Mendes e Cícero de Araújo. (MENDES, Conrado Hübner. *Direitos fundamentais, separação de poderes e deliberação*. São Paulo: Saraiva, 2011, p. 177).

esquecer da menção automática a Montesquieu, correlação que levou Bruce Ackerman a dar adeus ao pensador do século XVIII.[106] Talvez esteja aí a razão de tantas inconsistências teóricas. O enfoque histórico baseado na obra de Montesquieu, e não diretamente na tradição e constituição inglesas, é apontado por Nuno Piçarra como um dos fatores responsáveis "por muita da controvérsia, dos mal-entendidos e das perplexidades que se geraram, não só em torno da doutrina, como em torno do próprio princípio constitucional homônimo".[107]

Sem fugir à indagação proposta, a separação de poderes comporta duas dimensões principais: uma mais ampla, que a concebe a partir de uma perspectiva (i) *orgânico-funcional*; e uma mais concreta, que analisa o princípio com base em uma visão (ii) *dogmático-constitucional*, emoldurada pela engenharia institucional prevista na constituição em vigor em determinado Estado, em determinada época. As duas perspectivas nem sempre se compatibilizam, e, na maioria das vezes, são antagônicas. A dimensão orgânico-funcional (ou *separação de poderes como doutrina*) corresponde ao que usualmente se costuma descrever como separação de poderes: pressupõe a diferenciação material das funções do Estado, sendo cada uma delas atribuída a um órgão estatal específico e independente dos demais, seja por exigências de caráter jurídico ou por razões garantísticas, para que ao final nenhum dos órgãos exerça, sozinho, todo o poder conferido ao Estado. Mas essa concepção não se basta.

Para complementar ou contrastar com o prisma orgânico-funcional, entra em jogo a concepção *dogmático-constitucional* da separação de poderes, ou *separação de poderes como princípio*. Assim entendida, a separação de poderes deve se amoldar ao projeto previsto na Constituição, já que *não é prévia ao texto constitucional e nasce a partir dele*.[108] A determinação do conteúdo, do sentido e do alcance do princípio da separação de poderes é atribuída pela constituição, e não o contrário. Essa concepção foi defendida expressamente pelo Ministro Eros Grau em voto proferido no julgamento conjunto dos mandados de injunção que questionavam a ausência de norma regulamentadora do direito de greve dos servidores públicos:

---

[106] ACKERMAN, Bruce. Adeus, Montesquieu. *Revista de direito administrativo*, Rio de Janeiro, v. 265, p. 14, jan./abr. 2014: "Nenhum outro campo de pesquisa acadêmica é tão intensamente dominado por um único pensador, quiçá um pensador do século XVIII".

[107] PIÇARRA, Nuno. *A separação dos poderes como doutrina e princípio constitucional*: um contributo para o estudo das suas origens e evolução. Coimbra: Coimbra Editora, 1989. p. 19.

[108] PIÇARRA, Nuno. *A separação dos poderes como doutrina e princípio constitucional*: um contributo para o estudo das suas origens e evolução. Coimbra: Coimbra Editora, 1989. p. 16.

Não há que falar em agressão à 'separação dos poderes', mesmo porque é a Constituição que institui o mandado de injunção e não existe uma assim chamada 'separação dos poderes' provinda do direito natural. Ela existe, na Constituição do Brasil, tal como nela definida. Nada mais. No Brasil vale, em matéria de independência e harmonia entre os poderes e de 'separação dos poderes', o que está escrito na Constituição, não esta ou aquela doutrina em geral mal digerida por quem não leu Montesquieu no original.[109]

A canonização de uma dimensão funcional da separação de poderes esbarraria "em contraste cada vez mais nítido com a realidade constitucional, bem como a sua identificação, nalguns casos, com um programa político-constitucional pré-democrático".[110] Pré-democrático porque a *matriz congelada da separação de poderes*[111] foi concebida para equilibrar as forças de uma sociedade hierarquizada e estamental, dividida entre realeza, aristocracia e povo, que em nada se parece com os ideais de liberdade, igualdade e democracia preconizados pela Constituição de 1988.

Com efeito, se o princípio da separação de poderes não resultar em exercício do poder político em conformidade com os interesses sociais, poderá estar a serviço da velha ordem política ou de grupos de interesse organizados, mas não da Constituição. Um poder exercido sem preocupação com sua dimensão social pode até obedecer (formalmente) à divisão proposta por Montesquieu, mas não é capaz de se autolegitimar a partir da mera invocação do "princípio da separação de poderes".

Quando o Estado-governo se sobrepõe ao Estado-sociedade,[112] a separação de poderes é reduzida à retórica. Representa, em realidade,

---

[109] Voto do Ministro Eros Grau no julgamento conjunto do MI nº 708/DF, Rel. Min. Gilmar Mendes, do MI nº 670/ES, Relª. Minª. Rosa Weber e do MI nº 712/PA, Rel. Min. Luiz Fux. STF, Plenário, j. 25.10.2007, p. 31.10.2008.
[110] PIÇARRA, Nuno. *A separação dos poderes como doutrina e princípio constitucional*: um contributo para o estudo das suas origens e evolução. Coimbra: Coimbra Editora, 1989. p. 14.
[111] Ver: MENDES, Conrado Hübner. *Direitos fundamentais, separação de poderes e deliberação*. São Paulo: Saraiva, 2011. p. 173.
[112] De acordo com Nuno Piçarra, a sociedade civil não se deixa, "(nem se deve deixar) reduzir ao sistema de partidos ou grupos, nem, ainda, nenhum dos órgãos estaduais que exercem a função política se deixa (nem se deve deixar) reduzir a maiores ou menores 'câmaras corporativas' de partidos ou grupos, representando apenas os interesses particulares destes, insusceptível de actuar como órgão de soberania democraticamente legitimado pela sua eleição (directa ou indirecta) por todos os cidadãos, em consonância com a vontade da maioria destes". (PIÇARRA, Nuno. *A separação dos poderes como doutrina e princípio constitucional*: um contributo para o estudo das suas origens e evolução. Coimbra: Coimbra Editora, 1989. p. 25).

uma afronta à legitimidade democrática do poder político.[113] Nessas hipóteses, cabe ao Judiciário intervir, sem que isso implique subversão das funções do Estado. A atuação das cortes constitucionais como "legisladores positivos" corresponde à compreensão da separação de poderes a partir de uma constituição concreta, em vigor, e não a um texto pretérito. A dimensão doutrinária da separação de poderes é essencial ao Estado de Direito e deve subsistir como limitação e moderação do poder, mas é insuficiente para descrever a realidade normativa, principalmente a estabelecida pela Constituição de 1988. No contexto brasileiro, a questão da legitimidade do exercício do poder político e sua correlação com o princípio da separação de poderes é ainda mais significativa, diante da forma como, na prática, o Legislativo e o Executivo se relacionam.

Refiro-me ao *presidencialismo de coalizão*, capaz de corromper a interação institucional com a cooptação do Legislativo por um Executivo forte, ou com a dragagem de um Executivo fraco para as entranhas de um Legislativo autointeressado.[114] O presidencialismo de coalizão brasileiro forjou-se dentro e *apesar* do princípio constitucional da separação de poderes, cuja engenharia institucional não foi capaz de representar freio ao exercício concertado e concentrado do poder, muitas vezes contra a sociedade. É para combater vícios como esse que a separação de poderes deixa de pressupor apenas uma divisão material das funções supostamente exclusivas de cada um dos ramos do Estado, aspirando a uma validade científica universal e atemporal, para ser entendida dentro das exigências do texto da Constituição, cujo controle da divisão de competências visa à realização das finalidades nela previstas.[115]

---

[113] "Se, porém, a observação dos factos provar que, afinal, se voltou na actualidade à "velha" separação dos poderes, ou seja, a uma correlacionação dos grupos e dos partidos (que, de facto, mal se diferenciam das coligações de interesses organizados, e cuja acção é principalmente determinada pela lógica interna dos seus mecanismos) com os órgãos estaduais supremos de acordo com ela, impor-se-á a conclusão algo aporética de que *tal* "separação de poderes" se processa à margem ou mesmo em violação da constituição que impõe ao Estado de Direito contemporâneo o princípio da legitimidade democrática do seu poder político". (PIÇARRA, Nuno. *A separação dos poderes como doutrina e princípio constitucional*: um contributo para o estudo das suas origens e evolução. Coimbra: Coimbra Editora, 1989. p. 26).

[114] Ver: ABRANCHES, Sérgio. *Presidencialismo de coalizão*: raízes e evolução do modelo político brasileiro. São Paulo: Companhia das Letras, 2018.

[115] M. J. C. Vile chega a afirmar que qualquer visão da separação de poderes que não abranja a justiça social e os instrumentos necessários para satisfazê-la, é "uma concepção morta de separação de poderes": "The picture has changed because this value (justiça social) is seen as superior to the others, because the main purpose of this new structure is to co-ordinate

A releitura do princípio da separação de poderes pelo constitucionalismo contemporâneo adiciona outras preocupações constitucionais ao ideal de contenção do arbítrio, como a legitimação democrática do governo, a eficiência da ação estatal e a exigência de arranjos institucionais que tutelem os direitos fundamentais e a democracia.[116] O Estado passou de inimigo a ser combatido a agente promotor de interesses sociais relevantes, e a mudança de seu papel implicou a necessidade de redefinição da concepção constitucional que se tem de separação de poderes. Deve-se buscar a melhor engenharia institucional, a indicação do órgão ou do poder estatal mais constitucionalmente adequado para promover os valores ínsitos à nova separação de poderes, desde que não haja abusos. Além disso, considerando que a tomada de decisões no Estado de Direito é de natureza dinâmica, as instituições passam a negociar "passo a passo seus raios de atuação. Mesclam atos de ativismo e contenção, ocupação e desocupação de espaço, variando de acordo com a 'voltagem política do conflito'".[117] Não se pode descuidar do controle recíproco entre os Poderes, razão pela qual a atuação judicial normativa, para ser compatível com a Constituição de 1988, deve deixar espaço para a sua revisão. A formulação dos testes institucionais que proponho tem por principal objetivo deixar aberto esse canal de diálogo e controle. Embora o princípio da separação de poderes não seja, em si, um obstáculo à criação judicial, impede que um Poder obstrua o exercício da *função constitucional típica* do outro.

Um Executivo e um Legislativo fracos (ou comprometidos pelo fato de seus membros responderem a processos judiciais) podem vir a sucumbir a um Judiciário forte, que aprova propostas de ampliação de

---

the older structures, and therefore to some extent to subordinate them. The political party process has come to encompass the electoral, legislative, and executive processes, and indeed the judicial process as well. The rise of this new value and the structures which ensure its realization must mean that any facile view of 'the separation of powers' is dead". (VILE, M. J. C. *Constitutionalism and the separation of powers*. Oxford: Oxford University Press, 1967. p. 385).

[116] ACKERMAN, Bruce. The new separation of powers. *Harvard Law Review*, n. 3, v. 113, p. 7-8, 2000: "I return repeatedly to three legitimating ideals in an- swering the question, 'Separating power on behalf of what?' The first ideal is democracy. In one way or another, separation may serve (or hinder) the project of popular self-government. The second ideal is professional competence. Democratic laws remain purely symbolic unless courts and bureaucracies can implement them in a relatively impartial way. The third ideal is the protection and enhancement of fundamental rights. Without these, democratic rule and professional administration can readily become engines of tyranny".

[117] MENDES, Conrado Hübner. *Direitos fundamentais, separação de poderes e deliberação*. São Paulo: Saraiva, 2011. p. 185. A frase final ("variando de acordo com a 'voltagem política do conflito'") constava da sua tese de doutoramento, mas não foi reproduzida na versão comercial do trabalho.

privilégios institucionais e desequilibra a balança. O risco é inerente à relação dos poderes, mas pode ser minimizado e controlado a partir da prescrição de parâmetros, notadamente os relacionados à democracia e à capacidade institucional, além dos testes institucionais. Se a atuação normativa do Judiciário é permitida pela Constituição, é também por ela limitada. Mas não há sentido em invocar aprioristicamente o princípio da separação de poderes como escudo contra a criação judicial. Principalmente em um contexto em que o Supremo Tribunal Federal, além do controle normativo, passou a exercer também o controle de efetividade da própria Constituição de 1988. As exigências do texto constitucional passaram a demandar novos tipos de resposta da Corte, gerando novas interações entre os Poderes – e novas técnicas de decisão. É o que se verá a seguir.

1.2.4 Do controle de constitucionalidade de normas ao controle de *efetividade* da Constituição: os novos tipos de resposta exigidos do STF

Trinta anos, uma Constituição, três Supremos. A frase título do artigo de Patrícia Perrone Campos Mello[118] resume o comportamento judicial do Supremo Tribunal Federal nos trinta anos de vigência da Constituição de 1988, período em que a Corte passou por três momentos principais: (i) *uma primeira fase*, que vai desde a promulgação da Constituição de 1988 até aproximadamente o ano 2000, em que o Supremo Tribunal Federal resiste a desempenhar as competências que lhe foram atribuídas pelo texto constitucional (*fase autorrestritiva*); (ii) *uma segunda fase*, que se inicia a partir de então, quando o Supremo assume o exercício de seus papéis institucionais, recebe novas atribuições do legislador e redesenha suas competências constitucionais, indo até o ano de 2014 (*fase expansiva*); e (iii) a *fase atual*, iniciada em meados de 2014, em que o Tribunal tem se mostrado vacilante quanto à sua própria posição institucional (*fase reversa*).

Na primeira fase foram editadas quatro obras doutrinárias que prepararam o terreno para o que se lhe seguiram: em 1990, Luís Roberto

---

[118] MELLO, Patrícia Perrone Campos. Trinta anos, uma Constituição, três Supremos: autorrestrição, expansão e ambivalência. *In*: BARROSO, Luís Roberto; MELLO, Patrícia Perrone Campos (Coord.). *A República que ainda não foi*: trinta anos da Constituição de 1988 na visão da Escola de Direito Constitucional da UERJ. Belo Horizonte: Fórum, 2018. p. 95-122.

Barroso publicava *O direito constitucional e a efetividade de suas normas*,[119] escrito entre 1987 e 1988; em 1996, era editada no Brasil a primeira edição da obra *Jurisdição constitucional*,[120] fruto da tese de doutorado defendida pelo professor Gilmar Ferreira Mendes na Universidade de Münster, em 1990; em 1995, o professor Clèmerson Merlin Clève invadia o país com *A fiscalização abstrata da constitucionalidade no direito brasileiro*;[121] e, em 1998, nascia o clássico *A eficácia dos direitos fundamentais*, de Ingo Sarlet.[122] Os estudos reivindicavam para o direito constitucional uma nova linguagem, e para as normas constitucionais um sentido normativo.[123]

A doutrina do direito constitucional brasileiro majoritariamente descreve e busca prescrever o controle abstrato de constitucionalidade *de leis ou atos normativos*, cingindo-se o objeto da verificação constitucional, primordialmente, às *normas* constitucionais, enfim entendidas como normas jurídicas.[124] Era a agonia daqueles dias. Hoje, busca-se consolidar um outro tipo de controle também realizado pelo Supremo Tribunal Federal, o *controle de efetividade da Constituição*, observados os limites impostos pela democracia, pelos direitos fundamentais e pela capacidade institucional da Corte. A possibilidade de o Supremo Tribunal Federal realizar a fiscalização de efetividade da Constituição foi catalisada pela arguição de descumprimento de preceito fundamental – ADPF,

---

[119] BARROSO, Luís Roberto. *O direito constitucional e a efetividade de suas normas*. Rio de Janeiro: Renovar, 1990.

[120] MENDES, Gilmar Ferreira. *Jurisdição Constitucional*. São Paulo: Saraiva, 1996.

[121] CLÈVE, Clèmerson Merlin. *A fiscalização abstrata da constitucionalidade no direito brasileiro*. São Paulo: Revista dos Tribunais, 1995.

[122] SARLET, Ingo Wolfgang. *A eficácia dos direitos fundamentais*. Porto Alegre: Livraria do Advogado, 1998.

[123] Por sua vez, o curso da segunda fase assistiu a uma profusão de trabalhos referentes à temática dos princípios constitucionais e à inauguração de uma *nova* jurisdição constitucional. Se normas constitucionais são normas jurídicas, os princípios consagrados na Constituição Federal são dotados de eficácia e, por não se confundirem com as regras, demandam um procedimento específico de aplicação no caso concreto. São desse período, por exemplo, as obras *A ponderação de interesses na Constituição Federal*, de Daniel Sarmento (1999); *A nova jurisdição constitucional brasileira*, de Gustavo Binenbojm (2001); *A eficácia jurídica dos princípios constitucionais*, de Ana Paula de Barcellos (2002) e *Teoria dos Princípios*, de Humberto Ávila (2003). Aqueles que se graduaram na vigência da Constituição de 1988 deram um passo além para a concretização de todas as normas constitucionais, sendo certo que o momento atual não teria sido possível sem o salto teórico empreendido por esses autores.

[124] Na síntese de Luís Roberto Barroso (grifo acrescentado): "Todas as normas constitucionais são normas jurídicas dotadas de eficácia e veiculadoras de comandos imperativos. *Nas hipóteses em que tenham criado direitos subjetivos* – políticos, individuais, sociais ou difusos – *são eles direta e imediatamente exigíveis*, do Poder Público ou do particular, por via das ações constitucionais contempladas no ordenamento jurídico. O Poder Judiciário, como consequência, passa a ter papel ativo e decisivo na concretização da Constituição". (BARROSO, Luís Roberto. *O direito constitucional e a efetividade de suas normas*. Rio de Janeiro: Renovar, 2006. p. 294).

prevista no art. 102, §1º, da Constituição Federal[125] e regulamentada pela Lei nº 9.882/1999.

O efetivo uso da ADPF pode ser apontado como marco da mudança que se observa no tipo de fiscalização realizada pela corte constitucional, pois a resposta a ser dada pelo STF no caso de provimento de uma ADPF não se encontra especificamente prevista na lei, assim como os tipos de resposta normatizados para a ação direta de inconstitucionalidade – ADI e a ação declaratória de constitucionalidade – ADC. O Judiciário deve "sanar a lesão a preceito fundamental", mas a lei propositadamente não estabelece *como* isso deve ser feito, cabendo ao Supremo Tribunal Federal estabelecer a melhor forma de garantir a observância e o respeito ao preceito fundamental. Com a ADPF, o direito constitucional passa a contar com um meio de controle objetivo para carimbar como constitucional ou inconstitucional *não apenas os atos normativos*, mas qualquer ação ou omissão capaz de lesionar *preceito fundamental* – conceito tão amplo que praticamente só exclui do âmbito de verificação do Supremo Tribunal Federal os atos exclusivamente privados. O impacto foi sentido tanto no *objeto* quanto no *parâmetro* de controle que a Corte realiza, que passou das normas constitucionais ao projeto constitucional como um todo: seu regime, valores, diretrizes *e* normas.

Foram objeto de questionamento via ADPF, entre outros, a realização da Marcha da Maconha (ADPF nº 187, Rel. Min. Celso de Mello), o sistema prisional brasileiro (ADPF nº 347, Rel. Min. Marco Aurélio), a restrição do funcionamento do WhatsApp (ADPF nº 403, Rel. Min. Edson Fachin), a greve dos caminhoneiros (ADPF nº 519, Rel. Min. Alexandre de Moraes), o cadastramento biométrico que gerou o cancelamento de títulos de eleitores (ADPF nº 541, Rel. Min. Luís Roberto Barroso), a liberdade de manifestação em universidades públicas ou privadas, ameaçada pelo ingresso e interrupção de aulas, palestras, debates e inquirição de docentes, além de buscas e apreensões (ADPF nº 548, Relª. Minª. Cármen Lúcia) e a definição de medidas para conter o contágio e a mortalidade da população indígena em razão da pandemia do novo coronavírus (ADPF nº 709, Rel. Min. Luís Roberto Barroso). A regulamentação da via expressa idealizada para evitar ou reparar *lesão* a preceito fundamental resultante de ato do Poder

---

[125] Art. 102, §1º, CF: "A argüição de descumprimento de preceito fundamental, decorrente desta Constituição, será apreciada pelo Supremo Tribunal Federal, na forma da lei". O dispositivo, presente na redação original da Constituição de 1988 como parágrafo único, foi transformado em §1º com a edição da Emenda Constitucional nº 3/1993.

Público (art. 1º da Lei nº 9.882/1999), somada à amplitude do texto da Constituição de 1988 e ao comportamento judicial de seus Ministros, aumentou exponencialmente o espectro da fiscalização demandada do Supremo Tribunal Federal nos últimos anos, constituindo a arguição de descumprimento de preceito fundamental – ADPF, nesse sentido, verdadeiro *ponto de não retorno* em relação à concepção tradicional do controle de constitucionalidade restrito a normas. *Hoje, além do controle normativo, existe o controle executivo; além da força normativa da Constituição, fiscaliza-se também a força operativa de suas normas no mundo real.*

Detalhando apenas um dos exemplos, a realização da Marcha da Maconha era impensável em um passado bem próximo. Mas dentro do projeto estabelecido pela Constituição de 1988, está contida nos pressupostos mínimos ao funcionamento da democracia: a liberdade de expressão.[126] Não há como convencer a sociedade a mudar de ideia, ou aumentar a qualidade do debate público, sem garantir vez e voz àqueles que questionam o *status quo*. Nesse sentido, as passeatas que buscavam a descriminalização do uso da *cannabis sativa* correspondem a um meio que opera a favor da democracia, do autogoverno coletivo, como decidiu o STF. Ante o desacordo moral existente no meio social, e a repressão da polícia em tratar o tema como apologia ao consumo de entorpecentes, encontrou-se na ADPF uma medida contra silenciamentos. Com a arguição de descumprimento de preceito fundamental, a tutela da efetividade da Constituição ganhou uma arma poderosa, de amplo alcance, capaz de mirar em alvo móvel, porém determinado: a *concretização* dos comandos inseridos no texto constitucional, entre eles a liberdade de expressão.

A ampliação do objeto do controle influencia diretamente no tipo de resposta que a Corte passa a proferir. Na observação de Ana Paula de Barcellos:

> A particularidade da ADPF diz respeito aos conteúdos possíveis das decisões a serem tomadas, sobretudo no caso das cautelares. Isso porque, embora a ADPF possa veicular um debate sobre a constitucionalidade ou

---

[126] Sobre o tema, confira-se: OSÓRIO, Aline. *Direito eleitoral e liberdade de expressão*. Belo Horizonte: Editora Fórum, 2017. p. 37-118, de cuja obra destaco (p. 60-61): "De fato, o fundamento democrático da liberdade de expressão deve justificar uma proteção muito mais ampla do que a da mera discussão de assuntos relativos ao governo (discurso político em sentido estrito). Afinal, o autogoverno democrático pressupõe a possibilidade de os cidadãos tomarem decisões que afetem a sua vida em geral e de terem acesso a uma multiplicidade de manifestações, como as artísticas, literárias, religiosas e científicas, que lhes permitam desenvolver as suas capacidades e contribuir para a sua participação na vida pública".

não de um ato normativo – outras discussões serão possíveis, dependendo do ato concreto do Poder Público que esteja sendo questionado – a providência necessária para sanar a violação ao preceito fundamental poderá não envolver propriamente ou apenas a declaração de inconstitucionalidade de uma norma.[127]

Os exemplos citados comprovam que as respostas formuladas pelo STF aos casos concretos estão bem além da fórmula clássica de rejeição/acolhimento do pedido de inconstitucionalidade de uma lei ou ato normativo. O objeto do controle que o STF exerce nos dias atuais é também a realização da Constituição de 1988 no mundo dos fatos, a concretização da aproximação máxima entre o dever-ser e o ser. À Corte cabe verificar a implementação de toda e qualquer *medida* para tornar efetiva norma constitucional, não apenas por ação direta de inconstitucionalidade por omissão, mas também via ADPF, porque se a incompletude da Constituição é uma decorrência da democracia, seus espaços vazios podem e devem ser preenchidos a partir das diretrizes nela contidas. A Constituição é a sua própria garantia.

Vive-se hoje a fase do controle de *realidade, de realização constitucional*, que se soma ao controle de *constitucionalidade* de leis e atos normativos. Nesse contexto, pode-se afirmar que a atividade legislativa do Supremo Tribunal Federal é resultado (i) da amplitude do texto da Constituição de 1988, que qualificou diversos temas do cotidiano ordinário como pretensões constitucionalmente exigíveis; (ii) do desenho institucional do STF, que ao mesmo tempo funciona como corte constitucional, tribunal de última instância recursal e instância ordinária em matéria penal; e, por fim, (iii) do comportamento judicial de seus Ministros.[128] A alteração em qualquer desses fatores terá impacto direto na atuação criativa do Supremo Tribunal Federal.

O julgamento da ADPF nº 347, da relatoria do Ministro Marco Aurélio, pode ser apontado como maior exemplo do controle da

---

[127] BARCELLOS, Ana Paula de. *Curso de direito constitucional*. Rio de Janeiro: Forense, 2018. p. 572.
[128] Interessante notar que a primeira maioria formada *exclusivamente* por Ministros do Supremo Tribunal Federal empossados *após* a Constituição de 1988 se deu em apenas dois anos contados de sua promulgação, em 26.06.1991, composta por: Ministro Paulo Brossard (posse em 05.04.1989), Ministro Sepúlveda Pertence (posse em 17.05.1989), Ministro Celso de Mello (posse em 17.08.1989), Ministro Carlos Velloso (posse em 13.06.1990), Ministro Marco Aurélio (posse em 13.06.1990) e Ministro Ilmar Galvão (posse em 26.06.1991). O reflexo das normas e princípios da Constituição de 1988, entretanto, só foi sentido anos mais tarde, coincidindo no tempo com a aposentadoria do Ministro Moreira Alves, sucedido pelo Ministro Joaquim Barbosa em 25.06.2003. Sobre comportamento judicial, ver: MELLO, Patrícia Perrone Campos. *Nos bastidores do STF*. São Paulo: Saraiva, 2015.

efetividade da Constituição de 1988.[129] Na hipótese, o Supremo Tribunal Federal reconheceu que o sistema prisional brasileiro configura um *estado de coisas inconstitucional*, técnica de decisão inspirada em julgados da Corte Constitucional da Colômbia. Diante do quadro de violação insuportável de direitos fundamentais nas prisões brasileiras, a Corte então reconhece sua legitimidade para determinar, entre outros, (i) atos inerentes ao ciclo de políticas públicas[130] do setor, notadamente relacionados à formulação, à implementação e ao monitoramento de medidas para que os cárceres brasileiros deixem de ser comparados a verdadeiras masmorras medievais; e a (ii) alocação de recursos orçamentários para a concretização dessas medidas, visando retirar a dignidade da pessoa humana do papel e inseri-la na realidade prisional.[131] Aqui, não houve controle de constitucionalidade de norma infraconstitucional, nem de omissão dos poderes majoritários em regulamentar determinada norma constitucional, mas controle de realidade e de efetividade do projeto da Constituição de 1988. Em última análise, o reconhecimento do sistema prisional como um estado de coisas inconstitucional corresponde à expansão do conceito de omissão sindicável pelo Supremo, o que só foi possível com a ampliação do tipo de resposta capaz de ser proferida pelo Tribunal, não mais limitada àquelas de conteúdo legislativo.

Essa questão se coloca justamente no momento em que o Supremo Tribunal Federal, conforme descrito por Patrícia Campos Mello, vive uma onda reversa, "que expõe a polarização da Corte, a fragmentação

---

[129] STF, Plenário, ADPF nº 347-MC, Rel. Min. Marco Aurélio, j. 09.09.2015, p. 19.02.2016.

[130] Embora criticada por alguns, a ideia de ciclo evolutivo de políticas públicas foi formulada por Harold Lasswell na obra seminal *The policy sciences*, publicada em conjunto com Daniel Lerner, em 1951. Segundo o autor, o processo de produção da política pública apresenta as seguintes etapas: informação, promoção, prescrição, invocação, aplicação, término e avaliação. Embora não conclusiva, foi importante para o aperfeiçoamento dos estudos a respeito das políticas públicas e até os dias atuais exerce influência. Para pesquisa acerca dos modelos de análise surgidos a partir do trabalho de Lasswell, v. RUA, Maria das Graças; ROMANINI, Roberta. *A concepção do ciclo de políticas públicas*. [s.d.]. Disponível em: http://igepp.com.br/uploads/ebook/para_aprender_politicas_publicas_-_unidade_06.pdf. Acesso em 30 abr. 2017.

[131] Em artigo sobre o tema, publicado no portal jurídico JOTA, em 2015, o professor Daniel Sarmento já enunciava a necessidade do controle de efetividade da Constituição: "(N)ão faltam normas jurídicas garantindo o respeito aos direitos humanos dos nossos presos. O que tem faltado ao Estado brasileiro, nos seus diversos poderes e instâncias federativas, é a mínima vontade política para transpor do papel para a realidade a promessa constitucional de garantia da dignidade humana do preso". (SARMENTO, Daniel. As masmorras medievais e o Supremo. *Jota*, 06 jan. 2015. Disponível em: https://www.jota.info/stf/do-supremo/constituicao-e-sociedade-masmorras-medievais-e-o-supremo-06012015. Acesso em 30 abr. 2017).

e a divergência entre os seus ministros".[132] Se o receio do STF quanto ao descumprimento de suas decisões e a graves ameaças institucionais têm orientado o tribunal a optar, muitas vezes, por uma *second best decision*,[133] a Constituição de 1988 não deixa à Corte outra escolha em matéria de direitos fundamentais e democracia: as normas constitucionais são normas jurídicas, os princípios nela consagrados são dotados de eficácia, e os novos instrumentos de controle da Constituição autorizam a sindicabilidade da própria efetividade de seu texto. O próximo capítulo de sua história cabe ao Supremo Tribunal Federal escrever. O que deveria acontecer, porém, é o cumprimento da mais nobre missão das cortes constitucionais, que fundamenta a atuação criativa do Supremo: a garantia de direitos fundamentais, principalmente o de minorias vulneráveis, e a tutela das regras do jogo democrático.

1.3 A normatização possível no âmbito da função jurisdicional: por que o Supremo Tribunal Federal pode criar normas e o que limita a sua atuação?

Considerados o contexto do controle de efetividade da Constituição, a premissa de que o Supremo Tribunal Federal exerce algum grau de criação normativa, e que a principal questão está no *como* e no *por que* essa atividade deve ser realizada, é imprescindível diferenciar os limites a que legisladores e juízes estão submetidos quando da realização de atividade normativa. Como se viu, as objeções clássicas representadas pelo legislador negativo de Kelsen e pela ideia congelada de separação funcional de poderes se desestruturam diante da Constituição de 1988. Mas se é certo que existe atividade legislativa na função do Supremo Tribunal Federal, também é certo que juízes não se equiparam a legisladores e, por isso, estão sujeitos a limites diferenciados quando exercem inovação normativa. O Supremo Tribunal Federal não possui a margem de conformação dos legisladores, além de enfrentar as limitações de tempo, de trabalho, e aquelas impostas pela lógica inerente ao

---

[132] MELLO, Patrícia Perrone Campos. Trinta anos, uma Constituição, três Supremos: autorrestrição, expansão e ambivalência. In: BARROSO, Luís Roberto; MELLO, Patrícia Perrone Campos (Coord.). *A República que ainda não foi*: trinta anos da Constituição de 1988 na visão da Escola de Direito Constitucional da UERJ. Belo Horizonte: Fórum, 2018. p. 110.

[133] Em síntese, pode ser entendida como aquela que mais aproxima o Tribunal ou seus juízes das suas convicções, mas que evita uma reação que possa colocar sua estabilidade institucional em risco. Ver: MELLO, Patrícia Perrone Campos. *Nos bastidores do STF*. São Paulo: Saraiva, 2015. p. 152-155.

processo civil,[134] estruturado sobre a necessidade de solução de conflitos individuais (ainda que hoje se busque relativizar essa concepção). Nesse sentido, há dois limites fundamentais à normatização pelo Judiciário, que fazem a utilização da expressão "legislador" positivo ser imprópria para descrever a criação judicial: a democracia e a análise das capacidades institucionais do Judiciário. Juízes não são legisladores, nem mesmo nas hipóteses em que criam normas. Não há espaço para um governo de juízes no Estado Democrático de Direito.

1.3.1 Democracia: não somos um governo de juízes

Não existe consenso sobre a democracia. E a existência de desacordos é fundamental para o bom funcionamento do sistema. De toda forma, uma definição mínima do ideal democrático deve partir de duas ideias principais: (i) sua oposição a qualquer forma de governo autocrático e (ii) a existência de um conjunto prévio de regras e princípios sobre *quem* pode legitimamente tomar decisões em nome da coletividade, observados *quais* procedimentos, presentes determinados *pressupostos mínimos*. Em uma democracia, em geral, a resposta sobre o *quem* recai sobre os representantes politicamente eleitos, escolhidos livremente por sufrágio; a principal resposta sobre o *como* refere-se ao respeito à regra da maioria, dada a impossibilidade fática de obtenção de adesão plena; e os *pressupostos mínimos* para o funcionamento do regime correspondem ao conjunto de garantias para que as escolhas (principalmente dos representantes eleitos e dos eleitores ao votar) sejam realizadas de maneira informada e livre, e para que os desacordos não sejam silenciados.

Esses pressupostos costumam ser chamados de *regras do jogo democrático*, que abrangem a livre circulação de ideias (liberdade de expressão, liberdade de reunião, liberdade de associação etc.),

---

[134] De acordo com Daniel Sarmento, "(s)e os juízes têm uma infinidade de processos por dia, como ocorre no Brasil, evidentemente que não sobrará o tempo e a energia indispensáveis para que cada um se engaje em procedimentos extremamente complexos para a resolução de cada caso". Além disso, "há as limitações resultantes da dinâmica dos processos judiciais. Estes, como se sabe, foram pensados e estruturados com foco nas questões bilaterais da justiça comutativa, em que os interesses em disputa são apenas aqueles das partes devidamente representadas. Contudo, a problemática enfrentada por juízes em processos em que se discutem, por exemplo, políticas públicas, regulação econômica ou direitos sociais, envolve questões de justiça distributiva, de natureza multilateral". (SARMENTO, Daniel. Interpretação constitucional, pré-compreensão e capacidade institucional do intérprete. *In*: SOUZA NETO, Cláudio Pereira de; SARMENTO, Daniel; BINENBOJM, Gustavo (Coord.). *Vinte anos da Constituição Federal de 1988*. Rio de Janeiro: Lumen Juris, 2009. p. 318-319).

pluripartidarismo, eleições periódicas, sufrágio universal, entre outras. É da conjugação dessas ideias que se fala em *autogoverno democrático*, na medida em que o governo é do povo, exercido por intermédio dos representantes eleitos, que fazem escolhas a partir da regra de deliberação majoritária, sem silenciar os dissensos. Prestigia a igualdade política e pressupõe a autonomia dos cidadãos, que devem ser tratados com igual respeito e consideração.

Por outro lado, em uma sociedade plural, a adoção exclusiva da regra da maioria acaba por silenciar aqueles que estão em menor número, atingindo desproporcionalmente os marginalizados e vulneráveis, em relação aos quais não se poderia propriamente falar em um "autogoverno": afinal, a maioria imporia sua vontade sobre a minoria. Com efeito, ou se elabora uma válvula de escape para que os não representados possam ser ouvidos, ou os riscos de não adesão ao modelo e às regras dele decorrentes podem desidratar o regime.

A resposta não está disponível para consumo geral, mas passa pela garantia da igual participação de todos na formação da vontade geral; vale dizer, ainda que o resultado da aplicação da regra de deliberação majoritária tenha por consequência a formação de uma minoria perdedora, o processo será tão mais legítimo à medida que garantir deliberação pública e maior direito de influência a todos os jogadores.[135]

O ideal democrático que qualifica o Estado de Direito representa importante limite ao exercício da atividade criativa por juízes e tribunais. É certo que a Constituição de 1988 autoriza a realização de atividade normativa pelo Poder Judiciário, afinal, previu não apenas um, mas *dois* instrumentos específicos para o controle da omissão legislativa (mandado de injunção e ação direta de inconstitucionalidade por omissão); e que a manutenção das regras do jogo democrático passa pela garantia de direitos fundamentais, principal missão das cortes constitucionais. Tais direitos não podem ser obstaculizados sob o argumento de que inexiste no catálogo processual uma técnica de decisão capaz de tutelá-los.

No entanto, também é certo que juízes não estão constitucionalmente autorizados a se substituírem aos legisladores, carecendo a atividade legislativa das cortes de um componente adicional de

---

[135] Conforme síntese elaborada por Aline Osório, "(d)emocracia é, essencialmente, autogoverno. E, sendo autogoverno, é representação e participação; é governo da maioria, sem excluir a minoria, e com proteção a direitos fundamentais; é disputa eleitoral e é deliberação pública, a partir de razões de cooperação, mas também a partir de confronto entre grupos e interesses, com paixão e competição". (OSÓRIO, Aline. *Direito eleitoral e liberdade de expressão*. Belo Horizonte: Editora Fórum, 2017. p. 81).

legitimidade. Como lembrou Jane Reis, decisões de cunho criativo "interferem na dinâmica legislativa de forma muito mais intensa e sofisticada do que a mera supressão de leis, dificultando os controles posteriores".[136] Se a democracia e seus pressupostos de funcionamento fundamentam a atuação das cortes em casos de interesse direto do Executivo (*e.g.*, no *impeachment*) e do Legislativo (como ao vedar o financiamento privado de companhas), representam objeção muito maior nas hipóteses em que houve ampla participação popular (como no caso Ficha Limpa). A democracia não exclui a possibilidade de criação de normas pelo Poder Judiciário, mas impõe limites para a atividade, além de maior ônus argumentativo e transparência, de forma a permitir o controle posterior pelas instâncias majoritárias e pela sociedade.

O limite não é exatamente representado pela *dificuldade contramajoritária*[137] do Poder Judiciário – decorrente do fato de juízes não eleitos poderem invalidar normas adotadas pelo legislador, politicamente responsável e escolhido mediante voto[138] –, pois a hipótese em discussão não trata de declaração de inconstitucionalidade de normas. *A norma sequer existe*. Por isso, a complexidade maior está em justificar a criação normativa por *heteronomia*, em exceção à autodeterminação coletiva, já que os destinatários da norma não são os responsáveis por estatuí-la. Não é suficiente afirmar que a juízes e tribunais não é legítimo fazer *escolhas políticas*, como no mais é permitido ao legislador e aos cidadãos autônomos. Na prática, a fronteira entre a atuação criativa autorizada constitucionalmente e a realização de escolhas é embaçada e móvel. Os parâmetros propostos ao final deste trabalho são apenas uma tentativa na busca de maior previsibilidade da atuação, mas a realidade costuma surpreender.

---

[136] PEREIRA, Jane Reis Gonçalves. O Judiciário pode ser entendido como representante do povo? Um diálogo com "A razão sem voto" de Luís Roberto Barroso. *In*: VIEIRA, Oscar Vilhena; GLEZER, Rubens (Org.). *A razão e o voto*: diálogos constitucionais com Luís Roberto Barroso. São Paulo: FGV Direito SP Editora, 2017. p. 375.

[137] A expressão consta de obra seminal de: BICKEL, Alexander. *The least dangerous branch*: the Supreme Court at the bar of politics. New Haven: Yale University, 1986.

[138] O trabalho não comporta a descrição das diversas respostas apresentadas pela teoria constitucional para a dificuldade contramajoritária, como o procedimentalismo, o substancialismo, o constitucionalismo popular e a teoria dos diálogos institucionais. Sobre o tema, confira-se, SARMENTO, Daniel; SOUZA NETO, Cláudio Pereira. *Direito constitucional*: teoria, história e métodos de trabalho. Belo Horizonte: Editora Fórum, 2014. Deve-se registrar, ainda, a proposta do Professor Conrado Hübner Mendes de transferência da discussão do campo abstrato para o plano institucional, com a defesa de que a revisão judicial corresponde a uma instância de veto, a um contrapoder, e que sua associação à proteção de direitos seria uma descrição fantasiosa. Ver: MENDES, Conrado Hübner. *Controle de constitucionalidade e democracia*. Rio de Janeiro: Elsevier, 2008. p. 129 e ss.

A atuação criativa do Supremo Tribunal Federal comporta, ainda, uma dificuldade institucional. Se o Judiciário atua criativamente em questões de saliência política, atrai para si a responsabilidade que pertence ao legislador, contribuindo para a crise de representatividade do Parlamento e para um julgamento político enviesado dos cidadãos nas eleições. A renovação política e o número de bons congressistas serão tão maiores quanto a exposição dos maus políticos à opinião pública. Há uma certa funcionalidade política em deslocar a discussão de questões de grande desacordo moral, social e político para o STF: além de não perderem os votos do seu próprio eleitorado, ainda podem ir a público questionar o "ativismo" do Supremo Tribunal Federal.

Devolver a responsabilidade normativa ao Legislativo, observando os limites impostos pela democracia, expõe a inércia do legislador, entrega o desgaste pela deliberação de temas controvertidos e põe freios à liquidação de ativos da corte, mantendo o insulamento político do Judiciário. Essa transferência de responsabilidade política ocorre tanto com a criação de normas, quanto no âmbito da fiscalização daquelas já existentes, fenômeno conhecido como *descumprimento antecipado*:[139]

> Como os legisladores sabem que as suas leis estarão sujeitas à revisão judicial, tal circunstância os desonera de um julgamento consistente a respeito da fidelidade à Constituição, antes estimulando uma irresponsável postura de tomada de posição, na qual o legislador opta pela alternativa mais popular – embora sabidamente inconstitucional –, deixando o ônus de aferir a sua constitucionalidade ao Judiciário,[140] como se o próprio Legislativo não fizesse parte da interpretação constitucional.[141] Um fato a ser considerado na estrutura de incentivos institucionais.

Diante de um Legislativo em bom funcionamento, é na arena democrática que a discussão de direitos deve ocorrer. Essa é a regra. Entretanto, a intervenção do Judiciário pode ser justificada a partir de

---

[139] O fenômeno foi identificado por: ELY, John Hart. *Democracy and distrust*. Cambridge: Harvard University Press, 2002. p. 131-132.
[140] BRANDÃO, Rodrigo. *Supremacia judicial versus diálogos constitucionais*: a quem cabe a última palavra sobre o sentido da Constituição? Rio de Janeiro: Lumen Juris, 2017. p. 240-241.
[141] "A questão que não foi debatida com a transformação dos tribunais constitucionais em atores hegemônicos foi a da relação, cada vez mais distante, entre constituição e política democrática. Quanto mais a Constituição se torna objeto de interpretação do tribunal, mais a política democrática e partidária abandona o terreno da constituição. A Constituição se liberta do poder constituinte, mas a política também se desvincula das finalidades constitucionalmente estabelecidas". (BERCOVICI, Gilberto. *Soberania e constituição*: para uma crítica do constitucionalismo. São Paulo: Quartier Latin, 2008. p. 326).

uma relação inversamente proporcional com a *estabilidade democrática*, ou seja, quanto mais democracia, menos Judiciário. A medida dessa atuação pode ser calculada a partir dos parâmetros propostos por Jeremy Waldron, para diferenciar uma situação democraticamente típica (*core situation*), daquela não típica ou patológica (*non-core situation*).[142] Para ele, uma situação democrática típica inclui (i) instituições democráticas em bom funcionamento, com um Parlamento representativo eleito com base no sufrágio universal; (ii) instituições judiciais também em bom funcionamento, capazes de solucionar conflitos e de manter o Estado de Direito; (iii) compromisso genuíno da maioria da sociedade e das autoridades públicas com a proteção de direitos, inclusive com os direitos de minorias; e (iv) desacordo persistente e de boa-fé sobre direitos.

Dessa forma, a intervenção do Judiciário será mais legítima se ao menos uma dessas características não se fizer presente. A situação não precisa ser antidemocrática, mas a disfuncionalidade de pontos importantes do regime atraem a necessidade de maior atuação judicial, encontrando maior aderência constitucional. No contexto geral brasileiro, deve-se considerar, por exemplo, os efeitos da redemocratização recente, as cicatrizes geradas por dois processos de *impeachment*, a hegemonia do Executivo sobre o Legislativo, os vícios do presidencialismo de coalizão, entre outros. Todos esses fatores demonstram falta de amadurecimento institucional, embora sozinhos não sejam capazes de justificar a atividade criativa da corte, que dependerá ainda da análise comparativa de capacidades institucionais e das especificidades do caso concreto.

Tampouco se pode perder de vista a corrupção sistêmica de parte dos poderes majoritários e de empresas, o racismo estrutural, os números alarmantes de homicídios e o descompromisso das autoridades públicas com a proteção de minorias. De todo modo, é sempre um risco tratar questões sociais sob a forma de processo judicial, com sua linguagem intrincada e ritos, limitando o debate e passando a falsa impressão de que a solução para problemas complexos necessariamente passa pelos juízes do Judiciário e por juízes na política. A solução é difícil e contingente, não há uma fórmula mágica capaz de ser aplicada a todos os casos, em todas as democracias. O ponto principal é que a busca do melhor resultado para a equação envolve a consideração de todas as variáveis – ou de todas aquelas possíveis de serem identificadas.

---

[142] WALDRON, Jeremy. The core of the case against judicial review. *Yale Law Journal*, v. 115, n. 6, p. 1.360, 2006. Os parâmetros foram utilizados como inspiração, sem fidelidade à tese de Waldron, para quem as hipóteses patológicas até poderiam atrair a aceitabilidade de revisão judicial, mas ainda assim manteria seu caráter antidemocrático.

Não se pode confiar no Judiciário, no Legislativo, ou em nenhuma instituição *isoladamente*, nem estimular quedas de braço institucionais. Ao mesmo tempo, deve-se partir do princípio de que o discurso de direitos e a defesa intransigente da democracia são papéis de todos os Poderes constitucionais, não apenas do Judiciário. Nesse contexto, a renúncia ao exercício das funções constitucionais por uma das instituições (ou por um dos Poderes do Estado) tem impacto direto no todo, e na própria democracia: assim, é a presença de disfuncionalidades democráticas, como categorizadas por Waldron, que autoriza ou não maior intervenção judicial. Um momento de estabilidade democrática requer maior contenção de juízes e tribunais, principalmente em matéria normativa. Além disso, um segundo limite genérico se impõe à criação judicial: as capacidades institucionais do Judiciário.

1.3.2 Teoria das capacidades institucionais: o Judiciário não pode tudo

O juiz da vida real nem de longe se aproxima do *juiz Hércules*, idealizado por Dworkin. Não tem onisciência ou sabedoria infinita, não dispõe de todo o tempo do mundo para julgar, não consegue produzir nos autos todas as informações necessárias à apreciação dos casos difíceis e talvez nunca tenha ouvido falar em Hércules. No caso brasileiro, juízas e juízes precisam bater metas para serem promovidos. Cumulam varas. São responsáveis pela administração do gabinete e pela gestão de pessoas.

Não é demasiado considerar que todo esse quadro fático se reflete sobre as decisões judiciais. A necessidade de análise do contexto em que inseridos os atores responsáveis pela interpretação judicial e as instituições de que fazem parte corresponde, assim, ao ponto de partida da *teoria das capacidades institucionais*. Adotando-se a premissa de que não existem juízes ou legisladores perfeitos, e que todas as teorias da interpretação teriam falhado em contemplar a realidade prática dos atores envolvidos no jogo democrático-estatal,[143] foi preciso mudar a teoria. E a pergunta a ser respondida.

Para os adeptos da teoria das capacidades institucionais, tal como formulada, não há resposta certa para a pergunta errada. A questão principal não se refere a *como os juízes devem decidir*, mas sim a *quem deve*

---

[143] TOSTA, André Ribeiro. *Instituições e o direito público*: empirismo, inovação e um roteiro de análise. Rio de Janeiro: Lumen Juris, 2019.

decidir,¹⁴⁴ o que demanda (i) uma análise prévia, concreta e comparativa dos vícios e virtudes de cada uma das instituições que poderiam vir a resolver o mesmo problema (Poder Judiciário, Poder Legislativo, Agências Reguladoras¹⁴⁵ etc.), e (ii) sobre os efeitos sistêmicos gerados pela decisão,¹⁴⁶ incluindo possíveis falhas e erros¹⁴⁷ e o impacto sobre os demais Poderes e órgãos estatais. O produto dessa análise poderia, assim, indicar o afastamento da solução idealizada pelas teorias da interpretação, e a adoção de uma *second best option*,¹⁴⁸ identificada como

---

[144] SUNSTEIN, Cass R.; VERMEULE, Adrian. Interpretation and Institutions. *Chicago Law School*, n. 156, p. 4-23, 2002. p. 2-3: "By contrast, we urge that it is far more promising to focus on two neglected issues. The first has to do with institutional capacities. As we shall urge, debates over legal interpretation cannot be sensibly resolved without attention to those capacities. The central question is not 'how, in principle, should a text be interpreted?' The question instead is 'how should certain institutions, with their distinctive abilities and limitations, interpret certain texts?' E continuam: "Dworkin, Eskridge, Manning, and Richard Posner are incomplete and unsuccessful, simply because they tend to proceed as if the only question is how 'we' should interpret a text. Where they attend to institutional roles at all, these theorists work with an idealized, even heroic picture of judicial capacities and, as a corollary, a jaundiced view of the capacities of other lawmakers and interpreters, such as agencies and legislatures. And if the spotlight is placed on institutional capacities and dynamic effects, we will find it much easier to understand what underlies many interpretive disagreements in law, and also to see how such disagreements might be resolved".

[145] No que toca especificamente às agências reguladoras, André Tosta propõe as seguintes considerações: "A agência possui adesão dos regulados? Seus membros são concretamente técnicos ou políticos? A cultura institucional do órgão é ilibada? É possível que tenha havido captura na edição da norma? Se sim, em que sentido? Houve corrupção nos procedimentos decisórios? Qual o custo da adoção de tal regulação? Ela cria externalidades (econômicas ou sociais) relevantes?". (TOSTA, André Ribeiro. *Instituições e o direito público*: empirismo, inovação e um roteiro de análise. Rio de Janeiro: Lumen Juris, 2019).

[146] "O Poder Judiciário, acostumado a lidar com casos concretos, com argumentos marcadamente dogmático-jurídicos, nem sempre dispõe de meios para rediscutir políticas econômicas, por vezes baseadas em estudos e análises sistêmicas, levados a cabo pelos agentes eleitos, ou, ainda, por órgãos técnicos criados para a regulação de determinados setores da economia. (BINENBOJM, Gustavo; CYRINO, André Rodrigues. O direito à moradia e a penhorabilidade do bem único do fiador em contratos de locação limites à revisão judicial de diagnósticos e prognósticos legislativos. *In*: SOUZA NETO, Claudio Pereira de; SARMENTO, Daniel (Coords.). *Direitos Sociais*: fundamentos, Judicialização e Direitos Sociais em Espécie. Rio de Janeiro: Lumen Juris, 2010. p. 997-1007).

[147] Conforme explicam Diego Werneck e Fernando Leal, "(e)nquanto autores como Ronald Dworkin e Robert Alexy veriam o erro como simples desvio que não afeta a teoria normativa enquanto ideal regulatório do que juízes deveriam fazer, Sunstein & Vermeule defendem que nós deveríamos nos perguntar em que ponto, no agregado, os custos dos erros na aplicação de uma melhor teoria *em tese* se tornam tão altos a ponto de recomendar a adoção da 'segunda melhor' teoria disponível – a teoria que, ainda que não leve às melhores respostas para certos casos concretos, produzirá melhores resultados no agregado". (ARGUELHES, Diego Werneck; LEAL, Fernando. *Dois problemas de operacionalização do argumento das capacidades institucionais*. 2016. Disponível em: http://bibliotecadigital.fgv.br/dspace/handle/10438/24293. Acesso em 03 jan. 2019).

[148] "A second-best approach, one that asks about interpretive mistakes and dynamic effects, necessarily presupposes some first-best account. This is an important observation, and in a sense it is unexceptionable. But it fails to engage our central point, which is not that a

aquela que produz os melhores resultados na prática – e não como a que mais se aproxima do modelo supostamente ideal.

Cass Sunstein e Adrian Vermeule partem dos conceitos econômicos de *first* e *second best option* para sustentar a tese de que, caso não seja possível pôr em prática a teoria interpretativa tida como ideal (*first best option*), partir para uma alternativa inteiramente distinta (*second best option*) pode produzir melhores resultados do que fazer ajustes muitas vezes irreconciliáveis na teoria ideal. Dessa forma, a análise das capacidades das instituições traz em si um método comparativista, empiricista, e consequencialista, que parte do desenho constitucional das instituições, mas com ele não se confunde.

Se o desenho institucional é previsto de forma genérica e abstrata na Constituição, a capacidade institucional é concreta, aferível no mundo dos fatos, com medição que também depende da análise dos efeitos produzidos pela decisão, sem descuidar da difícil dinâmica do equilíbrio estatal de forças. Por hipótese, não se pode aprioristicamente afirmar que "o Poder Judiciário não tem capacidade institucional para decidir sobre direito à saúde", porque o exame do caso concreto ou de um conjunto de casos pode apontar em sentido contrário.

Mas o Judiciário não pode ignorar que sua intervenção no tema, caso não dosada, pode gerar danos gravosos à coletividade e à própria saúde. Como exemplo de intervenção concreta sobre o direito à saúde, foram as decisões judiciais que, na década de 80, garantiram o fornecimento de fármacos para doentes portadores do vírus HIV e incentivaram o Executivo a formular uma política pública contra a AIDS, pioneira na profilaxia do vírus e reconhecida mundialmente. A resposta não é fácil, mas *não envolve apenas valores substantivos*. O argumento das

---

first-best account is worthless or irrelevant, but that it is incomplete without a second-best account that takes account of institutional issues. Institutional analysis is necessary to the choice of interpretive rules, even if it is insufficient". (...) "Our minimal response to these questions is that without institutional analysis, first-best accounts cannot yield any sensible conclusions about interpretive rules. It is impossible to derive interpretive rules directly from first-best principles, without answering second-best questions about institutional performance. Consider an analogy. In economics, the idea of second best demonstrates that if perfect efficiency cannot be obtained, efficiency is not necessarily maximized by approximating the first-best efficiency conditions as closely as possible; the second-best outcome might, in principle, be obtained by departing from the first-best conditions in other respects as well. So too, if an imperfect judge knows he will fall short of the standard of perfection defined by the reigning first-best account of interpretation, it is by no means clear that he should attempt to approximate or approach that standard as closely as possible". (SUNSTEIN, Cass R.; VERMEULE, Adrian. Interpretation and Institutions. *Chicago Law School*, n. 156, p. 4-23, 2002. p. 4 e 23).

capacidades institucionais oferece instrumental importante para o dia a dia de juízes e tribunais.

Para que possa ser utilizada, *a teoria das capacidades institucionais demanda uma concepção particular de separação de poderes, a de que o poder estatal deve ser atribuído ao órgão capaz de exercê-lo da melhor forma – tal como a visão de separação de poderes já defendida no presente trabalho*. Só é possível comparar vantagens e desvantagens de diferentes instituições para resolver determinado caso concreto ou conjunto de casos se se entender que ambas são, em tese, igualmente capazes para oferecer respostas para o problema, uma espécie de conflito positivo de competência, para usar uma expressão mais próxima ao direito.

Dessa forma, a noção de especialização, que fundamenta a existência de três diferentes Poderes e justifica a divisão *inicial* de funções entre eles, deve ser entendida como um *ponto de partida, não de chegada*. Em outras palavras,

> mesmo se assumirmos que o desenho original se pautou por um ideal de especialização funcional, esse desenho original será contestado e transformado ao longo do tempo. Isso não impede, no entanto, que o referido ideal possa desempenhar um papel importante não apenas para a construção da teoria, como também para a orientação efetiva de qualquer procedimento de comparação das capacidades de diferentes instituições.[149]

---

[149] ARGUELHES, Diego Werneck; LEAL, Fernando. O argumento das 'capacidades institucionais' entre a banalidade, a redundância e o absurdo. *Direito, Estado e Sociedade*, Rio de Janeiro, n. 38, jan./jun. 2011. p. 17. E continuam os autores: "O argumento das capacidades institucionais pressupõe uma determinada concepção de separação de poderes e de desenho institucional, segundo a qual diferentes funções devem ser alocadas, tanto quanto possível, para o nível de governo ou da sociedade que possa exercê-los melhor. Sob tal perspectiva, a palavra chave na distribuição de poderes é especialização. A Constituição, nessa perspectiva, pode ser comparada à planta elaborada por um 'arquiteto institucional', que distribui competências e poderes entre instituições criadas especificamente para promover certos objetivos, ao mesmo tempo em que, para que tais resultados possam ser alcançados, municia cada instituição com condições específicas capazes de incrementar a eficiência com que os referidos poderes serão por elas exercidos. Na fixação das capacidades de cada instituição está, então, a força da presunção de que suas decisões são adequadas para os problemas que ela é chamada a solucionar. Endossando implicitamente esse tipo de perspectiva, por exemplo, o Ministro Sepúlveda Pertence observou que '[q]uando a Constituição cria uma instituição e lhe atribui determinado poder ou função política, a presunção é que o faça em caráter privativo, de modo a excluir a ingerência na matéria de outros órgãos do Estado'. Essa noção de especialização é, por certo, uma idealização. Mesmo supondo que, na elaboração do texto constitucional original, tenha-se de fato tentado distribuir poderes entre diferentes instituições com base em um critério de especialização – o que em si já é exigir bastante da realidade –, a realidade de um sistema constitucional minimamente complexo é dinâmica. Há um movimento inicial para alocar poder entre instituições, mas: (a) essa alocação pode ser ambígua, permitindo que diversas questões sejam reconduzidas às esferas de atuação

A teoria não é isenta de questionamentos. A primeira delas é performática: a qual instituição caberia decidir sobre quem deveria realizar a análise de capacidade institucional, ou seja, quem deve decidir qual é a instituição mais adequada para decidir? De acordo com essa crítica, se a atribuição fosse do Judiciário, ao fim e ao cabo estaria ele próprio estabelecendo os limites do seu poder. Essa crítica pode ser respondida da seguinte forma: como o Judiciário só responde mediante provocação, sendo a jurisdição inerte, juízes e tribunais fariam a análise da capacidade institucional apenas quando demandados, o que não impede (nem pode impedir) a manifestação posterior e a reação crítica das demais instituições e poderes estatais.

A segunda crítica consiste em assumir que a realidade também aponta para a impossibilidade de obtenção e de processamento de todas as informações necessárias para a análise adequada de capacidades institucionais e de efeitos sistêmicos, sendo contrafactual imaginar que se poderiam antever todos os erros – além de as informações serem analisadas por intérpretes que possuem suas próprias pré-compreensões e preconceitos. Para esses críticos, não haveria ganhos reais na adoção da teoria. Por fim, a crítica mais contundente à teoria das capacidades institucionais diz respeito ao fato de que tendencialmente levaria à adoção do formalismo, gerando uma postura deferente do Judiciário.

Em relação ao ponto, Frederick Schauer foi precursor em defender que as limitações institucionais acabariam conduzindo a uma escolha subótima: o formalismo.[150] De acordo com o autor, a *aversão ao risco* é um dos principais argumentos para decidir com base em um sistema estruturado em regras. Desse modo, a *second best decision* (ou decisão de segunda ordem, defendida pela teoria das capacidades institucionais), acabaria apontando no sentido da adoção de posturas formalistas.

---

legítima de mais de uma instituição; e (b) as instituições podem usar sua dotação inicial de poder para oferecer leituras transformadoras da alocação inicial supostamente expressa no texto constitucional".

[150] SCHAUER, Frederick. *Playing by the rules*: a philosophical examination of rule-based decision-making in law and in life. Oxford: Clarendon Press, 1991, p.152-153: "Rule-based decision-making is thus an application of the theory of the second best. (...) When we choose rules, and thus when we choose the option of the second-best, we focus on the worst of any array of decision-makers, for we worry more about decision-maker error than about the errors that are built into the rules themselves. Consequently, the choice of rule-based decision-making ordinarily entails disabling wise and sensitive decision-makers from making the best decisions in order to disable incompetent or simply wicked decision-makers from making wrong decisions. (...) A 'best case' perspective is necessarily averse to rules, for rule-based decision-making cannot produce the best result in every case. But a 'worst case' perspective is likely to embrace rules, recognizing that guarding against the worst case may in some circumstances be the best we can do".

Relacionando as duas ideias, a crítica sustenta que a *second best option*, defendida pela teoria das capacidades institucionais, corresponderia a uma defesa velada do formalismo. É o que enxerga Clèmerson Merlin Clève, para quem a teoria das capacidades institucionais seria incapaz de reduzir os custos da tomada de decisão pelo Judiciário, que a seu ver é a instituição com maiores vantagens comparativas de desenho institucional para a tomada de decisões. Assim, sob o ponto de vista institucional, ainda que o autor reconheça a existência de limitações próprias a juízes e tribunais, defende que a melhor resposta para o problema teria sido dada pela teoria dos *diálogos* institucionais,[151] prescindindo do argumento das capacidades institucionais.

Entendo que a teoria das capacidades institucionais e a teoria dos diálogos institucionais não se excluem mutuamente, e que há ganhos em inserir na cultura jurídica questionamentos comparativos de capacidade institucional, principalmente no que toca à criação jusnormativa. O fato de não existir uma instituição que deva proferir a última *palavra* não exclui a possibilidade de análise comparativa das limitações e vantagens de cada uma das instituições que possam decidir determinado tema *em primeiro lugar*.

---

[151] CLÈVE, Clèmerson Merlin. Teorias interpretativas, capacidades institucionais e crítica. In: *Hermenêutica, Constituição, decisão judicial*: estudos em homenagem ao professor Lenio Luiz Streck. Porto Alegre: Livraria do Advogado, 2016. p. 400-401. Destaco o trecho pertinente: "As teorias normativas hermenêuticas procuraram pavimentar o caminho das discussões sobre qual melhor resposta poderia ser produzida pelo Judiciário. Em resposta, a teoria das capacidades institucionais procurou delinear os limites empíricos da transposição de tais teorias para o mundo fático. Porém, ao final, a imagem projetada pelo (novo) formalismo acaba por ser a reedição de antigas propostas para retirar questões polêmicas do Judiciário, por meio da alegação de que suas decisões possuem um custo elevado e que este Poder não ocuparia uma posição institucional adequada para realizar tais atividades. Continua-se a realojar velhos esqueletos teóricos de suas covas e substituir seus caixões. A incerteza que permeia o Judiciário não é reduzida ou os custos das decisões não são diminuídos quando outras instâncias assumem o papel de substituir o Judiciário diante de sua autocontenção. *Ainda que os tribunais possuam, de fato, limitações e possam tomar decisões equivocadas, o Judiciário é detentor de vantagens institucionais se comparado com outros espaços de tomada de decisão.* Apostas romantizadas em qualquer um dos ramos dos Poderes (ou mesmo no "Povo") correm o risco de esquecer os problemas que podem assolar qualquer uma das instituições em questão. É inevitável que os poderes venham a ser eventualmente abusados. Não se trata de uma novidade que a fiscalização de constitucionalidade possa vir a ser instrumento para usurpar normas que possuem respaldo democrático e que foram produzidas tecnicamente de maneira adequada. *Ao (antigo) questionamento sobre quem possui as melhores condições para responder a casos difíceis, anteponha-se a resposta de que a construção dos saberes jurídicos precisa ser realizada como uma conversa contínua entre todos aqueles que se encontram envolvidos em sua produção e revisão.* Por fim, se há uma preocupação genuína no aumento da legitimação das decisões proferidas pelos Poderes, a opção pela redução da complexidade parece rumar no sentido inverso daquela que propõe diálogos intra e interinstitucionais, na edificação de um Estado Democrático de Direito". (grifos acrescentados).

Para não gerar dúvidas, talvez a pergunta da teoria das capacidades institucionais precise ser reformulada nos seguintes termos: a questão "quem deve decidir?" deve ser entendida como "quem deve dar *a primeira palavra* sobre determinado caso ou conjunto de casos?", de forma a aproximar a teoria das capacidades de uma *descrição*, e a teoria dos diálogos de uma *prescrição*. Até porque, a tomada da *primeira decisão* pela instituição apontada pela análise das capacidades pode acabar gerando uma nova questão, essa sim empírica e comparativamente mais próxima da instituição que cedera em primeiro lugar, dando início a um diálogo.

Por exemplo: dada a necessidade de fixação do preço da gasolina, a teoria das capacidades institucionais pode indicar que a Agência Nacional do Petróleo – ANP é a instituição mais adequada para a tomada de decisão sobre o tema e, ao regular a matéria, a ANP fixa o preço de forma desproporcional. Surge, assim, uma questão a ser resolvida pelo Judiciário, que para concluir pela irrazoabilidade ou não, precisa identificar qual seria o preço razoável, o que pressupõe sua própria análise sobre o preço da gasolina. *Assim, a instituição escolhida pela análise de capacidades ocupa apenas o primeiro lugar na cadeia de instituições capazes de se manifestar sobre a questão, e a forma como ela irá decidir gera (ou, ao menos, não impede) uma interação entre todas as instituições da cadeia, possibilitando o diálogo institucional.*

O ganho possibilitado pelo argumento das capacidades institucionais vai além: insere no contexto da tomada de decisão uma pergunta necessária, que relativiza duas correspondências equivocadas da prática constitucional brasileira: *em primeiro lugar*, a imediata associação entre a inafastabilidade do controle judicial *e* a produção da primeira decisão pelo Judiciário. A tomada de decisão por instituição diversa não impede que a questão seja posteriormente levada ao exame de juízes e tribunais, como já se demonstrou com o exemplo do preço da gasolina.

O fato de a Constituição garantir que nenhuma lesão ou ameaça de lesão possa ser subtraída do exame do Judiciário não significa dizer que a esse Poder caiba decidir sobre todas as questões, em qualquer cenário, em primeiro lugar. Nesse contexto, o Professor Daniel Sarmento defende que o argumento das capacidades institucionais opera no sistema brasileiro como um *parâmetro de deferência judicial*:[152]

---

[152] Em artigo sobre o controle judicial de direitos sociais, o professor Daniel Sarmento defendeu: "Para enfrentar esta dificuldade, além das medidas acima sugeridas, deve-se adotar um parâmetro adicional para o exercício da proteção judicial destes direitos (sociais): quanto mais a questão discutida envolver aspectos técnicos de políticas públicas, mais cautelosa e

considerando-se a inafastabilidade do controle pelo Poder Judiciário (regra inexistente no direito americano, de onde advém a teoria), a importância da análise da capacidade institucional não está exatamente em "quem deve decidir", mas em impor ao Judiciário um alto nível de deferência aos poderes majoritários naquelas hipóteses em que juízes e tribunais não possuem as melhores capacidades institucionais para resolver o problema em discussão.

A teoria atenua, ainda, um dos efeitos gerados pelo neoconstitucionalismo, que junto com a ascensão do Judiciário criou a falsa percepção de que, *se* a Constituição garante direitos, *logo*, devem ser concretizados pelo Poder Judiciário. Na qualidade de trunfos, direitos não podem ser monopolizados por uma única instituição e a teoria das capacidades busca operacionalizar quem deve garantir a supremacia da Constituição, que não equivale à supremacia judicial, como prescreve a teoria dos diálogos institucionais, e que acaba pendendo para o lado do Judiciário em razão de a constituição prever o mecanismo de controle de constitucionalidade.

O argumento da capacidade institucional realiza um filtro sobre as decisões que de fato devem ser tomadas pelo Judiciário, devolvendo às instâncias técnicas ou majoritárias a responsabilidade pela solução de questões que as cortes não deveriam ser as primeiras a decidir. Funciona de modo particularmente importante para os casos de decisões de conteúdo criativo, na medida em que o Judiciário só deve atuar para a criação de normas, sendo o primeiro a estabelecer a regulação para determinado caso ou conjunto de casos, *se for o mais capacitado entre todas as instituições capazes de fornecer a resposta*. O formalismo, quando em jogo a atividade criadora e criativa de juízes e tribunais (em temas

---

reverente em relação às decisões dos demais poderes deve ser a atuação do Judiciário. Este não é um parâmetro isolado, na medida em que deve ser conjugado com outros, como os sugeridos acima, atinentes à razoabilidade da universalização da pretensão do titular do direito, e à essencialidade, para ele, da prestação social demandada. Mas me parece que dito critério deve desempenhar um papel relevante na adjudicação judicial dos direitos sociais". (SARMENTO, Daniel. *A Proteção Judicial dos Direitos Sociais*: alguns parâmetros ético-jurídicos. [s.d.]. Disponível em: http://www.dsarmento.adv.br/content/3-publicacoes/17-a-protecao-judicial-dos-direitos-sociais-alguns-parametros-etico-juridicos/a-protecao-judicial-dos-direitos-sociais.alguns-parametros-etico-juridicos-daniel-sarmento.pdf. Acesso em 7 dez. 2018). Gustavo Binenbojm defende parâmetro semelhante para o controle judicial de atos administrativos, embora sem referência à teoria das capacidades institucionais: "quanto maior o grau de tecnicidade da matéria, objeto de decisão por órgãos dotados de expertise e experiência, menos intenso deve ser o grau do controle judicial". (BINENBOJM, Gustavo. *Uma teoria do direito administrativo*: direitos fundamentais, democracia e constitucionalização. Rio de Janeiro: Renovar, 2006. p. 236).

que não envolvem direitos fundamentais e democracia), pode ser a melhor resposta. Não há direito sem regras. Um resultado pró-Judiciário de análise comparativa de capacidades institucionais (entre Legislativo e Judiciário, por exemplo) qualifica a tomada de decisão e aumenta sua legitimidade, contrabalançando o déficit democrático. Além disso, só é possível associar capacidades institucionais e formalismo quando, de fato, a lei existe. O *tropismo* formalista não se verifica na ausência do estímulo externo legalista. Na falta de normas, ou na necessidade de densificação de princípios constitucionais de conteúdo aberto e abstrato, a crítica formalista é bastante diminuída. A teoria das capacidades institucionais é funcional porque provoca uma reflexão de performance e autocontenção: os juízes devem levar em conta as capacidades reais do Poder Judiciário para decidir, e os efeitos sistêmicos produzidos por suas decisões, principalmente quando exercem atividade legislativa.

1.3.3 Fundamento material para a criação judicial: defesa dos direitos fundamentais e das condições da democracia

Ao apreciar o pedido para a declaração de inconstitucionalidade de dispositivo da Lei Maria da Penha que condicionava o início da ação penal pública à representação da ofendida, a maioria dos Ministros do Supremo Tribunal Federal entendeu que o comando esvaziava a proteção constitucional assegurada às mulheres. A decisão do STF afastou a previsão legal da ação penal pública *condicionada* à representação da vítima para os casos previstos na lei, estabelecendo, em seu lugar, que a persecução do Ministério Público poderia ter início via ação pública *incondicionada*, regra geral do direito processual penal.

A Corte recebeu críticas por supostamente ter substituído o critério legal por outro que entendeu mais consentâneo com os valores e princípios constitucionais. Chama a atenção, ainda, o fato de o Relator da ADI nº 4.424, Ministro Marco Aurélio, ser um dos maiores defensores e aplicadores do "legislador negativo" de Kelsen, para impedir a realização de atividade normativa pelo Supremo Tribunal Federal, tendo resistido à tentação de fazer uso do dogma oxidado para solução (ou não solução) do caso levado a julgamento do Supremo. Explica-se o porquê.

Com o reconhecimento de que tanto o legislador quanto o juiz criam o direito – embora sujeitos a limites diferenciados –, e com o afastamento dos limites clássicos à normatização judicial, como a separação de poderes e o dogma do legislador negativo, a questão principal a ser respondida passa a ser: *em que medida o Supremo Tribunal Federal possui legitimidade para criar uma norma para a solução de um caso concreto, sem invadir a esfera de atuação democrática dos poderes eleitos?* A primeira resposta que se propõe a essa pergunta coincide com a justificativa hegemônica para a atuação contramajoritária das cortes: a criação judicial do direito é legítima *quando em jogo a promoção e a proteção dos direitos fundamentais, principal tarefa das cortes constitucionais.* Em complementação à resposta da teoria constitucional, no direito brasileiro, a normatização pelo Supremo Tribunal Federal também decorre do desenho da Constituição de 1988, que prevê fundamento autônomo para a atividade judicial criativa em defesa de direitos: o mandado de injunção.

Em relação ao primeiro fundamento, há relativa convergência de que às cortes constitucionais não cabe apenas a tutela da higidez do ordenamento jurídico, dele suprimindo leis e atos normativos incompatíveis com a Constituição. A principal missão dos tribunais constitucionais, compatível com o ideal substantivo de democracia, consiste em proteger direitos fundamentais de forma apartada do campo de escolhas políticas,[153] notadamente os direitos das minorias vulneráveis.

Os problemas mais fundamentais do indivíduo e da sociedade devem ser tratados como *questões de princípio*,[154] sejam eles morais ou políticos, por um órgão independente e insulado da política, e não como uma questão de poder político, sensível às escolhas majoritárias.[155]

---

[153] DWORKIN, Ronald. *A matter of principle*. Cambridge: Harvard University Press, 1985. p. 69-71. "A fiscalização judicial assegura que as questões mais fundamentais de moralidade política serão apresentadas e debatidas como questões de princípio, e não apenas de poder político. Essa é uma transformação que não poderá jamais ser integralmente bem-sucedida apenas no âmbito do Legislativo".

[154] "Os princípios (...) são padrões que devem ser observados não em função da melhoria ou avanço que proporcionem para a coletividade nos planos econômico, político ou social, mas porque constituem uma exigência de justiça, equidade ou alguma outra dimensão da moralidade. Os argumentos de princípios são baseados em direitos, que devem ser assegurados ainda que contra fins coletivos tidos como desejáveis pela maioria". (BINENBOJM, Gustavo. *A nova jurisdição constitucional brasileira*. Rio de Janeiro: Renovar, 2001. p. 89).

[155] "A jurisdição constitucional seria, por assim dizer, o fórum do princípio por excelência, porquanto os juízes constitucionais, por sua formação e independência, são considerados mais aptos ou qualificados para resolver questões de princípios (insensíveis à escolha), enquanto os parlamentos e governos são mais qualificados, à vista de sua legitimação popular, para escolher as políticas públicas que melhor atendam ao interesse da coletividade". (BINENBOJM, Gustavo. *A nova jurisdição constitucional brasileira*. Rio de Janeiro: Renovar, 2001. p. 90).

Entende-se, assim, que o Judiciário possui uma vantagem comparativa para resguardar direitos, que sua atuação na proteção de direitos fundamentais e dos pressupostos da democracia tem maior probabilidade de acerto do que de erros, e que as decisões judiciais quanto ao tema funcionam como um importante teste para a formulação de uma política abstrata pelos legisladores (experimentalismo judicial).

A legitimidade da revisão judicial não é objeto do presente estudo, mesmo porque já foi mapeada e destrinchada de forma crítica e aprofundada no Brasil.[156] Mas o fundamento prevalente não é isento de críticas, com diversos autores defendendo o retorno das discussões sobre direitos aos órgãos politicamente responsáveis, até mesmo como reação a tribunais constitucionais de formação conservadora.[157] Jeremy Waldron, por exemplo, questiona a ideia de que a defesa de direitos seria a tarefa central das cortes, qualificando o controle de constitucionalidade como instituto antidemocrático.

Para o autor, não há garantia *prévia* de que a corte constitucional seja mais capaz de acertar em matéria de direitos fundamentais, o que depõe contra a delegação da resposta a agentes não eleitos. Além disso, como a democracia pressupõe a existência de desacordos, inclusive aquele relativo ao correto entendimento sobre o conteúdo dos direitos, o processo legislativo seria a sede própria tanto para a discussão de políticas públicas, quanto de questões de princípio.[158] O melhor

---

[156] V, por todos, MENDES, Conrado Hübner. *Controle de constitucionalidade e democracia*. Rio de Janeiro: Elsevier, 2008 e MENDES, Conrado Hübner. *Direitos fundamentais, separação de poderes e deliberação*. São Paulo: Saraiva, 2011.

[157] Sobre o tema, conferir: KRAMER, Larry D. *The people by themselves*: popular constitutionalism and judicial review. New York: Oxford University Press, 2004; TUSHNET, Mark V. *Taking the Constitution away from the Courts*. Princeton: Princeton University Press, 1999; TUSHNET, Mark V. *Weak courts, strong rights*: judicial review and social welfare rights in comparative constitutional law. Princeton: Princeton University Press, 2008 e WALDRON, Jeremy. A essência da oposição ao judicial review. *In*: BIGONHA, Antônio Carlos Alpino; MOREIRA, Luiz (Org.). *Legitimidade da jurisdição constitucional*. Rio de Janeiro: Lumen Juris, 2010.

[158] Nas palavras do próprio autor: "A discordância sobre direitos não é irracional e as pessoas podem discordar sobre direitos e ainda levá-los a sério. Nessas circunstâncias, elas precisam, para resolver suas discordâncias, adotar procedimentos que respeitem as vozes e as opiniões das pessoas – milhões delas – cujos direitos estão em jogo nessas discordâncias e tratá-las como iguais nesse processo. Ao mesmo tempo, elas devem assegurar que esses procedimentos enfrentem, de maneira responsável e deliberativa, as questões difíceis e complexas que as discordâncias sobre direitos levantam. Os procedimentos legislativos ordinários podem fazer isso (...) e uma camada adicional de revisão final pelos tribunais acrescenta pouco ao processo, a não ser uma forma bastante insultuosa de cerceamento e uma ofuscação legalista das questões morais em jogo na nossa discordância sobre direitos". (WALDRON, Jeremy. A essência da oposição ao judicial review. *In*: BIGONHA, Antônio Carlos Alpino; MOREIRA, Luiz (Org.). *Legitimidade da jurisdição constitucional*. Rio de Janeiro: Lumen Juris, 2010).

procedimento é aquele que garante a maior participação.[159] [160] Assim, Waldron conclui que não há uma relação necessária entre a defesa de direitos fundamentais (ou entre a leitura moral da Constituição) e o controle de constitucionalidade, padecendo a revisão judicial de vício de ilegitimidade democrática.[161]

Entretanto, apesar de manter a estrutura de sua objeção, o próprio Waldron relativizou sua crítica em relação aos países que *não possuem uma cultura de proteção de direitos* – grupo do qual o Brasil participa, sem orgulho. Nesses cenários *atípicos e patológicos*, que não possuem as características políticas e institucionais de democracias em bom funcionamento, a Corte Constitucional poderia exercer o controle de constitucionalidade, mantido o ônus de justificação da patologia. Como mencionado em tópico anterior, Waldron considera que uma situação democrática típica inclui (i) instituições democráticas em bom funcionamento, com um Parlamento representativo eleito com base no sufrágio universal; (ii) instituições judiciais também em bom funcionamento, capazes de solucionar conflitos e de manter o Estado de Direito; (iii) compromisso genuíno da maioria da sociedade e das autoridades públicas com a proteção de direitos, inclusive com os direitos de minorias; e (iv) desacordo persistente e de boa-fé sobre o conteúdo desses direitos.[162]

Dessa forma, seja pela justificativa prevalente da teoria constitucional sobre a missão das cortes de proteção de direitos fundamentais,

---

[159] De acordo com: MENDES, Conrado Hübner. *Controle de constitucionalidade e democracia*. Rio de Janeiro: Elsevier, 2008. p. 101: "A questão, mais uma vez, é de procedimento. Não há uma maneira de desenhar um procedimento político que garantiria uma decisão justa. Decisões substantivamente injustas são resultados sempre possíveis mesmo quando oriundas do melhor e mais justo procedimento. Waldron enfatiza que essa objeção também se aplica à revisão judicial".

[160] "O papel especial da participação numa teoria dos direitos não é questão de ter prioridade moral sobre outros direitos. A participação é um direito cujo exercício é especialmente apropriado em situações nas quais os detentores de direitos discordam sobre quais direitos eles têm. O direito à participação estaria no plano da teoria da autoridade. Os outros, no plano da teoria da justiça". (MENDES, Conrado Hübner. *Controle de constitucionalidade e democracia*. Rio de Janeiro: Elsevier, 2008. p. 103).

[161] Na síntese de: BRANDÃO, Rodrigo. *Supremacia judicial versus diálogos constitucionais*: a quem cabe a última palavra sobre o sentido da Constituição? Rio de Janeiro: Lumen Juris, 2017. p. 231: "(A)lém de todos os processos decisórios, inclusive o controle de constitucionalidade, estarem sujeitos a resultados injustos, não se deve confundir teorias da justiça – dirigidas, p. ex., ao estudo do conteúdo dos direitos fundamentais, das suas interconexões e relações de prioridade com outros valores política e moralmente relevantes – , e teorias da autoridade, relativas a processos decisórios destinados a institucionalizar o critério de eleição da teoria de justiça que irá prevalecer em uma determinada sociedade política".

[162] WALDRON, Jeremy. The core of the case against judicial review. *Yale Law Journal*, v. 115, n. 6, p. 1.360, 2006.

ou pela ótica da crítica condicional de Jeremy Waldron, *pode-se fazer uso dos mesmos fundamentos para justificar a atividade legislativa do Judiciário*. Diante de situações democráticas atípicas, e no contexto de países onde não se vivenciam a cultura e o compromisso com a proteção de direitos, a normatização judicial em matéria de direitos fundamentais funciona como "uma solução não ideal para circunstâncias extraordinárias",[163] tal qual o controle de constitucionalidade em si.

Nesse contexto, há exemplos de normatização em matéria de direitos fundamentais e dos pressupostos para o funcionamento da democracia em várias cortes constitucionais e supremas cortes do mundo. Em setembro de 2017, por exemplo, a Suprema Corte de Israel reconheceu a existência de violação ao princípio da igualdade para declarar a inconstitucionalidade de norma que excepcionava os judeus ultraortodoxos de alistarem-se ao Exército, enquanto os demais judeus deveriam cumprir o dever militar. Ao retirar do ordenamento jurídico uma exceção legislativamente aprovada, a Corte de Israel *criou* nova hipótese de incidência da norma geral, inovando quanto à sujeição dos judeus ultraortodoxos ao alistamento militar. Dessa forma, embora a decisão final tenha sido de mero acolhimento da declaração de inconstitucionalidade, a hipótese não envolve a decisão padrão de *acolhimento ou rejeição* do pedido de inconstitucionalidade.[164]

---

[163] MENDES, Conrado Hübner. *Direitos fundamentais, separação de poderes e deliberação*. São Paulo: Saraiva, 2011. p. 91.

[164] A questão remonta ao final dos anos 90, quando a Suprema Corte Israelense decidiu que o Ministro da Defesa não detinha competência para eximir jovens ultraortodoxos do serviço militar sem lei formal que o autorizasse. Então, em 2002, edita-se a *Tal Law*, estabelecendo regras para o alistamento e o não alistamento dos estudantes *yeshiva*. Ocorre que, em 2006, a Suprema Corte conclui que a igualdade entre os jovens não estava sendo promovida pelos critérios estabelecidos na *Tal Law*, determinando seu reexame. Como a decisão não havia sido cumprida até 2012, a Corte declarou a inconstitucionalidade da Tal Law, embora a exceção quanto aos judeus ultraortodoxos tenha continuado a ser aplicada. Anos depois da declaração de inconstitucionalidade, a dispensa do serviço militar foi estendida até 2017, ano em que deveriam ser estabelecidas cotas mínimas para alistamento de judeus ultraortodoxos, sob pena de responsabilização criminal. Antes de esgotado o prazo, porém, as cotas foram tornadas facultativas por lei posterior, tendo o Congresso novamente estendido o prazo de não alistamento até 2020, reatribuindo ao Ministro da Defesa a competência para excepcionar judeus ultraortodoxos do serviço militar. Além disso, para fins de preenchimento das cotas, a lei considerou qualquer estudante entre 14 e 18 anos que tivesse estudado por pelo menos dois anos em instituições *Haredi*, o que aumentaria artificialmente o número de "judeus ultraortodoxos" que preenchiam as cotas. Essa última lei foi declarada inconstitucional por discriminar jovens religiosos e não religiosos para fins de alistamento militar, gerando protestos da população Haredi sobre interferências indevidas do Judiciário no Legislativo. Conferir, a propósito. (RABINOWITZ, Aaron; JONATHAN, Liz. *Israel's High Court Strikes Down exemption of ultra-Orthodox from military service*. 12 set. 2017. Disponível em: https://www.haaretz.com/israel-news/israel-s-high-court-strikes-down-exemption-of-ultra-orthodox-from-military-service-1.5450226. Acesso em 13 jun. 2018).

Em tema de democracia, após a queda do regime totalitário e a ascensão do regime democrático, a Corte Constitucional da Polônia[165] foi chamada a interpretar os dispositivos da constituição comunista ainda em vigor, porém, de acordo com a então recém incluída garantia do Estado Democrático de Direito. Entre 1989 e 1997, ano em que a Constituição da República da Polônia foi promulgada, o Tribunal Constitucional *derivou* da garantia do Estado Democrático de Direito, inserida no texto da anterior constituição comunista, a proteção dos direitos do nascituro,[166] o direito a um julgamento justo,[167] o direito à privacidade,[168] a regra da irretroatividade das leis,[169] a proteção dos direitos adquiridos[170] e o princípio da proporcionalidade.[171] O mesmo aconteceu na Croácia e na Sérvia, em que decisões das respectivas cortes constitucionais auxiliaram na consolidação da democracia.

A expansão do escopo dos direitos fundamentais foi promovida da Índia à Alemanha. A densificação de direitos como liberdade, democracia, justiça, dignidade e igualdade, previstos em constituições entendidas como normas jurídicas,[172] demandam uma atuação bem mais criativa de juízes e tribunais que o exercício da jurisdição ordinária. Do direito à vida previsto no art. 21 da Constituição da Índia, a Suprema

---

[165] Atualmente, porém, a Polônia vive grave crise democrática. A atuação criativa dos tribunais constitucionais, em favor da proteção de direitos, envolve o risco real de reação dos poderes majoritários, como aconteceu no país. O Partido populista de direita Lei e Justiça (PiS), que governa a Polônia desde 2015, aprovou em 2018 uma reforma do Judiciário que reduziu a idade de aposentadoria dos membros da Suprema Corte de 70 para 65 anos, medida que atingiu 27 dos 72 integrantes da corte. Outras determinações antidemocráticas do governo envolvem restrições à liberdade de imprensa, ao direito de manifestação e o controle sobre organizações não governamentais – ONGs.

[166] Tribunal Constitucional da Polônia, decisão de 28 de maio de 1997, K 26/96, OTK ZU 1997.2.19.

[167] Tribunal Constitucional da Polônia, decisão de 7 de janeiro de 1992, K 8/91, OTK ZU 1992, parte 1, p. 76-84; decisão de 27 de junho de 1995, K4/94, OTK 1993, parte 2, p. 297-310.

[168] Tribunal Constitucional da Polônia, decisão de 24 de junho de 1997, K21797, OTK ZU 1997.12.23.

[169] Tribunal Constitucional da Polônia, decisão de 22 de agosto de 1990, K7/90, OTK 1990, p. 42-58.

[170] Tribunal Constitucional da Polônia, decisão de 25 de fevereiro de 1992, K3/9, OTK 1992, parte 1, item 1. V.

[171] Tribunal Constitucional da Polônia, decisão de 26 de abril de 1995, K11/94, OTK 1995, parte 1, item 12.

[172] "Se a Constituição nasce para ser efetivamente aplicada, desse princípio decorre logicamente que, diante da obscuridade ou inexistência de norma que ponha em ação matéria constitucional, os órgãos ou poderes constituídos devem atuá-la. A construção jurisprudencial encontra fundamento nesse princípio. É uma decorrência *lógica* da Constituição encontrarem os poderes constituídos meios de atuá-la validamente". (FERRAZ, Ana Cândida da Cunha. *Processos informais de mudança da Constituição*. Osasco: EDIFIEO, 2015. p. 185).

Corte do país inferiu, por exemplo, a existência dos direitos à saúde,[173] à livre subsistência,[174] à educação gratuita e compulsória até os 14 anos de idade,[175] o direito a um meio-ambiente despoluído e à água potável,[176] o direito à moradia[177] e o direito à privacidade.[178] Na Alemanha, o Tribunal Constitucional Federal, interpretando o art. 2º, seção 1, em conjunto com o art. 1º, seção 1, da Constituição da Alemanha, criou um *novo* direito fundamental decorrente dos direitos da personalidade: *o direito de confidencialidade e integridade nos sistemas de tecnologia da informação*.[179] [180]

A atividade legislativa do Judiciário em matéria de direitos fundamentais tem, inclusive, justificado a ampliação do campo clássico de proteção, restrito a um caso concreto ou a um conjunto de casos (direitos individuais), para abranger a atuação criativa no controle e na formulação de políticas públicas.[181] Um dos exemplos paradigmáticos em matéria de controle criativo de omissões relacionadas a direitos fundamentais vem da Colômbia.

A decisão proferida na ação de tutela T-025/04[182] reconheceu o *estado de coisas inconstitucional* representado pela omissão dos poderes competentes em resolver o problema do deslocamento forçado da

---

[173] Suprema Corte da Índia, Parmanand Kataria *v.* Union of Índia AIR 1989 SC 2039.
[174] Suprema Corte da Índia, Olga Tellis v. Bombay Municipal Corporation AIR 1986 SC 180.
[175] Suprema Corte da Índia, Unni Krishnan *v.* State of AP (1993) 1 SCC 645.
[176] Suprema Corte da Índia, Indian Council for Enviro Legal Action v. Union of India (1996) 3 SCC 212; e A P Pollution Control Board II v. M V Nayudu (2001) 2 SCC 62.
[177] Suprema Corte da Índia, Gauri Shankar *v.* Union of India (1994) 6 SCC 62.
[178] Suprema Corte da Índia, Kharak Singh *v.* State of UP AIR 1963 SC 1295.
[179] Considerando o desenvolvimento recente dos sistemas informacionais, o crescente uso da tecnologia pelos cidadãos e, mais importante, a natureza pessoal dos dados inseridos e transmitidos nesses sistemas, o Tribunal solucionou a tensão entre *liberdade* e *segurança*, reconhecendo o direito à *autodeterminação informacional* (*Grundrecht auf informationelle Selbstbestimmung*). Declarou a inconstitucionalidade de lei que autorizava o uso de programas de acesso ao disco rígido e à memória de computadores pessoais enquanto estivessem online ("*trojans*"), restringindo o acesso secreto a hipóteses de perigo concreto (justa causa). (BVerfG, Reference n. 1 BvR 370/07, de 27 de fevereiro de 2008. Disponível em: https://www.bundesverfassungsgericht.de/SharedDocs/Downloads/EN/2008/02/rs20080227_1bvr037007en.pdf?__blob=publicationFile&v=5. Acesso em 28 out. 2018).
[180] BVerfG, Abstract of the German Federal Constitution Court's Order of 29 September 2013, 2 BvR 939/13. Disponível em: https://www.bundesverfassungsgericht. de/SharedDocs/Entscheidungen/EN/2013/09/rk20130929_2bvr093913en. html;jsessionid=2E642E0FE6E307AB0795CE51A152AFF1.2_cid394. Acesso em 28 out. 2018.
[181] MORELLI, Sandra. The Colombian Constitutional Court: from institutional leadership, to conceptual audacity. *In*: BREWER-CARÍAS, Allan Randolph. *Constitutional Courts as Positive Legislators*. Nova Iorque: Cambridge University Press, 2011. p. 372-373.
[182] Corte Constitucional da Colômbia, Sentença T-025/2004, Magistrado Ponente Dr. Manuel José Cepeda Espinosa. Várias decisões procedimentais se lhe seguiram: 177/2005; 218/2006; 266/2006 e 052/2008.

população rural em razão da violência interna do país (*desplazados*).[183] A violação *múltipla, massiva e contínua* de direitos fundamentais justificou o recebimento de uma resposta imediata dos poderes públicos – e a consequente atuação do tribunal constitucional como coordenador de políticas públicas. A atividade legislativa judicial na Colômbia não é isenta de críticas nem da tentativa de formulação de limites. Mas, sem dúvida, o Tribunal é uma das principais cortes em tema de criação judicial em matéria de direitos fundamentais.

Essa é a primeira razão para a ausência de questionamentos do Ministro Marco Aurélio sobre a ausência de legitimidade do STF para a atuação como "legislador positivo" no caso da Lei Maria da Penha. A inovação judicial normativa encontra fundamento no papel de promoção e tutela de direitos fundamentais pelas Cortes Constitucionais, seja contra maiorias políticas eventuais, nas relações privadas, seja como condições estruturantes da própria democracia. Na hipótese, estavam em jogo direitos de uma minoria silenciada por muitos anos e a existência de posturas machistas estruturais normalizadas pela sociedade, de forma que condicionar o início da ação penal à representação da mulher poderia pôr em risco a própria proteção da minoria, finalidade última da norma.

Além disso, a *regra default* em matéria de direito processual penal é a persecução via ação penal pública *incondicionada*. Assim, com a declaração de inconstitucionalidade da *exceção*, representada pela ação penal pública *condicionada* à *representação* da vítima, passaria a valer a *regra geral*, que é a utilização da ação penal pública incondicionada. O caso, por esse prisma, não corresponde a uma mera substituição do critério legal pelo judicial, mas à invalidação do critério legal previsto para um caso particular em razão de sua inconstitucionalidade (ação penal pública condicionada à representação) e, em seu lugar, a declaração de incidência do critério *legal* geral (ação penal pública incondicionada). Não deixa de ser uma substituição, mas não da regra legal pela judicial, como afirmado por muitos críticos. Por tal ângulo, a decisão do Ministro Marco Aurélio não apenas observa o princípio democrático, como também prestigia o princípio da separação de poderes.

---

[183] Os conflitos internos na Colômbia, de acordo com a Agência da ONU para os refugiados (UNHCR), antingiram números superiores àqueles verificados na Síria, que ocupa o segundo lugar. Em relatório de setembro de 2018, a agência aponta que "7,7 millones de personas han sido víctimas de desplazamiento forzado en Colombia", sendo que "21,2% de ellos son Afrodescendientes, 6,2% son Indígenas y 42,4% niños, niñas, jóvenes y adolescentes". (Cf.: Colombia. *UNHCR*, Sep. 2018. Disponível em: https://www.acnur.org/5b97f3154.pdf. Acesso em 16 dez. 2018).

É também com base no papel de proteção dos direitos fundamentais e das regras do jogo democrático que o Supremo Tribunal Federal exerce, por exemplo, o controle de constitucionalidade de emendas à Constituição, competência criada pela Corte a partir da "interpretação" constitucional. Em razão de a competência não se encontrar expressamente listada no rol do art. 102 da CF, a competência para declarar a inconstitucionalidade de emendas à constituição não é ampla e irrestrita: decorre da análise de cada caso concreto, da construção judicial por inferência do texto da Constituição, e da admissibilidade de uma certa margem de apreciação processual da Corte.

Nesse sentido, o controle judicial de emendas é admissível nos limites da defesa de direitos fundamentais e dos pressupostos da democracia – e das demais cláusulas pétreas –, já que o quórum qualificado para a aprovação de emendas pressupõe que a formação da vontade tenha *também* contado com a participação da *minoria parlamentar*. Da previsão constitucional de um rol de cláusulas pétreas não decorre a conclusão imediata de que o Supremo Tribunal Federal pode controlar *toda e qualquer* emenda à constituição, inclusive aquelas que não se referem às matérias do art. 60, §4º, da CF. Mas seu papel de guardião dos direitos fundamentais justifica a fiscalização da compatibilidade de uma emenda sobre a matéria, o que só se verifica a partir da fundamentação de cada caso concreto.

Mas há um segundo fundamento para a criação judicial visando à proteção de direitos, além daquele apresentado pela teoria constitucional. O direito brasileiro possui uma particularidade normativa que deve guiar a interpretação e a sistematização da atuação legislativa do Supremo Tribunal Federal na tutela de direitos e garantias fundamentais: a previsão do mandado de injunção, garantia prevista pelo texto constitucional para ser acionada sempre que a falta de norma regulamentadora torne inviável o exercício dos direitos e liberdades constitucionais e das prerrogativas inerentes à nacionalidade, à soberania e à cidadania (art. 5º, LXXI, CF).

Como a competência originária para processo e julgamento do mandado de injunção é dos órgãos do Poder Judiciário, determinada de acordo com a autoridade responsável pela edição da norma regulamentadora faltante,[184] não há dúvida de que a Constituição Federal

---

[184] Art. 102, I, "q", CF: "Compete ao Supremo Tribunal Federal, precipuamente, a guarda da Constituição, cabendo-lhe: I – processar e julgar, originariamente: (...) q) o mandado de injunção, quando a elaboração da norma regulamentadora for atribuição do Presidente da República, do Congresso Nacional, da Câmara dos Deputados, do Senado Federal,

atribuiu a juízes e tribunais a *competência legislativa* para elaborar a norma regulamentadora de direitos fundamentais, nos casos em que a mora do legislador impacte negativamente o seu exercício. A legitimidade da inovação em matéria de direitos fundamentais decorre, no direito brasileiro, de autorização *expressa* da própria Constituição de 1988 e do desenho constitucional do regime de defesa desses direitos.

Três principais normas integram o sistema constitucional de proteção e promoção de direitos fundamentais aplicável à normatização judicial: (i) a previsão do mandado de injunção como fundamento específico para a obtenção de respostas normativas do Poder Judiciário (art. 5º, LXXI, CF), com dupla finalidade constitucional: funcionar como norma de competência legislativa supletiva de juízes e tribunais em matéria de proteção de direitos fundamentais *e* como parâmetro para a inovação judicial; (ii) a atuação dos poderes públicos para garantir a aplicabilidade direta e imediata das normas definidoras de direitos e garantias fundamentais (art. 5º, §1º, CF); e (iii) a cláusula de abertura dos direitos fundamentais, que expressamente afasta a taxatividade do rol de direitos e garantias fundamentais expresso no texto da Constituição de 1988, autorizando a criação e a derivação de outros direitos e garantias a partir do regime e dos princípios da Constituição de 1988, ou dos tratados internacionais de que a República Federativa do Brasil seja parte (art. 5º, §2º, CF).

O conjunto formado por essas três normas, em cujo núcleo está o mandado de injunção, corresponde ao desenho estabelecido pelo constituinte originário para guiar a aplicação e a interpretação dos direitos fundamentais quando em jogo a atividade legislativa de juízes e tribunais. Atribuiu-se expressamente ao Judiciário um papel relevante de concretização dos direitos mais importantes dos indivíduos, para que não houvesse dúvida sobre a centralização que ocupam e devem ocupar na Constituição de 1988.

Dessa forma, a criação judicial de normas *para a fruição imediata de direitos fundamentais* obstaculizados pela mora legislativa não viola

---

das Mesas de uma dessas Casas Legislativas, do Tribunal de Contas da União, de um dos Tribunais Superiores, ou do próprio Supremo Tribunal Federal"; Art. 105, I, "h", CF: "Art. 105. Compete ao Superior Tribunal de Justiça: I – processar e julgar, originariamente: (...) h) o mandado de injunção, quando a elaboração da norma regulamentadora for atribuição de órgão, entidade ou autoridade federal, da administração direta ou indireta, excetuados os casos de competência do Supremo Tribunal Federal e dos órgãos da Justiça Militar, da Justiça Eleitoral, da Justiça do Trabalho e da Justiça Federal"; Art. 121, §4º, V, CF: "Lei complementar disporá sobre a organização e competência dos tribunais, dos juízes de direito e das juntas eleitorais. (...) §4º – Das decisões dos Tribunais Regionais Eleitorais somente caberá recurso quando: (...) V – denegarem *habeas corpus*, mandado de segurança, *habeas data* ou mandado de injunção".

a democracia ou invade de forma ilegítima a esfera de atuação do Parlamento, mesmo quando envolver discrição judicial. O marco normativo estabelecido a partir do mandado de injunção, quando em jogo a proteção de direitos fundamentais, cria uma imposição de agir, um *dever de atuação* judicial para a colmatação da lacuna, um tipo específico de resposta judicial, um *poder-atribuição* do Supremo Tribunal Federal.[185]

Em outras palavras, o mandado de injunção traz em si a justificação e a legitimidade para criação de normas protetivas de direitos fundamentais pelo Poder Judiciário, positivando uma competência supletiva e funcionando como parâmetro a ser observado em todos os casos judiciais de inovação para a garantia de direitos fundamentais. Não se trata apenas da previsão de um instrumento processual subjetivo para purgação da mora do legislador, mas da existência de uma norma (inferida) de atribuição de competência para que juízes e tribunais, de uma forma geral, forneçam uma resposta normativa se essa for necessária ao exercício de um direito fundamental estabelecido constitucionalmente. Um exercício de inferência constitucional, como se verá mais adiante.[186]

Desse modo, os limites previstos pela norma do art. 5º, LXXI, CF, aplicam-se, de forma genérica, a todos os casos em que juízes e tribunais forem chamados a colmatar lacunas para o exercício de direitos fundamentais. A garantia do mandado de injunção positiva uma autorização judicial normativa e prevê os parâmetros a serem observados nos casos de inovação, seja no âmbito de um mandado de injunção ou de qualquer outro meio processual. Ou seja, o Judiciário poderá criar a norma regulamentadora, se: (i) o direito fundamental estiver consagrado em norma constitucional pendente de regulamentação; (ii) possuir grau suficiente de densidade normativa; (iii) a omissão

---

[185] KAUFMANN, Rodrigo de Oliveira. Mandado de injunção como poder-atribuição. *In*: MENDES, Gilmar; VALE, André Rufino do; QUINTAS, Fábio Lima (Orgs.). *Mandado de injunção*: estudos sobre sua regulamentação. São Paulo: Saraiva, 2013. p. 323: "Em outras palavras, o mandado de injunção, para ser eficaz e útil, somente pode ser analisado como 'poder-atribuição' do Supremo Tribunal Federal, a revelar uma capacidade política de criação normativa que pode se apresentar nos mais diversos contextos processuais possíveis e nos formatos mais diversos. O mandado de injunção, nesses termos, é uma caracterização ou rotulagem de um tipo específico de decisão do Supremo Tribunal Federal, e não uma tipificação de instrumento processual".

[186] Como bem pontuado por Cláudio Pereira de Souza Neto e Ademar Borges, "(e)mbora a disposição constitucional especifique um modelo processual típico para a superação judicial da omissão legislativa inconstitucional, a norma constitucional veiculadora do mandado de injunção (art. 5º, LXXI) *implica a atribuição de uma competência normativa ao Poder Judiciário de criação de um novo texto normativo*. (SOUZA NETO, Cláudio Pereira de; SOUSA FILHO, Ademar Borges. Demarcação da terra indígena Raposa Serra do Sol. *Fórum de Direito Urbano e Ambiental – FDUA*, Belo Horizonte, a. 13, n. 74, p. 65-75, mar./abr. 2014. Parecer).

legislativa se configurar após o decurso de prazo razoável; e, se (iv) a omissão estiver colocando em risco a fruição do direito. Apesar de o fenômeno da omissão inconstitucional se verificar em vários países do mundo, o modelo brasileiro de combate à mora legislativa não encontra correspondência em nenhum outro sistema constitucional[187] e é muito mais sofisticado e inovador do que se pensava.[188]

Não precisamos buscar fundamento em outros sistemas jurídicos, principalmente em matéria de proteção a direitos fundamentais. A peculiaridade do modelo constitucional brasileiro de normatização pelo Judiciário, em cujo núcleo se encontra o mandado de injunção, afasta, por exemplo, a aplicação das categorias construídas pelo direito italiano para qualificar as decisões judiciais brasileiras de alto grau criativo. *Em primeiro lugar,* porque a própria formulação das sentenças manipulativas italianas se deveu à necessidade de uma resposta para o controle de omissões *relativas* violadoras de direitos fundamentais, já que a constituição italiana não prevê um instrumento normativo para o controle específico de omissões, tal qual o mandado de injunção.[189] Vale dizer que, na ausência de um instrumento específico para o controle de omissões, a corte italiana buscou resolver o vácuo inconstitucional por meio da ampliação da fiscalização da inconstitucionalidade por *ação*. Não é o que acontece, de nenhuma forma, no direito constitucional brasileiro.

Em segundo lugar, porque o mandado de injunção *não condiciona* a normatização judicial à existência de uma única ou específica solução

---

[187] "(O)s comparatistas atuais entendem que o mandado de injunção constitui instituto inédito. Entre nós, André Ramos Tavares e Manoel Gonçalves Ferreira Filho concluem no mesmo sentido: as semelhanças do mandado de injunção com outros institutos do direito estrangeiro são insuficientes para pretender derivar deles o *writ* brasileiro em sua específica formulação". (SOUZA NETO, Cláudio Pereira de; SOUSA FILHO, Ademar Borges. Demarcação da terra indígena Raposa Serra do Sol. *Fórum de Direito Urbano e Ambiental – FDUA*, Belo Horizonte, a. 13, n. 74, p. 65-75, mar./abr. 2014. Parecer).

[188] "O Constituinte, diante de um passado de ausência de enraizamento das Constituições, procurou conferir ao Judiciário um padrão de atuação capaz de auxiliar de maneira poderosa no processo de efetividade da Constituição". (CLÈVE, Clèmerson Merlin; LORENZETTO, Bruno Meneses. *Governo democrático e jurisdição constitucional*. Belo Horizonte: Editora Fórum, 2016. p. 67).

[189] Foi "sobretudo a ocorrência de omissões relativas inconstitucionais violadoras de direitos fundamentais *associada à ausência de previsão normativa para lidar com esse tipo de situação* que levou a doutrina a refletir sobre remédios para esse tipo de invalidade e o Tribunal Constitucional a inovar, através do uso imaginativo de sentenças manipulativas, algumas das quais com efeitos aditivos". (MORAIS, Carlos Blanco de. Introdução às sentenças manipulativas e aos seus fundamentos. *In*: MORAIS, Carlos Blanco de (Coord.). *As sentenças intermédias da justiça constitucional*: estudos luso-brasileiros de direito público. Lisboa: AAFDL, 2009. p. 28).

prevista na Constituição, mas apenas à verificação de uma omissão legislativa inconstitucional violadora de direitos fundamentais, admitindo uma certa margem de discricionariedade judicial na concretização do direito. Quanto ao ponto, o tribunal constitucional italiano só está autorizado a suprir a lacuna via decisão aditiva se (e somente se) a *omissão relativa inconstitucional do legislador* puder ser colmatada a partir de uma *solução constitucionalmente obrigatória (a rime obbligate)*, ou seja, quando a normatização judicial não envolver a realização de escolhas discricionárias pela Corte e resultar de forma expressa da Constituição. No Brasil, ao contrário, a Constituição de 1988 admite a supressão de omissões constitucionais violadoras de direitos fundamentais, relativas ou totais, via mandado de injunção ou com fundamento na norma de competência por ele criada, sem a necessidade de solução prévia constitucionalmente obrigatória, desde que observados os requisitos (i), (ii), (iii) e (iv) referidos anteriormente.

Assim, o fundamento para a adoção das sentenças aditivas italianas em matéria de direitos fundamentais é expressamente afastado pelo referencial normativo criado a partir da norma do mandado de injunção, que impõe a necessidade de regulamentação judicial sem determinar seus contornos (ainda que admita limites). Esse é o principal motivo de as sentenças aditivas do direito italiano não poderem ser transplantadas para o Brasil. A resposta do direito constitucional brasileiro é melhor e mais ampla: não se condiciona a proteção de direitos fundamentais, no caso concreto, à existência de uma resposta abstrata prevista de forma direta em alguma outra norma constitucional. Se há omissão legislativa e, em razão disso, direitos fundamentais estão tendo seu exercício obstaculizado, a Constituição *impõe* a intermediação do juiz, ainda que com certa discrição e fora dos autos de um mandado de injunção.

A propósito, conforme preceitua a doutrina da instrumentalidade do processo, o meio processual não pode se sobrepor à finalidade da norma constitucional, devendo servir de instrumento para a realização dos objetivos e dos direitos tutelados constitucionalmente. A criação em matéria processual é analisada no próximo tópico, mas pode-se, desde já, afirmar que a jurisdição constitucional tem características peculiares e não segue a lógica da teoria geral do processo, o que justifica o reconhecimento de uma margem de apreciação processual das cortes constitucionais para a consecução dos objetivos constitucionais. Deve-se, nos limites da Constituição e para a promoção dos direitos mais caros ao homem e à sociedade, admitir a criação de soluções processuais eficazes para a concretização do projeto da Constituição de 1988, o que passa pela aplicação do fundamento normativo do mandado de injunção, por analogia, aos demais instrumentos processuais.

No direito constitucional brasileiro, em síntese, há dois fundamentos que justificam a criação de normas pelo Poder Judiciário *em matéria de direitos fundamentais*: (i) o argumento decorrente da teoria e da filosofia constitucionais, referente ao principal papel das cortes constitucionais e supremas cortes do mundo, que corresponde à tutela de direitos fundamentais e dos pressupostos da democracia; e (ii) outro decorrente do desenho constitucional e do texto da Constituição de 1988, que, ao prever o mandado de injunção, estabeleceu norma de competência para a criação de normas pelo Poder Judiciário. Em relação às demais matérias, a normatização pelo Judiciário encontra limites mais intensos, em razão do princípio democrático e da capacidade institucional do Judiciário.

Dessa forma, a solução da equação de legitimidade do Judiciário para formular a norma do caso concreto, em hipóteses que não envolvam direitos fundamentais e regras do jogo democrático, passa pela análise de diversas outras variáveis. Isso não corresponde a afirmar que a Constituição impede a inovação judicial em tema diverso dos direitos fundamentais. Mas, apenas, que, em relação às outras matérias, a regra é a não intervenção criativa do Judiciário e a realização de atividade legislativa pelo *Legislativo*, ainda que possa ser transferida para o Judiciário em casos específicos, ou se atendidos determinados testes institucionais.

Considerando-se o fundamento material para a criação de normas pelo Poder Judiciário, os limites ao exercício da normatização por juízes e tribunais, e a proposta que será apresentada ao longo do trabalho, pode-se afirmar que: (i) há zonas em que a atuação construtiva do STF *se impõe*, como na proteção de direitos fundamentais e das regras do jogo democrático (missão constitucional e desenho institucional); (ii) há matérias em que o Poder Judiciário possui *preferência* para atuar criativamente, como na existência de interesse direto dos demais poderes constituídos ou de conflito de interesses entre as instituições e seus membros (preferência constitucional); (iii) há zonas em que o STF *não* pode atuar criativamente, sob pena de subversão do texto constitucional, como na criação de normas penais *contra o réu* (vedação constitucional); e (iv) há uma enorme zona de incerteza de atuação, sobre a qual incidem determinados testes institucionais. Antes disso, porém, é preciso agregar um segundo fundamento para a atuação criativa das cortes constitucionais em matéria de técnicas de decisão: a margem de conformação processual das cortes.

1.3.4 Fundamento processual para a criação judicial: liberdade de conformação processual das Cortes Constitucionais

Em fevereiro de 2018, a Segunda Turma do STF concedeu *habeas corpus coletivo* para substituir por prisão domiciliar a prisão provisória de gestantes e mães de crianças de até doze anos, ou de pessoas com deficiência, desde que atendidos alguns requisitos listados na decisão.[190] O acórdão inédito no STF acrescentou à previsão do art. 5º, LXVIII, da CF, o cabimento de *habeas corpus* de natureza *coletiva*. Em um segundo grupo de casos, o Supremo Tribunal Federal vem relativizando o requisito da *aderência estrita* para fins de ajuizamento de reclamação envolvendo o conflito entre liberdade de expressão e direitos da personalidade,[191] admitindo-a tanto nos casos em que a decisão reclamada fere o *dispositivo* da decisão da Corte na ADPF nº 130, Rel. Min. Ayres Britto,[192] como também nos casos de afronta a seus *motivos determinantes*.

Essas decisões têm entre si três semelhanças: (i) visando à tutela de finalidades, valores e direitos estabelecidos na Constituição, (ii) provocaram o exercício da *livre conformação processual* pelo Supremo Tribunal Federal, já que (iii) as decisões ultrapassaram os limites da suposta norma processual aplicável ao caso. São exemplos, no direito constitucional brasileiro, do que a jurisprudência do Tribunal Constitucional Federal alemão conhece como *autonomia processual*, instituto que irradiou com o mesmo nome para a América do Sul, a partir de decisões do Tribunal Constitucional do Peru. A locução *autonomia processual*, no entanto, não é a que melhor representa a atuação criativa do STF em matéria processual. Os casos envolvem a *livre conformação do processo* ou uma *margem de apreciação processual das Cortes Constitucionais*, expressões adotadas no presente trabalho. Não há *autonomia* para criar.

A discricionariedade das cortes para ajustar o processo às suas finalidades constitucionais não se confunde com autonomia.

---

[190] STF, Segunda Turma, HC nº 143641, Rel. Min. Ricardo Lewandowski, j. 20.02.2018, p. 09.10.2018.

[191] Ver, a propósito, Rcl *nº 15.243-MC, Rel. Min. Celso de Mello*, Rcl *nº 18.638-MC, Rel. Min. Roberto Barroso*; Rcl *nº 18.836, Rel. Min. Celso de Mello*; Rcl. nº 18.746-MC, Rel. Min. Gilmar Mendes; Rcl. nº 16.074, decisão proferida pelo Min. Ricardo Lewandowski no exercício da Presidência do STF; Rcl *nº 18.290-MC, Rel. Min. Luiz Fux*; Rcl. nº 16.434, Relª. Minª. Rosa Weber.

[192] STF, Plenário, ADPF nº 130, Rel. Min. Ayres Britto, j. 30.04.2009, p. 06.11.2009. Em síntese, o Supremo julgou procedente o pedido da ADPF para declarar a não recepção da Lei de Imprensa (Lei nº 5.250/1967).

Se alguma autonomia existe quanto ao tema, refere-se ao *processo constitucional* quando comparado ao direito processual *lato sensu*, e não às supremas cortes em relação ao processo constitucional. Não existe um espaço processual *autônomo* em que o Supremo Tribunal Federal pode livremente contrapor sua vontade à do legislador. Ao Legislativo cabe manter ou rever a solução processualmente construída pela Corte, como pode fazê-lo em decisões substantivas (ainda que limitado às cláusulas pétreas). As cortes constitucionais devem identificar no direito processual em vigor, ou nas soluções do direito comparado, padrões de decisão ou modelos aplicados e testados para a solução do mesmo problema jurídico. Se inexistentes, pode criá-los, sem que isso corresponda a um afastamento do controle posterior do Parlamento. Não existe tribunal constitucional "senhor de seu processo" (*Herr seines Verfahrens*).[193]

Além disso, apesar de a solução processualmente inovadora não estar expressa na lei, deve decorrer de uma operação *praeter constitutionem*, o que significa estar contida nos limites estabelecidos pela interpretação sistemático-teleológica da Constituição.[194] Nesse sentido, Peter Häberle e Engelmann referem-se ao direito processual constitucional como *parte* do próprio direito constitucional material.[195] De forma mais direta, Guilherme Peña de Moraes expressa que a solução processual fruto da livre conformação processual das cortes constitucionais trata da criação de norma "extra legem, porém intra ius".[196]

A margem de apreciação processual envolve, assim, a liberdade da corte constitucional para a configuração e a conformação do processo constitucional, com a criação de princípios e regras processuais complementares, em respeito às especificidades da jurisdição

---

[193] Tribunal Constitucional Federal Alemão, decisão proferida no caso *Neugliederung Hessen*. BVerfGE 13, 54.

[194] SOUSA FILHO, Ademar Borges de. *Sentenças aditivas na jurisdição constitucional brasileira*. Belo Horizonte: Fórum, 2016. p. 85: "Não se pode perder de vista, entretanto, que essa peculiar liberdade da Corte constitucional para definir seu direito processual está vinculada à realização das funções a ela imputadas. A configuração indissociavelmente vinculada ao cumprimento da função que a Constituição lhe encomendou. Daí por que, novamente com apoio em Engelmann, se pode concluir que a posição do Tribunal Constitucional como órgão constitucional e Tribunal especial não só resulta da liberdade demonstrada na configuração de seu direito processual, mas também há de ser a principal fonte que determine seus limites. Dito de outro modo, já agora se aproximando do tema em debate, os limites das técnicas decisórias são também os limites da jurisdição constitucional".

[195] RODRÍGUEZ-Patrón, Patrícia. La libertad del tribunal constitucional alemán. *Revista Española de Derecho Constitucional*, a. 21, n. 62, p. 125-178, mai./ago. 2001.

[196] MORAES, Guilherme Peña. *Justiça constitucional*: limites e possibilidades da atividade normativa dos tribunais constitucionais. São Paulo: Atlas, 2012. p.105.

constitucional. O processo constitucional não segue a lógica da teoria geral, estruturada para a solução de conflitos privados, mas sim busca a consecução de finalidades estabelecidas pelo próprio constituinte. A partir da constatação de que, no caso concreto, a aplicação de institutos e formalidades, tal qual previstos pelo direito processual, não produz o melhor resultado constitucional, procura-se a resposta processual *eficaz* para a concretização das finalidades constitucionais,[197] com vocação de estabilidade e de aplicação a casos futuros.

De acordo com a Professora Patrícia Rodriguez-Patrón, responsável por esmiuçar as decisões do Tribunal Constitucional Federal Alemão sobre o tema, a "autonomia processual" deve ser conceituada como a "capacidade do tribunal para a criação de princípios e regras processuais próprias que pressupõem uma complementação judicial da lei, em sede de um processo concreto".[198] Adicionando à ideia de *livre conformação processual* a necessária vinculação de seu produto às finalidades constitucionais, o ex-Presidente do Tribunal Constitucional do Peru a descreve como "a faculdade do Tribunal Constitucional em virtude da qual tem a possibilidade de desenvolver e complementar o regulamento processual constitucional, em atenção aos princípios gerais do direito constitucional material e às finalidades da jurisdição constitucional".[199]

---

[197] VÁSQUEZ, Jorge León. El Tribunal Constitucional y la configuración de su derecho procesal. *Segunda Época*, n. 2, p. 6-22, jun./jul. 2009. p. 6. Disponível em: derechovirtual.com. Acesso em 28 ago. 2018: "La *ductibilidad* con que el TC debe aplicar las categorías procesales no se condice con el excesivo formalismo que usualmente acompaña al ordenamiento procesal civil o penal; opta así decididamente por una postura a favor de una *tesis antiformalista*".

[198] RODRÍGUEZ-Patrón, Patrícia. La libertad del tribunal constitucional alemán. *Revista Española de Derecho Constitucional*, a. 21, n. 62, p. 125-178, mai./ago. 2001. p. 129. Em outra obra, a mesma autora qualifica a autonomia processual como "el perfeccionamiento jurisdiccional que de su regulación procesal realiza el TC, más allá de los métodos convencionales de interpretación e integración del derecho (cuando es- tos se revelan insuficientes dada la especialidad del proceso constitucional). A través de ella, el TC, en el seno de procesos concretos, crea reglas y principios procesales generales más o menos estables, de acuerdo con consideraciones de oportunidad". (RODRÍGUEZ-Patrón, Patrícia. *La "autonomía procesal" del Tribunal Constitucional*. Madrid: Civitas, 2003. p. 141).

[199] LANDA, César. Autonomía procesal del Tribunal Constitucional: la experiencia del Perú. In: *Anuario de derecho constitucional latinoamericano*. Montevideo, 2009. p. 295. Disponível em: https://revistas-colaboracion.juridicas.unam.mx/index.php/anuario-derecho-constitucional/article/viewFile/3875/3407. Acesso em 12 jun. 2018. No original: "la facultad del Tribunal Constitucional en virtud de la cual tiene la posibilidad de desarrollar y complementar la regulación procesal constitucional, en el marco de los principios generales del derecho constitucional material y de los fines de los procesos constitucionales".

As noções traduzem os pressupostos estabelecidos por Günther Zembsch, autor de trabalho seminal sobre o tema,[200] para a configuração da livre conformação processual das cortes constitucionais – ainda que utilizando a expressão autonomia processual: deve se referir a (i) questões processuais, (ii) produzidas a partir de um caso concreto, (iii) que não se poderia obter a partir das formas tradicionais de criação judicial do direito (interpretação e integração). Zembsch afasta categoricamente a natureza legislativa das soluções processuais inovadoras, seja porque a Corte não estaria vinculada a tais princípios e regras processuais, tal como está em relação às leis (apesar da vocação para reger os casos posteriores), seja porque não emanam de um procedimento estabelecido *a priori*.[201] Discordo dessa posição.

Ainda que o processo de elaboração da norma seja distinto, há dever de coerência e integridade de juízes e Cortes em relação a seus próprios precedentes, que devem buscar o ideal de estabilidade e previsibilidade. As soluções *processuais* inovadoras do Supremo Tribunal Federal também são fruto do exercício de atividade normativa,[202] ainda que tenham origem jurisprudencial, embora respondam de forma diferente aos limites da democracia e das capacidades institucionais.

Some-se aos pressupostos de Zembsch o fato de o resultado da margem de apreciação processual das Cortes Constitucionais produzirem (iv) *eficácia externa*. Essa característica diferencia a produção de normas e princípios processuais próprios – inserida no âmbito da margem da apreciação processual das cortes constitucionais –, do exercício da autonomia *administrativa* do tribunal para elaboração de seu regimento interno. Os regimentos internos destinam-se, principalmente, a aspectos de organização, com eficácia *interna*. O exercício da livre conformação do processo constitucional, ao contrário, gera respostas com eficácia precipuamente externa – apesar de também vincular o Tribunal ao precedente em casos futuros, ou de obrigá-lo a realizar o devido *distinguishing*.

---

[200] Günther Zembsch utiliza a expressão "autonomia processual" em sua tese de doutorado, intitulada *Verfahrensautonomie des Bundesverfassungsgerichts*, defendida sob orientação do Professor Peter Häberle, em 1971. A tese foi objeto de detalhado estudo pela Professora Patrícia Rodríguez-Patrón, em seu texto La libertad del tribunal constitucional alemán, publicado na *Revista Española de Derecho Constitucional*. (RODRÍGUEZ-Patrón, Patrícia. La libertad del tribunal constitucional alemán. *Revista Española de Derecho Constitucional*, a. 21, n. 62, p. 125-178, mai./ago. 2001. p. 125-178).

[201] RODRÍGUEZ-Patrón, Patrícia. La libertad del tribunal constitucional alemán. *Revista Española de Derecho Constitucional*, a. 21, n. 62, p. 125-178, mai./ago. 2001. p. 137-138.

[202] MORAES, Guilherme Peña. *Justiça constitucional*: limites e possibilidades da atividade normativa dos tribunais constitucionais. São Paulo: Atlas, 2012. p. 93-97.

Um registro, antes de avançar. No caso brasileiro, o regimento interno do Supremo Tribunal Federal também contém normas processuais que *ultrapassam* os muros da corte. Isso acontece porque O seu texto, aprovado em 15 de outubro de 1980, tinha por objeto regular "o *processo* e o julgamento dos feitos que lhe são atribuídos pela Constituição da República" (art. 1º do RI/STF), com fundamento no então vigente art. 120, parágrafo único, "c", da Constituição de 1969.[203] O Texto de 1988, ao contrário da Constituição de 1969, não conferiu ao Supremo Tribunal Federal a competência legislativa para a regulamentação das normas processuais aplicáveis aos feitos por ele julgados,[204] já que a competência para regulamentação do processo é privativa da União e a elaboração dos regimentos internos submete-se às normas de processo e às garantias processuais das partes, devendo atualmente dispor apenas "sobre a competência e o funcionamento dos respectivos órgãos jurisdicionais e administrativos".[205]

Além de diferenciar-se da competência para elaboração de regimentos internos, a livre conformação processual das cortes constitucionais tampouco é fruto de interpretação ou integração normativa. Em primeiro lugar, é preciso registrar que, por serem atribuídas *a todo e qualquer tribunal* – e não apenas às cortes constitucionais e supremas cortes –, a capacidade de interpretar e integrar judicialmente o direito

---

[203] Que reproduzia a norma prevista no art. 115, parágrafo único, "c", da Constituição de 1967: "Art. 115. O Supremo Tribunal Federal funcionará em Plenário ou dividido em Turmas. Parágrafo único – O Regimento Interno estabelecerá: (...) c) o *processo* e o julgamento dos feitos de sua competência originária ou de recurso; (...)". Eis a redação do art. 120, parágrafo único, "c", da Constituição de 1969: "Art. 120. O Supremo Tribunal Federal funcionará em plenário ou dividido em turmas. *Parágrafo único*. O regimento interno estabelecerá: (...) c) o processo e o julgamento dos feitos de sua competência originária ou de recurso (...)".

[204] Não por outra razão o conteúdo do Regimento Interno do Supremo Tribunal Federal foi objeto de controle de constitucionalidade, sob a modalidade difusa, no âmbito da Ação Originária nº 32, Rel. Min. Marco Aurélio. Na ocasião, o Plenário do STF declarou a recepção das normas do Regimento Interno editadas à luz da Constituição anterior, porém compatíveis materialmente com a Constituição de 1988, ainda que pontuando a impossibilidade de edição de novas normas de conteúdo processual com eficácia geral. Ver STF, Plenário, AO nº 32-AgR, Rel. Min. Marco Aurélio, j. 30.08.1990, p. 28.09.1990: "REGIMENTO INTERNO DO SUPREMO TRIBUNAL FEDERAL – NORMAS PROCESSUAIS. As normas processuais contidas no Regimento Interno do Supremo Tribunal Federal foram recepcionadas pela atual Carta, no que com ela se revelam compatíveis. O fato de não se ter mais a outorga constitucional para edição das citadas normas mediante ato regimental apenas obstaculiza novas inserções no Regimento, ficando aquém da derrogação quanto as existentes à época da promulgação da Carta. (...)".

[205] Art. 96, I, a, CF: "Compete privativamente: I – aos tribunais: a) eleger seus órgãos diretivos e elaborar seus regimentos internos, com observância das normas de processo e das garantias processuais das partes, dispondo sobre a competência e o funcionamento dos respectivos órgãos jurisdicionais e administrativos; (...)".

não demanda um fundamento específico. A "autonomia processual", tal como construída pelo direito alemão, não busca a solução normativa a partir da determinação do sentido, conteúdo ou alcance de uma norma. A resposta a que chega a Corte, via livre conformação processual, não poderia ter sido alcançada pelos meios tradicionais de criação judicial do direito.

Há uma margem de apreciação processual, um *silêncio processual eloquente*, uma espécie de competência delegada pelo legislador à Corte Constitucional para que adeque o processo às suas finalidades constitucionais. Isso porque, como às supremas cortes cabe a guarda da Constituição, o objeto de sua jurisdição se diferencia daquele exercido pelos demais órgãos do Poder Judiciário. A tendência de encarar o processo como um *instrumento* satisfativo das pretensões materiais e não como um fim em si mesmo[206] encontra ápice, dessa forma, na margem de apreciação do processo constitucional – já que as pretensões materiais envolvidas são qualificadas pela supremacia constitucional e pela fundamentalidade dos direitos em questão.

O sistema processual, compreendido a partir da Constituição, é fator de efetividade de suas normas,[207] e abrange tanto o acesso à suprema corte, quanto a adequada conformação processual de suas decisões. Do contrário, "os processos constitucionais correriam o risco de serem submetidos a um positivismo jurídico processual, o que não é consistente com os propósitos constitucionais que esses processos são chamados a proteger".[208]

Não se trata de afastar formalidades processuais ou de propagar que em nome da Constituição se pode tudo. Os aspectos formais, por excelência, justificam-se pela garantia da isonomia e do devido processo legal, princípios também consagrados na Constituição. Prazos, produção de provas, requisitos da sentença, entre outros, são elementos que permitem a previsibilidade na marcha preclusiva processual.[209] No

---

[206] Sobre o tema é seminal a obra de: DINAMARCO, Cândido Rangel. *A instrumentalidade do processo*. 14. ed. São Paulo: Malheiros, 2009.

[207] DINAMARCO, Cândido Rangel. *Instituições de Direito Processual Civil*. 8. ed. São Paulo: Malheiros, 2016. v. 1, p. 317.

[208] LANDA, César. Autonomía procesal del Tribunal Constitucional: la experiencia del Perú. In: *Anuario de derecho constitucional latinoamericano*. Montevideo, 2009. p. 307. Disponível em: https://revistas-colaboracion.juridicas.unam.mx/index.php/anuario-derecho-constitucional/article/viewFile/3875/3407. Acesso em 12 jun. 2018. No original: "los procesos constitucionales correrían el riesgo de ser sometidos a un positivismo jurídico procesal basado en la ley, que no se condice con los fines constitucionales que estos procesos están llamados a tutelar".

[209] LUNARDI, Soraya. *Teoria do processo constitucional*: análise de sua autonomia, natureza e elementos. São Paulo: Atlas, 2013. p. 178.

entanto, as questões formais não podem se sobrepor, por exemplo, à missão das cortes constitucionais de tutela da democracia e dos direitos fundamentais, afigurando-se legítimo sustentar que, diante do vácuo normativo ou da deficiência da lei, o direito processual seja configurado para adequar as formalidades do processo ao cumprimento de seus fins constitucionais.[210] É o processo que deve servir à plena realização dos valores, normas e princípios que se encontram no núcleo da Constituição, e não o contrário. Para a construção de uma democracia forte, para a tutela de direitos e para o devido respeito ao princípio da supremacia constitucional, a margem de apreciação processual é uma necessidade inexorável dos tribunais constitucionais e supremas cortes.[211]

Dessa forma, o afastamento fundamentado de formalidades adjetivas e a criação de soluções processuais para a satisfação de interesses de relevância nuclear encontram *fundamento* na *consecução dos valores e fins materiais mais caros ao constituinte*. A legitimidade da livre conformação processual do Supremo Tribunal Federal, embora não encontre justificação *normativa* tal como na Alemanha[212] e no Peru,[213] pode e deve ser reconduzida à tutela dos direitos subjetivos previstos constitucionalmente, qualificados que são pela supremacia das normas constitucionais.

Todavia, a margem de conformação processual dos tribunais constitucionais encontra *limites*. Com efeito, nos países em que existe legislação própria a reger o processo perante as cortes constitucionais, o primeiro limite – ou a prioridade de aplicação – coincide com (i) o conteúdo estabelecido nesses atos normativos, uma vez que idealmente foram forjados sob a lógica de proteção de direitos. Não menos importante, a Corte também deve manter no horizonte (ii) as razões derivadas da concepção contemporânea de separação de poderes, visando à manutenção do equilíbrio entre as forças do Estado. Por fim,

---

[210] LANDA, César. Autonomía procesal del Tribunal Constitucional: la experiencia del Perú. In: *Anuario de derecho constitucional latinoamericano*. Montevideo, 2009. p. 291. Disponível em: https://revistas-colaboracion.juridicas.unam.mx/index.php/anuario-derecho-constitucional/article/viewFile/3875/3407. Acesso em 12 jun. 2018.

[211] LANDA, César. Autonomía procesal del Tribunal Constitucional: la experiencia del Perú. In: *Anuario de derecho constitucional latinoamericano*. Montevideo, 2009. p. 288. Disponível em: https://revistas-colaboracion.juridicas.unam.mx/index.php/anuario-derecho-constitucional/article/viewFile/3875/3407. Acesso em 12 jun. 2018.

[212] Cf.: Lei sobre o Tribunal Constitucional Federal Alemão: lei do Tribunal Constitucional Federal. (Trad. Luís Afonso Heck). *Revista de informação legislativa*, v. 32, n. 127, p. 241-258, jul./set. 1995. Disponível em: http://www2.senado.leg.br/bdsf/handle/id/176367. Acesso em 02 nov. 2018.

[213] Resolução de 8 de agosto de 2005, expediente nº 0020-2005-PI/TC, fundamento 2.

a margem de apreciação processual (iii) não pode resultar na ampliação (genérica e abstrata) do rol de competências taxativas dos tribunais constitucionais,[214] matéria reservada à Constituição e, portanto, fora do âmbito de iniciativa própria das cortes.

A isso corresponde afirmar que a livre conformação processual só "entra em jogo quando uma competência foi outorgada (à Corte), mas a lei não prevê o procedimento para levá-la a cabo, ou o faz de forma deficiente".[215] A análise da jurisprudência e da doutrina peruanas, por sua vez, demonstra um rol mais detalhado de limites, ainda que na essência represente e corrobore aqueles até aqui enumerados. No precedente *Colegio de Notarios de Junin*,[216] a corte peruana reconheceu como limites ao que denomina de "autonomia processual": (i) a separação de poderes; (ii) a proibição da arbitrariedade; (iii) a segurança jurídica e (iv) os direitos fundamentais.[217] Exemplificativamente, portanto, os filtros de acesso ao STF e a limitação jurisprudencial do parâmetro de controle de constitucionalidade[218] só se legitimam na medida da realização das

---

[214] "(S)ólo le corresponde, en esta materia, una función declarativa, con la posibilidad de interpretar el alcance, las excepciones o los parámetros y la extensión del control de cada competencia concreta que le haya sido asignada previamente por la LF (lei fundamental)". (RODRÍGUEZ-Patrón, Patrícia. La libertad del tribunal constitucional alemán. *Revista Española de Derecho Constitucional*, a. 21, n. 62, p. 125-178, mai./ago. 2001. p. 138).

[215] RODRÍGUEZ-Patrón, Patrícia. La libertad del tribunal constitucional alemán. *Revista Española de Derecho Constitucional*, a. 21, n. 62, p. 125-178, mai./ago. 2001. p. 140. Desde a teoria dos poderes implícitos, construída pela Suprema Corte dos Estados Unidos da América no célebre precedente *McCulloch v. Maryland*, se entende que a outorga de competência expressa a determinado órgão importa em atribuição implícita dos *meios* necessários à realização de suas *finalidades*.

[216] Tribunal Constitucional do Peru, Exp. 0016-2002-AI/TC. Disponível em: https://tc.gob.pe/jurisprudencia/2003/00016-2002-AI.pdf. Acesso em 02 nov. 2018.

[217] "Un primer límite, por tanto, a la autonomía procesal del TC viene a ser el *principio de división del poder*. (...) Un segundo límite vendría a ser el *principio de prohibición de la arbitrariedad*, obligación del TC a establecer reglas procesales pero con criterios de razonabilidad y proporcionalidad. (...) El tercer límite lo constituye el *principio de seguridad jurídica*. La predictibilidad de las conductas (en especial, las de los poderes públicos) frente a los supuestos previamente determinados por el Derecho, es la garantía que informa a todo el ordenamiento jurídico y que consolida la interdicción de la arbitrariedad. La seguridad jurídica supone la expectativa razonablemente fundada del ciudadano en cuál ha de ser la actuación del poder en aplicación del Derecho. Los *derechos fundamentales*, como cuarto límite a la autonomía procesal del TC, da lugar a una exigencia muy concreta: su mayor protección. En ningún caso, sin embargo, el establecimiento de reglas procesales debe llevar consigo la desprotección del contenido esencial de los mismos o una disminución de ese núcleo en cuanto a su eficacia". (VÁSQUEZ, Jorge León. El Tribunal Constitucional y la configuración de su derecho procesal. *Segunda Época*, n. 2, p. 6-22, jun./jul. 2009. p. 21-22. Disponível em: derechovirtual.com. Acesso em 28 ago. 2018).

[218] Tais como o entendimento jurisprudencial de que normas pré-constitucionais não poderiam ser objeto de ADI; ou dos filtros representados pela liberação do processo (pelo Relator) e sua inserção (pelo Ministro Presidente) na pauta de julgamento, além dos filtros de conhecimento

finalidades constitucionais – e não contra elas –, ainda que a equação a ser revolvida pelo Supremo possa ser composta por variáveis como a duração razoável do processo (art. 5º, LXXVIII, CF), a celeridade processual e a tutela jurisdicional *efetiva*.

Limites são, em geral, difíceis de serem estabelecidos. E, no ponto, o Brasil possui duas dificuldades adicionais: em primeiro lugar, não existe código de processo constitucional ou lei geral de processo perante o Supremo Tribunal Federal, tal como a dos tribunais peruano e alemão.[219] As Leis nº 9.868/1999 e 9.882/1999 demoraram mais de dez anos desde a promulgação da Constituição de 1988 para serem editadas e, quanto às regras processuais e técnicas de decisão, em geral positivaram as normas *criadas* pela jurisprudência do STF.[220] No mais, embora o Regimento Interno do Supremo Tribunal Federal não

---

dos casos sujeitos à jurisdição do Supremo Tribunal Federal (prequestionamento, questões fáticas, interpretação de cláusulas contratuais, ofensa reflexa à Constituição).

[219] Na opinião de Soraya Lunardi, outros fatores no direito brasileiro "propiciam o papel criativo do STF: a) Lacunas processuais: desde a introdução da Representação de inconstitucionalidade, em 1965 e, até 1999, não houve normas processuais que regulamentassem o controle abstrato. Isso fortaleceu o papel criativo do STF, que estabeleceu múltiplas regras processuais mediante o Regimento Interno, assim como com construções jurisprudenciais. Mesmo após a promulgação das leis de 1999 persistem muitas lacunas, como constatamos ao se referir ao *amicus curiae*, ao papel das liminares e aos efeitos da decisão; b) Consolidação legal de entendimentos jurisprudenciais: o legislador brasileiro que disciplina assuntos processuais quase sempre adota construções da jurisprudência do STF em temas de controle abstrato. Assim sendo, mesmo em temas nos quais hoje se aplica a legislação processual própria, continua sendo adotada a jurisprudência positivada e consolidada. Em nossa terminologia, muitos casos de heterorreferência típica do STF são, na verdade, manifestações de autocriação; c) Falta de instância superior: a falta de instância que possa controlar e modificar as decisões do STF confere-lhes maior liberdade, inclusive na configuração dos aspectos processuais. Temos aqui um elemento típico da justiça constitucional que permite que se fale de autonomia processual, mesmo sabendo que há limitações constitucionais e legais; d) Liberdade de interpretação: a configuração processual autônoma realizada pelo STF se dá também com base na legislação que delega vasto poder ao julgador. Basta pensar na modulação dos efeitos da decisão final que depende de um juízo de oportunidade e não de uma subsunção de casos preestabelecidos. O problema surge quando a Corte Constitucional muda o conteúdo da norma estabelecida pelo Legislativo. Nesses casos deve ser questionado o limite de atuação judicial que transforma a discricionariedade em exercício arbitrário de poder". (LUNARDI, Soraya. *Teoria do processo constitucional*: análise de sua autonomia, natureza e elementos. São Paulo: Atlas, 2013. p. 179).

[220] SOUSA FILHO, Ademar Borges de. *Sentenças aditivas na jurisdição constitucional brasileira*. Belo Horizonte: Fórum, 2016. p. 82-83: "Se é verdade, como demonstra a análise da jurisprudência do Supremo Tribunal Federal na vigência da atual Constituição, que as técnicas decisórias constantes da Lei Federal nº 9.868 já eram utilizadas antes da sua entrada em vigor, então o fundamento de legitimidade do manejo desses modelos processuais de decisão não parece repousar exatamente sobre a legislação infraconstitucional que regula a matéria. Também não se pode desprezar o fato de que, mesmo após a entrada em vigor da disciplina legal mencionada, a jurisprudência do Supremo Tribunal Federal tem demonstrado que a diversificação das técnicas decisórias vai muito além da previsão legal. A construção de modelos decisórios desprovidos de fundamento legal (ao menos expressamente) reforça

se limite à previsão de regras de organização da corte – enunciando algumas normas com eficácia externa –, tampouco se comporta como *a* fonte legislativa reguladora do processo constitucional brasileiro. A grande fonte de processo constitucional corresponde, ao fim e ao cabo, ao próprio Supremo Tribunal Federal, sendo no mínimo curioso o fato de a criação em matéria processual não receber a mesma atenção e número de críticas que a criação judicial *substantiva*. Talvez, "justamente por isso, (seja) bastante eficiente e duradoura".[221]

Em segundo lugar, a livre conformação do processo pelo Supremo Tribunal Federal esbarra em outra dificuldade: no próprio STF, já que a Corte tem vivido uma fase de liquidação de ativos institucionais. Para demonstrar o ponto, tome-se o episódio da guerra de liminares – sem previsão legal ou regimental – entre Ministros da Corte e seu Presidente em relação à autorização de concessão de entrevista pelo ex-Presidente Lula, antes das eleições presidenciais de 2018 (Rcl nº 32.035/PR, Rel. Min. Ricardo Lewandowski e SL nº 1178, Rel. Min. Luiz Fux).

Tudo começou com uma Reclamação dirigida ao STF para suspender a decisão judicial que, na origem, negara a concessão da entrevista. O Ministro Lewandowski, apreciando o pedido, entendeu que a decisão do juízo da execução penal configurava censura e determinou a realização da entrevista com fundamento na liberdade de expressão e de imprensa. Contra a decisão monocrática do Ministro Lewandowski, o Partido Novo apresentou pedido de suspensão de liminar à Corte, cuja competência para processo e julgamento é do Presidente.

Na qualidade de Vice-Presidente no exercício da Presidência, o Ministro Luiz Fux suspendeu os efeitos da decisão do Ministro Lewandowski até a apreciação do Plenário, proibindo a realização da entrevista. Em resposta à cassação de sua decisão monocrática por outro membro do Tribunal, o Ministro Lewandowski reafirmou a primeira decisão concessiva, *destacando o não cabimento de pedido de suspensão de liminar contra decisão de Ministro do próprio STF*.

Registrou que a Lei nº 8.437/1992 e o Regimento Interno da Corte apenas permitem a suspensão da execução de decisões concessivas de liminar proferidas por tribunais *de segundo grau*, em única ou última instância, mas que as normas não se aplicam a decisões prolatadas pelos

---

a impressão de que a criação de novos modelos decisórios não depende da autorização legislativa".

[221] DIMOULIS, Dimitri; LUNARDI, Soraya. *Curso de processo constitucional*: controle de constitucionalidade e remédios constitucionais. São Paulo: Revista dos Tribunais, 2017. p. 226.

membros do próprio Supremo Tribunal Federal. Com efeito, não existe hierarquia jurisdicional entre os membros do STF e o seu Presidente, e a hipótese demonstra como a liberdade de conformação processual pode ser deturpada na prática, requerendo cuidados diários. Há riscos institucionais no reconhecimento da tese, mas o seu não reconhecimento não implicará no fim de sua utilização. A conscientização de sua existência só contribui para o aumento do controle sobre os limites de sua aplicação.

Soado o alerta, os dois casos descritos na introdução do presente tópico correspondem a exemplos da margem de conformação processual do Supremo. No primeiro caso, o STF admitiu o cabimento de *habeas corpus* de natureza coletiva, embora a Constituição não faça menção expressa a essa hipótese no art. 5º, LXVIII, da CF, como por exemplo o fez em relação ao *mandado de segurança* coletivo. No segundo, relativizou o requisito da *aderência estrita*, estabelecido pelo próprio Tribunal, para admitir reclamações propostas para garantia do direito à liberdade de expressão.

Os casos criam ou afastam normas e entendimentos processuais para garantir uma maior efetividade da tutela de direitos, a partir de uma leitura teleológico-sistemática da Constituição, embora não sejam propriamente fruto de interpretação – porque inexistente a norma de cabimento. Trata-se de exemplos que se enquadram com perfeição à ideia de livre conformação processual das Cortes Constitucionais, realizados mediante a técnica da integração conforme a Constituição, objeto de estudo em item específico.

É também a margem de apreciação do processo constitucional que justifica o afastamento, pelo Supremo Tribunal Federal, do *princípio da congruência ou adstrição* entre o pedido e a decisão nos processos de fiscalização da constitucionalidade das leis e atos normativos. Pela norma do art. 492 do CPC,[222] aos magistrados é vedado decidir além do pedido (*ultra petita*), ou diferentemente do que foi demandado (*extra petita*). Apesar de conhecer exceções estabelecidas pela própria teoria processualista, como o reconhecimento de pedidos implícitos, a fungibilidade entre as ações possessórias ou a possibilidade de concessão de tutela diversa da pretendida nas obrigações de fazer, a

---

[222] Art. 492, Código de Processo Civil: "É vedado ao juiz proferir decisão de natureza diversa da pedida, bem como condenar a parte em quantidade superior ou em objeto diverso do que lhe foi demandado". Registre-se que a doutrina processualista já começa a questionar a relativização do princípio da congruência em razão do reconhecimento de um maior subjetivismo do juiz, por exemplo, na norma do art. 322, §2º, CPC: "A interpretação do pedido considerará o conjunto da postulação e observará o princípio da boa-fé".

congruência é a regra clássica do processo civil. No âmbito do controle de constitucionalidade brasileiro, seu afastamento não é incomum, embora não seja objeto de fundamentação específica pelo Supremo Tribunal Federal.

Outro exemplo refere-se às hipóteses de declaração de inconstitucionalidade por *arrastamento* e de declaração de inconstitucionalidade *por reverberação normativa*. Se é certo que a jurisprudência do Tribunal exige a formulação de pedido específico de declaração de inconstitucionalidade em controle abstrato, já que a presença de pedido genérico é causa de não conhecimento da ação de controle abstrato de constitucionalidade, uma vez admitida a ação e analisado o pedido constante da petição inicial, o Supremo Tribunal Federal pode reconhecer a *relação de dependência normativa* entre a lei objeto do pedido expresso de inconstitucionalidade (Lei A) e uma outra lei[223] (Lei B), que seria inconstitucional por decorrência lógica.

Assim, embora não tenha havido pedido expresso de declaração de inconstitucionalidade da Lei B, ele decorre de uma relação de *dependência normativa* da Lei B com a Lei A, sobre a qual inicialmente recaiu o pedido de declaração de inconstitucionalidade, autorizando-se a extensão da declaração de inconstitucionalidade também para a lei B, *por atração* ou *por arrastamento*. O mesmo ocorre em relação a dispositivos da mesma lei sobre a qual recai o pedido de inconstitucionalidade, ainda que não expressamente atacados na inicial. Considerando a livre conformação processual, o STF pode também reconhecer a inconstitucionalidade dos artigos *d*, *e*, e *f* da Lei A, embora na petição inicial o pedido tenha sido formulado apenas em relação aos artigos *a*, *b* e *c* da mesma Lei A. Essa hipótese refere-se à declaração de inconstitucionalidade por reverberação normativa, que também se insere no contexto de relativização do princípio da congruência pelo Supremo Tribunal Federal.

A orientação jurisprudencial segundo a qual a causa de pedir das ações de controle abstrato é *aberta*, a significar que seu julgamento independe da *causa petendi* indicada na petição inicial,[224] também

---

[223] O STF já admitiu, inclusive, a declaração de inconstitucionalidade de decretos regulamentares por arrastamento, por necessidade de proteção do sistema normativo.
[224] STF, Plenário, ADI nº 1896-MC, Rel. Min. Sydney Sanches, j. 18.02.1999, p. 28.05.1999, cujo trecho da ementa se reproduz: "(...) 2. É da jurisprudência do Plenário, o entendimento de que, na Ação Direta de Inconstitucionalidade, seu julgamento independe da "causa petendi" formulada na inicial, ou seja, dos fundamentos jurídicos nela deduzidos, pois, havendo, nesse processo objetivo, argüição de inconstitucionalidade, a Corte deve considerá-la sob todos os aspectos em face da Constituição e não apenas diante daqueles focalizados pelo autor. 3. É de se presumir, então, que, no precedente, ao menos implicitamente, hajam sido

corresponde a exemplo da livre conformação processual em matéria de controle de constitucionalidade. Embora aqui não haja relativização ou afastamento do princípio da congruência – uma vez que se trata de causa de pedir, e não de pedido – ao Supremo Tribunal Federal também é legítimo reconhecer a inconstitucionalidade formulada na petição inicial por fundamento distinto daquele apontado pelo requerente, já que o objetivo finalístico do controle é a guarda da Constituição e da higidez do sistema. Mesmo que a parte formule pedido de declaração de inconstitucionalidade *formal* da norma, por exemplo, a Corte pode afastar a inconstitucionalidade formal e reconhecer, em seu lugar, a inconstitucionalidade *material*.

No que toca especificamente ao objeto do presente estudo, o ex-Presidente do Tribunal Constitucional do Peru, Professor Cesar Landa, afirmou que *o estabelecimento dos tipos de sentença de inconstitucionalidade é talvez a expressão mais acabada* da livre conformação processual das Cortes Constitucionais.[225] Se assim não o fosse, a finalidade de guarda da Constituição, a supremacia das normas constitucionais, a máxima efetividade de seus dispositivos, as competências constitucionais atribuídas ao Supremo Tribunal Federal – ou, a rigor, a própria higidez do sistema constitucional – poderiam estar em risco, já que a alternativa contrária corresponderia a limitar suas decisões à tipologia categorizada pela doutrina e parcialmente refletida na Lei nº 9.868/1999, que já não representam a prática do Supremo Tribunal Federal.

A insuficiência das técnicas interpretativas de decisão e a necessidade de ampliação do arsenal técnico-decisório já foram percebidas pelo Supremo Tribunal Federal e por membros da academia, que deram respostas diferentes ao problema. Em geral, o STF insere suas decisões criativas na categoria da "interpretação conforme a Constituição", em postura de insinceridade normativa. A doutrina, criticando a inadequação realizada pelo Tribunal, indica a adoção das sentenças manipulativas oriundas do direito italiano como solução para o problema. Apresento uma proposta distinta, pelas razões que serão objeto do próximo capítulo.

---

considerados quaisquer fundamentos para eventual argüição de inconstitucionalidade, inclusive os apresentados na inicial da presente Ação".

[225] Embora o autor se refira, tal como a jurisprudência alemã, à *autonomia processual*. (LANDA, César. Autonomía procesal del Tribunal Constitucional: la experiencia del Perú. In: *Anuario de derecho constitucional latinoamericano*. Montevideo, 2009. p. 300. Disponível em: https://revistas-colaboracion.juridicas.unam.mx/index.php/anuario-derecho-constitucional/article/viewFile/3875/3407. Acesso em 12 jun. 2018).

CAPÍTULO 2

NOVAS TÉCNICAS DE DECISÃO PARA A FISCALIZAÇÃO DAS NORMAS E DA EFETIVIDADE DA CONSTITUIÇÃO: INFERÊNCIA CONSTITUCIONAL E INTEGRAÇÃO CONFORME A CONSTITUIÇÃO

No capítulo anterior afirmo que a atuação do Supremo Tribunal Federal na criação de novas técnicas decisórias está inserida em um fenômeno maior e mundialmente verificado, referente à atuação normativa das cortes constitucionais – tanto em relação ao conteúdo de suas decisões, quanto em relação à forma pela qual tais decisões são exteriorizadas. A ênfase deste trabalho, como já destacado, encontra-se na atuação criativa *do Supremo Tribunal Federal*, que se justifica em razão do *texto* da Constituição de 1988, do desenho institucional do STF e do comportamento judicial de seus Ministros.

Os fundamentos para a sua atuação criativa, como estudado no capítulo anterior, dizem respeito tanto (i) à missão dos tribunais constitucionais de tutela dos direitos fundamentais e das regras do jogo democrático, quanto (ii) à livre conformação processual das supremas cortes para formatarem e comunicarem suas decisões, desde que o invólucro processual seja proporcional e suficiente para a realização da sua missão, e que sejam observados limites democrático-institucionais.

Além disso, em matéria de direitos fundamentais, e considerando o que a Constituição brasileira expressamente prevê, a jusnormatividade encontra fundamento em três dispositivos: (i) na previsão do mandado de injunção como fundamento específico para a obtenção de respostas normativas do Poder Judiciário (art. 5º, LXXI, CF), com dupla finalidade constitucional: funcionar como norma de competência legislativa supletiva de juízes e tribunais em matéria de proteção de direitos fundamentais e como parâmetro para a inovação judicial; (ii) na atuação dos poderes públicos para garantir a aplicabilidade direta e imediata das normas definidoras de direitos e garantias fundamentais (art. 5º, §1º, CF); e (iii) na cláusula de abertura dos direitos fundamentais, que expressamente afasta a taxatividade do rol de direitos e garantias fundamentais expresso no texto da Constituição de 1988, autorizando a criação e a derivação de outros direitos e garantias a partir do regime e dos princípios da Constituição de 1988, ou dos tratados internacionais de que a República Federativa do Brasil seja parte (art. 5º, §2º, CF).

Identificado o problema, o objetivo do presente capítulo é apresentar e criticar as respostas que foram apresentadas pelo próprio STF ou pela doutrina para a conformação da atuação criativa do Supremo Tribunal Federal, principalmente no que toca à adequação dessas decisões ao catálogo do processo constitucional hoje existente. Demonstrada a impropriedade e a insuficiência dessas respostas, uma nova proposta de sistematização será ao final apresentada.

2.1 Delimitando o problema: o esgotamento das categorias clássicas de decisão em controle de constitucionalidade e as soluções oferecidas pelo STF e pela doutrina

O estudo da jurisprudência referente à formatação das decisões do Supremo e ao seu conteúdo demonstra que as técnicas de decisão em controle de constitucionalidade não se limitam às respostas até então conhecidas pela doutrina e parcialmente refletidas na Lei nº 9.868/1999, pensadas para conformar um cenário mais restrito de controle (o controle de normas) e menos concretista. O conhecimento clássico em matéria técnico-decisória do STF, ainda que com algumas variações, envolve:

(I) *quanto à declaração de constitucionalidade*
a) declaração pura e simples de constitucionalidade (rejeição do pedido de declaração de inconstitucionalidade);
b) declaração de (ainda) constitucionalidade da norma, ou de trânsito para a inconstitucionalidade, com ou sem apelo ao legislador

(II) *quanto à declaração de inconstitucionalidade*
a) declaração pura e simples de inconstitucionalidade (acolhimento do pedido de declaração de inconstitucionalidade);

b) declaração de inconstitucionalidade parcial mediante interpretação conforme a Constituição, sem redução de texto;
c) declaração de inconstitucionalidade parcial mediante interpretação conforme a Constituição, com redução de texto;
d) declaração de inconstitucionalidade parcial sem redução de texto, com ou sem apelo ao legislador;
e) declaração de inconstitucionalidade parcial com redução de texto;
f) declaração de inconstitucionalidade sem pronúncia de nulidade;
g) declaração de inconstitucionalidade (total ou parcial) com modulação temporal de efeitos.

Fato é que muitos julgados do Supremo Tribunal Federal transbordam o quadro anterior. Diante da ausência de categoria específica à disposição, que traduza com exatidão os contornos da decisão proferida, o tribunal acaba pegando carona em veículo diverso. Muitas vezes invoca o nome de uma das técnicas existentes, sem, porém, observar sua natureza e seus limites. Os julgamentos relacionados (i) ao reconhecimento da união estável homoafetiva como entidade familiar;[226] (ii) ao estabelecimento do direito de greve para servidores públicos, concretizando-se o disposto no art. 37, X, da CF;[227] e (iii) à equiparação dos regimes sucessórios entre cônjuges e companheiros, heterossexuais ou homoafetivos, em razão da igualdade,[228] são apenas alguns exemplos desse fenômeno.

Ao serem identificados como desviantes das categorias clássicas de decisão utilizadas pelo Supremo Tribunal Federal, esses e outros precedentes foram carimbados como exemplos de ativismo judicial. O raciocínio realizado pelos críticos de plantão é quase linear: se a decisão não se enquadra em técnica conhecida, nem pode ser explicada por dogmas ou pela doutrina clássica, é logo apontada como ativista *e* ilegítima. Foi o que também ocorreu com as decisões do Supremo Tribunal Federal relacionadas a nepotismo,[229] fidelidade partidária[230] e Raposa Serra do Sol.[231] Se é certo que *todos* esses precedentes se referem a técnicas de decisão ainda desconhecidas do grande público e carecedoras

---

[226] STF, Plenário, ADI nº 4.277 e ADPF nº 132, Rel. Min. Ayres Britto, j. 05.05.2011, p. 14.10.2011.
[227] STF, Plenário, MI nº 708, Rel. Min. Gilmar Mendes, MI 670, Relª. Minª. Rosa Weber e MI nº 712, Rel. Min. Luiz Fux, j. 25.10.2007, p. 31.10.2008.
[228] STF, Plenário, RE nº 646.721, Red. para acórdão Min. Luís Roberto Barroso, j. 10.05.2017, p. 11.09.2017.
[229] STF, Plenário, ADC nº 12, Rel. Min. Ayres Britto, j. 20.08.2008, p. 18.12.2009.
[230] STF, Plenário, MS nº 26.604, Relª. Minª. Cármen Lúcia, j. 04.10.2007, p. 03.10.2008.
[231] STF, Plenário, PET nº 3.388, Rel. atual Min. Luís Roberto Barroso, j. 19.03.2009, p. 01.07.2010.

de um nome de batismo pelo Supremo Tribunal Federal, também é certo que nem todos são inconstitucionais ou ilegítimos. O limite está no texto da Constituição e em sua interpretação sistemático-teleológica.

A insuficiência das categorias clássicas de decisão para sistematizar as decisões do Supremo Tribunal Federal não é um problema novo. Mas a chave para decifrá-lo ainda carece ser desenhada. E envolve uma solução que seja (i) compatível com o sistema *brasileiro* de controle de constitucionalidade e, ao mesmo tempo, (ii) capaz de ser operada na prática, uma vez que categorizações só fazem sentido se dotadas de funcionalidade. Quanto ao primeiro aspecto, as soluções inspiradas na doutrina estrangeira nem sempre levam em consideração os *pressupostos* dos sistemas jurídicos da origem para a configuração das novas técnicas de decisão, o que resulta em categorias que, a despeito de seu valor jurídico comparado, nem sempre se ajustam à jurisdição constitucional brasileira. Em relação à funcionalidade, o estudo aponta para classificações sem nenhuma uniformidade, que na maioria das vezes mais confunde do que auxilia a organização das ideias.

Países como Itália, Alemanha e Portugal conhecem decisões similares por nomes diferentes e, a depender da matriz teórica sobre a qual o estudioso brasileiro realiza o seu trabalho, a *nomenclatura* do país de origem é reproduzida no Brasil, sem maiores questionamentos sobre a indicação ou a compatibilidade do transplante. O resultado é um caótico emaranhado de nomes diversos para designar o mesmo tipo de decisão ou, ainda mais desanimador, nomes iguais para diferentes tipos de decisão. Para completar o cenário, ante à inexistência de *parâmetros* para realização da atividade legislativa positiva pelo Supremo Tribunal Federal, a fundamentação de muitos dos julgados da Corte *ou* não se adequa ao tipo de decisão efetivamente proferida, *ou* recorre a dogmas oxidados como o do legislador negativo ou a "princípios" como o da nulidade da lei inconstitucional, o que gera prejuízos em matéria de fundamentação das decisões. A sistematização de uma tipologia funcional das novas técnicas de decisão, o ajuste de seus pressupostos ao direito constitucional brasileiro e o estabelecimento de parâmetros é, por isso, um desafio e uma necessidade.

2.1.1 A solução envergonhada do STF: a pseudo intepretação conforme a Constituição

A interpretação das leis em conformidade com a Constituição é uma das principais técnicas de decisão empregadas pelo Supremo

Tribunal Federal. De acordo com a noção difundida no direito constitucional brasileiro, tem-se interpretação da lei em conformidade com a Constituição toda vez que se estiver diante de normas plurissignificativas, ou com mais de um significado possível,[232] (i) entre os quais apenas um – ou alguns – são compatíveis com o texto constitucional; ou (ii) em que nenhuma das interpretações possíveis são inconstitucionais. Em ambas as hipóteses, o *texto* da lei não sofre abalos e permanece em vigor no ordenamento jurídico.

A técnica da intepretação conforme a Constituição foi sugerida pelo Ministro Moreira Alves a partir do princípio da presunção de constitucionalidade das leis, porém com expressa menção de que o seu acolhimento não afrontaria o dogma do legislador negativo,[233] pois corresponderia a uma técnica meramente *interpretativa*. Ou, no limite, se no caso concreto a interpretação conforme a Constituição envolve alguma manipulação do conteúdo da norma, essa manipulação seria admitida (e não feriria o dogma do legislador negativo) por possuir tão somente um conteúdo redutivo, uma espécie de manipulação *para menos* – hipótese em que o Supremo Tribunal Federal tem equiparado a intepretação conforme a Constituição à declaração parcial de inconstitucionalidade sem redução de texto.

Mas, para além do que admite a jurisprudência do STF, o fundamento para o emprego da interpretação conforme a Constituição não se encontra apenas da presunção da constitucionalidade das leis,[234] ou no

---

[232] A propósito, confira-se parte do voto do Ministro Menezes Direito na ADI nº 3.510, Plenário, Rel. Min. Ayres Britto, j. 29.05.2008, p. 28.05.2010 que discutia a possibilidade de realização de pesquisas com células tronco embrionárias: "Inexistência dos pressupostos para a aplicação da técnica da 'interpretação conforme a Constituição', porquanto a norma impugnada não padece de polissemia ou de plurissignificatidade".

[233] Destaco o seguinte trecho do voto do Ministro Moreira Alves, Relator da Representação 1.451, Plenário, j. 25.05.1988, p. 24.06.1988: "Ao declarar a inconstitucionalidade de uma lei em tese, o Tribunal – em sua função de Corte Constitucional – atua como legislador negativo (...). O mesmo ocorre quando Corte dessa natureza, aplicando a interpretação conforme à Constituição, declara constitucional uma lei com a interpretação que a compatibiliza com a Carta Magna, pois, nessa hipótese, há uma modalidade de inconstitucionalidade parcial (a inconstitucionalidade parcial sem redução do texto – Teilnichtigerklärung ohne Normetreduzierung), o que implica dizer que o Tribunal Constitucional elimina – e atua, portanto, como legislador negativo – as interpretações por ela admitidas, mas inconciliáveis com a Constituição. Porém, a interpretação fixada, como única admissível, pelo Tribunal Constitucional, não pode contrariar o sentido da norma, inclusive decorrente de sua gênese legislativa inequívoca, porque não pode Corte dessa natureza atuar como legislador positivo, ou seja, o que cria uma norma nova".

[234] "(A) presunção de constitucionalidade das leis dificilmente consegue explicar a admissibilidade de uma interpretação do Direito ordinário anterior em conformidade com a nova Constituição (ou, em geral, a legitimidade do apelo à Constituição em sede

"princípio" da conservação das normas,[235] mas também na necessidade de interpretação sistemático-teleológica da Constituição e *na ausência de competência do STF* para a declaração de inconstitucionalidade quando da norma se pode extrair um significado possível *e* conforme a Constituição. A *interpretação* conforme visa, dessa forma, a garantir a unidade e a supremacia hierárquico-normativa da Constituição.

Ocorre que a doutrina começou a identificar que a técnica, ontologicamente interpretativa, estaria servindo para ampliar ou modificar o conteúdo da lei, não se limitando à determinação do sentido e do alcance da norma. O que se acompanha na jurisprudência do Supremo Tribunal Federal é sintomático da assunção do papel criativo da Corte: a invocação da técnica da interpretação conforme a Constituição como tentativa de ocultar decisões de cunho fortemente criativo, sendo exemplo o já referido julgamento da ADI nº 3.324, Rel. Min. Marco Aurélio, que inseriu no texto da Lei nº 9.536/1997 o requisito da congeneridade das instituições de ensino. A norma garantia ao servidor público removido *ex officio* para localidade diversa (ou seja, no interesse da Administração), o direito de transferência "entre instituições vinculadas a qualquer sistema de ensino, em qualquer época do ano e independente[mente] da existência de vaga".

Embora a lei não restringisse o exercício do direito à congeneridade das instituições, o STF estabeleceu que a *interpretação do dispositivo em conformidade com a Constituição* "pressupõe a observância da natureza jurídica do estabelecimento educacional de origem, a congeneridade das instituições envolvidas – de privada para privada, de pública para pública – mostrando-se inconstitucional interpretação que resulte na mesclagem – de privada para pública". No caso, o STF utilizou a técnica da intepretação conforme a Constituição para extrair do programa normativo um *conteúdo* que dele não decorre explícita ou implicitamente, embora possa ser construído a partir de uma intepretação sistemática do texto constitucional. A Corte faz uso de uma pseudo intepretação conforme a Constituição, para não discutir os limites das suas decisões e

---

interpretativa para evitar um juízo de inconstitucionalidade superveniente". (MEDEIROS, Rui. *A decisão de inconstitucionalidade*. Lisboa: Universidade Católica Editora, 1999. p. 292).

[235] Não faria sentido utilizar esse fundamento quando não se estivesse diante de uma situação de inconstitucionalidade: "(O) recurso à interpretação conforme a Constituição também se justifica nos casos em que nenhuma das interpretações possíveis da lei conduz à sua inconstitucionalidade". (MEDEIROS, Rui. *A decisão de inconstitucionalidade*. Lisboa: Universidade Católica Editora, 1999. p. 294).

para não reconhecer publicamente que o dogma do legislador negativo está há muito superado.[236]

Outro exemplo representativo da ampliação do programa normativo para além da interpretação conforme, com subversão técnico-decisória, refere-se ao reconhecimento da união estável entre pessoas do mesmo sexo como entidade familiar (ADI nº 4.277 e da ADPF nº 132, ambas da relatoria do Ministro Ayres Britto). Embora sem desrespeito à Constituição, o STF ampliou o comando do art. 226, §3º, da CF, a grupos não inseridos *explícita ou implicitamente* no texto, em solução que não se pode configurar como interpretação conforme a Constituição (nem como aditiva, como se verá adiante).

Mas se é certo que tais decisões não podem ser classificadas como meramente interpretativas e não se adequam à descrição da técnica da interpretação conforme a Constituição, também é certo que correspondem a decisões *legítimas* do Supremo Tribunal Federal. A questão, como já se destacou, não é *se* o STF normatiza ou não, mas *quando*, *como* e *por que* o faz,[237] com indicação dos fundamentos específicos para controle posterior da decisão. O limite da interpretação conforme a Constituição não está no texto literal da lei – ou na vontade do legislador[238] –, mas no conjunto formado por todas as possibilidades

---

[236] Às vezes se notam arroubos de sinceridade normativa: "Ao se analisar detidamente a jurisprudência do Tribunal, no entanto, é possível verificar que, em muitos casos, a Corte não se atenta para os limites, sempre imprecisos, entre a interpretação conforme delimitada negativamente pelos sentidos literais do texto e a decisão interpretativa modificativa desses sentidos originais postos pelo legislador. No recente julgamento conjunto das ADIn nº 1.105 e 1.127, ambas de relatoria do Min. Marco Aurélio, o Tribunal, ao conferir interpretação conforme à Constituição a vários dispositivos do Estatuto da Advocacia (Lei nº 8.906/94), acabou adicionando-lhes novo conteúdo normativo, convolando a decisão em verdadeira interpretação corretiva da lei". Voto do Ministro Gilmar Mendes na ADI nº 1.351, Plenário, Rel. Min. Marco Aurélio, j. 07.12.2006, p. 30.03.2007.

[237] "(A)o contrário do que a doutrina e a jurisprudência insistem em negar, a interpretação conforme a Constituição implica, excetuando-se casos mais banais, uma possibilidade de alteração no sentido da lei, principalmente quando se tenta ir além do que o próprio texto dispõe. É claro que, de certa forma, sempre que um aplicador do direito interpreta um dispositivo legal, estará ele atribuindo um significado à lei, um sentido que pode não ser o sentido que a maioria parlamentar, ao aprovar a lei, imaginava. *Isso, em si, não é problemático* – a não ser para aqueles que acham que interpretar a lei é tentar encontrar a vontade do legislador. Problemático é tentar esconder esse fato recorrendo a uma pretensa interpretação conforme a Constituição". (SILVA, Virgílio Afonso da. Interpretação conforme a Constituição: entre a trivialidade e a centralização judicial. *Revista Direito GV*, v. 2, n. 1, P. 203-204, jan./jun. 2006).

[238] A afirmativa é necessária para afastar conclusões como a que chegou o Ministro Moreira Alves na Representação 1.417, de que foi Relator, e que consta da ementa do julgado: "Por isso, se a única interpretação possível para compatibilizar a norma com a Constituição contrariar o sentido inequívoco que o poder legislativo lhe pretendeu dar, não se pode aplicar o princípio da interpretação conforme a Constituição, que implicaria, em verdade,

que decorrem da intepretação do alcance e do sentido da norma, sejam tais limites explícitos *ou implícitos*. O que extravasar essas fronteiras, ou seja, o que não decorrer explícita ou implicitamente da norma, não será automaticamente ilegítimo: pode ou não ser compatível com a Constituição. Mas não será exemplo de intepretação conforme a Constituição.[239]

O importante é registrar que essas decisões ultrapassam a ideia prevalente[240] de interpretação conforme e precisam de uma resposta processual adequada, inclusive porque a subversão da técnica impede a construção de limites específicos para uma e outra hipótese, e o seu controle posterior. O Supremo Tribunal Federal já exerce o papel criativo como qualquer outra corte constitucional, mas lhe falta empregar o referencial compatível com o conteúdo das decisões que vem proferindo, reconduzindo a norma criada ao texto da Constituição de 1988. O diagnóstico atual é que, na ausência desse arsenal processual próprio, utiliza-se o que mais próximo se tem à disposição. O prognóstico virá mais adiante. A questão não é apenas de insinceridade normativa e de resistência à superação do dogma do legislador negativo, mas de esgotamento das técnicas de decisão categorizadas pela doutrina, somadas à incompletude das novas técnicas identificadas pelo direito comparado. As sentenças manipulativas respondem parcialmente ao problema, mas são insuficientes para conformar o projeto transformador trazido pela Constituição de 1988.

---

criação de norma jurídica, o que é privativo do legislador positivo". (STF, Plenário, Rp nº 1.417, Rel. Min. Moreira Alves, j. 09.12.1987, p. 15.04.1988).

[239] Discordo, portanto, da afirmação do Ministro Gilmar Mendes em voto proferido no julgamento conjunto da ADI nº 1.351 e da ADI nº 1.354, Rel. Min. Marco Aurélio, j.07.12.2006, p. 30.03.2007, em que o STF declarou a inconstitucionalidade da cláusula de barreira criada pela Lei nº 9.096/1995: "A eliminação ou fixação, pelo Tribunal, de determinados sentidos normativos do texto, quase sempre tem o condão de alterar, ainda que minimamente, o sentido normativo original determinado pelo legislador. Por isso, *muitas vezes, a interpretação conforme levada a efeito pelo Tribunal pode transformar-se numa decisão modificativa dos sentidos originais do texto*" (grifo acrescentado).

[240] Há quem defenda que a técnica da interpretação conforme a Constituição constitui meio adequado de adoção de sentenças aditivas – que, por isso, encontrariam fundamento na Lei nº 9.868/1999: "a sentença aditiva é subespécie de decisão manipuladora e pode ocorrer na interpretação conforme, prevista textualmente no art. 28 da Lei nº 9.868/1999. O mencionado artigo não se refere expressamente às sentenças aditivas, o que não impede o seu manejo pelos tribunais, mesmo porque 'abre-se o caminho' via interpretação conforme". (PELEJA JÚNIOR, Antônio Veloso. *Sentenças aditivas e jurisdição constitucional*. Curitiba: Juruá, 2017. p. 147).

2.1.2 A solução parcial da doutrina: as sentenças manipulativas

As sentenças manipulativas aportaram com força no Brasil. Nos últimos anos, vários doutrinadores dedicaram tempo e energia para decifrar o conjunto de novos tipos de decisão que teriam surgido na Itália[241] e se espraiado para países como Alemanha,[242] Portugal[243] e

---

[241] "A jurisprudência da Corte Costituzionale é o berço das sentenças que declaram a inconstitucionalidade parcial qualitativa dos preceitos". (LOPES, Pedro Moniz. Sobre as sentenças de inconstitucionalidade parcial qualitativa: análise de enunciados constitucionais de preferência. *In*: MORAIS, Carlos Blanco de (Coord). *As sentenças intermédias da justiça constitucional*: estudos luso-brasileiros de direito público. Lisboa: AAFDL, 2009. p. 522). Referindo-se à Itália, Lúcio Pegorado pontua a diversificação das técnicas decisórias da corte constitucional: "En el curso de los años, ha dado vida a numerosos pronunciamientos – según los casos sentencias u ordenanzas – que la doctrina ha clasificado en várias categorías, dentro de las tipologias más amplias representadas por las decisiones estimatorias y desestimatorias, y por los pronunciamentos 'procesales' y 'substanciales': en los juicios en vía incidental, decisiones por falta de fundamento, interpretativas de falta de fundamento, manifiestamente infundadas, aditivas, manipulativas, aditivas 'di principio', etc.". (PEGORADO, Lúcio. *La justicia constitucional. Una perspectiva comparada*. Madrid: Dykinson, 2004. p. 118).

[242] O Tribunal Constitucional Federal Alemão, todavia, tem refreado quanto ao uso de decisões com efeitos aditivos e dado preferência à declaração de incompatibilidade: "Registrando-se silêncios discriminatórios de categorias de pessoas, entende a doutrina que o regime da nulidade não resolveria o problema, pois implicaria a desaparição do regime para os cidadãos que fossem destinatários do benefício infundado, criando outros tipos de sacrifícios desnecessários. Daí que, nestas circunstâncias, o Tribunal Constitucional opte pela figura da declaração de incompatibilidade sem a sanção de nulidade à qual concede ao legislador oportunidade para corrigir a situação, mantendo-se, até lá, a norma inconstitucional no ordenamento, sem prejuízo de existir uma proibição da sua aplicação pelos tribunais, proibição que obnubila em parte o finalismo do instituto". (MORAIS, Carlos Blanco de. Introdução às sentenças manipulativas e aos seus fundamentos. *In*: MORAIS, Carlos Blanco de (Coord.). *As sentenças intermédias da justiça constitucional*: estudos luso-brasileiros de direito público. Lisboa: AAFDL, 2009. p. 31). Lúcio Pegorado, em seu estudo de direito comparado, nem mesmo registra as sentenças manipulativas entre aquelas mais presentes na jurisprudência do tribunal alemão: "El Tribunal alemán, junto a las sentencias de conformidade con la Constitución y a aquéllas interpretativas de conformidad, ha elaborado las sentencias de conformidade con apelación al legislador, las sentencias de nulidad parcial, y sobre todo aquellas de incompatibilidade – con las cuales los jueces constitucionales se dirigen al legislador y a los órganos administrativos y jurisdiccionales con indicaciones sobre la aplicación o inaplicación de la ley – además de los fallos de mera inconstitucionalidad, que no están acompañados de una declaración de nulidad de la ley hasta la intervención del legislador". (PEGORADO, Lúcio. *La justicia constitucional. Una perspectiva comparada*. Madrid: Dykinson, 2004. p. 118-119).

[243] "São sentenças manipulativas na ordem constitucional portuguesa, as: i) decisões que modulam a sua eficácia temporal bem como a do direito que é objeto do respectivo julgamento (n. 4 do art. 282 da CR); ii) decisões interpretativas condicionais (sentenças interpretativas de acolhimento e, até certo ponto, as de rejeição); iii) decisões com efeitos aditivos". (MORAIS, Carlos Blanco de. Introdução às sentenças manipulativas e aos seus fundamentos. *In*: MORAIS, Carlos Blanco de (Coord.). *As sentenças intermédias da justiça constitucional*: estudos luso-brasileiros de direito público. Lisboa: AAFDL, 2009. p. 17). Por sua vez, as sentenças com efeitos aditivos são divididas pelo autor em "i) sentenças

Espanha, na tentativa de encontrarem resposta para a criação técnico-decisória do Supremo Tribunal Federal.[244] A questão não é tratada de maneira uníssona no Brasil, mas dois pontos costumam se destacar na análise do gênero representado pelas *sentenças manipulativas* do direito comparado: (i) sentenças manipulativas são aquelas que se contrapõem às sentenças interpretativas;[245] e (ii) podem ser divididas em três ou quatro tipos, a depender do autor: aditivas, aditivas de princípio, substitutivas e redutivas.

A ideia adjacente à "manipulação" corresponde, exatamente, à criação judicial para além das possibilidades do enunciado normativo,[246] apesar de o texto permanecer intacto. Seria *contra legem*, porém *secundum*

---

demolitórias com efeitos necessariamente aditivos; ii) sentenças aditivas em sentido estrito; iii) sentenças aditivas de princípio e iv) sentenças substitutivas". (MORAIS, Carlos Blanco de. Introdução às sentenças manipulativas e aos seus fundamentos. *In*: MORAIS, Carlos Blanco de (Coord.). *As sentenças intermédias da justiça constitucional*: estudos luso-brasileiros de direito público. Lisboa: AAFDL, 2009. p. 38).

[244] Ver, por exemplo, BRUST, Léo. *A tipologia das decisões do STF*. Curitiba: Juruá, 2014; PELEJA JÚNIOR, Antônio Veloso. *Sentenças aditivas e jurisdição constitucional*. Curitiba: Juruá, 2017; MENDES, Gilmar Ferreira. *Jurisdição Constitucional*. São Paulo: Saraiva, 1996. p. 1454-1481; SAMPAIO, José Adércio Leite. As sentenças intermediárias de constitucionalidade e o mito do legislador negativo. *In*: SAMPAIO, José Adércio Leite; CRUZ, Álvaro Ricardo de Souza (Orgs.). *Hermenêutica e jurisdição constitucional*: estudos em homenagem ao professor José Alfredo de Oliveira Baracho. Belo Horizonte: Del Rey, 2001. p. 159-194; GONÇALVES, Gabriel Accioly. *O desenvolvimento judicial do direito*: construções, interpretação criativa e técnicas manipulativas. Rio de Janeiro: Lumen Juris, 2016; CAMPOS, Carlos Alexandre de Azevedo. As sentenças manipulativas aditivas: os casos das cortes constitucionais da Itália, da África do Sul e do STF. *Revista de Processo*, v. 246, p. 403-427, ago. 2015; SOUSA FILHO, Ademar Borges de. *Sentenças aditivas na jurisdição constitucional brasileira*. Belo Horizonte: Fórum, 2016; MEYER, Emílio Peluso Neder. *Decisão e jurisdição constitucional*: críticas às sentenças intermediárias, técnicas e efeitos do controle de constitucionalidade em perspectiva comparada. Rio de Janeiro: Lumen Juris, 2017. p. 15-113.

[245] Há autores que defendem que as decisões manipulativas seriam espécies de decisões *intermediárias* da justiça constitucional, por se encontrarem entre os extremos representados pelas decisões-padrão, de acolhimento ou de rejeição do pedido de inconstitucionalidade. Em verdade, as manipulativas estão *além* da rejeição ou do acolhimento do pedido de inconstitucionalidade, na medida em que importam uma criação judicial. O uso do termo "decisões intermediárias" para situar as decisões manipulativas é, por isso, impróprio. Devo essa observação ao meu orientador e amigo, Professor Daniel Sarmento.

[246] De acordo com Gustavo Zagrebelsky, "(a)veriguada a procedência da questão de legitimidade constitucional, com as decisões manipulativas a Corte declara a ilegitimidade da lei redefinindo de vários modos seu conteúdo normativo, razão pela qual a lei sai do controle de constitucionalidade não interpretada, mas modificada ('manipulada') segundo o que a Constituição requer" (tradução livre). (ZAGREBELSKY, Gustavo; MARCENÓ, Valeria. *Giustizia costituzionale*. Bologna: Il Mulino, 2018. p. 230). No original: "Accertata la fondatezza della questione di legittimità costituzionale, con le decisioni manipolative la Corte dichiara l'illegittimità della legge ridefinendone in vario modo la portata normativa: onde la legge esce dal controllo di costituzionalità non interpretata, ma modificata ('manipolata') secondo ciò che la Costituzione richiede".

constitutionem.²⁴⁷ Em síntese, se a decisão não se restringe a interpretar determinado dispositivo – indicando-lhe o sentido e o alcance –, e se de alguma forma inova o ordenamento jurídico, será qualificada como manipulativa. As demais, por exclusão, são interpretativas. Se do enunciado normativo não se puder extrair *diretamente* (de forma explícita ou implícita) o conteúdo representado pela decisão – seja ele aditivo ou substitutivo –, e se a introdução desse mesmo conteúdo for necessária para que a norma seja considerada compatível com a Constituição, a criação do tribunal é válida – embora manipulativa. A grande questão não está na qualidade das decisões, mas na quantidade de atividade criadora,²⁴⁸ e na necessidade de sua recondução ao texto constitucional.

O rigor da teoria constitucional clássica acabou incentivando a gênese de decisões manipulativas: o acolhimento do pedido de declaração de inconstitucionalidade da norma, em geral com pronúncia de nulidade e eficácia retroativa, somada à regra geral de que não há repristinação do direito anterior, muitas vezes acarretava o surgimento de vácuo normativo ainda mais inconstitucional, violador de direitos fundamentais e de interesses constitucionalmente protegidos. A um tribunal constitucional, guardião da Constituição, não seria legítimo – nem esperado – criar situações inconstitucionais, ou mesmo ignorá-las. Não por acaso as sentenças manipulativas têm origem na Itália: ante a inércia do legislativo em aprovar leis infraconstitucionais compatíveis com a Constituição de 1947, a extirpação da herança legislativa fascista demandou da Corte Constitucional, recém-criada pela Constituição e instalada apenas em 1956, uma sinalização positiva, uma atividade criativa, uma atuação a favor da Constituição italiana e da ruptura com o passado totalitário.²⁴⁹

Nesse contexto, as decisões manipulativas, em geral, e as aditivas, em particular, encontram fundamento no princípio da segurança

---

²⁴⁷ CAMPO, Javier Jiménez. La declaración de inconstitucionalidad de la ley. *In*: LLORENTE, Francisco Rubio; CAMPO, Javier Jiménez. *Estudios sobre jurisdición constitucional*. Madri: McGraw-Hill, 1998. p. 131.
²⁴⁸ PEGORADO, Lúcio. *La justicia constitucional. Una perspectiva comparada*. Madrid: Dykinson, 2004. p. 118.
²⁴⁹ MALFATTI, Elena; PANIZZA, Saulle; ROMBOLI, Roberto. *Giustizia Costituzionale*. 2. ed. Torino: Giappichelli, 2007. p. 35. Augusto de la Vega aponta que, entre 1980 e 1987, as decisões aditivas correspondiam a mais de 55% (cinquenta e cinco por cento) das decisões da Corte Constitucional Italiana. (VEGA, Augusto Martín de la. *La sentencia constitucional en Italia*: tipología y efectos de las sentencias en la jurisdicción constitucional italiana: medio siglo de debate doctrinal. Madrid: Centro de Estudios Políticos y Constitucionales, 2003. p. 223-225).

jurídica,[250] no princípio da igualdade[251] e no princípio da supremacia da Constituição.[252] Embora alguns também apontem como fundamento dessas decisões a busca pela "vontade do legislador",[253] além de não ser possível determinar o que o legislador teria feito caso tivesse previsto a inconstitucionalidade,[254] não faria sentido prestigiar a vontade do legislador de regimes totalitários e fascistas.

A doutrina brasileira, ainda que sem uniformidade, aponta como espécies do gênero *decisões manipulativas* as decisões (i) aditivas; (ii) substitutivas; (iii) redutivas e (iv) aditivas de princípio.[255] Gabriel

---

[250] "No plano teleológico, verifica-se que todas as decisões manipulativas de acolhimento procuram temperar ou moderar, à luz do princípio da segurança jurídica, o rigor dos efeitos absolutos que resultariam da declaração simples de nulidade de uma norma". (MORAIS, Carlos Blanco de. Introdução às sentenças manipulativas e aos seus fundamentos. *In*: MORAIS, Carlos Blanco de (Coord.). *As sentenças intermédias da justiça constitucional*: estudos luso-brasileiros de direito público. Lisboa: AAFDL, 2009. p. 18).

[251] "Imperativos de aproveitamento dos actos e, sobretudo, de tutela dos princípios da segurança jurídica, igualdade e proporcionalidade conduziram a operações interpretativas e integrativas da Justiça Constitucional, destinadas não apenas a declarar uma inconstitucionalidade, mas também a 'consertá-la' no tecido normativo, através da prolação de uma decisão aditiva". (MORAIS, Carlos Blanco de. Introdução às sentenças manipulativas e aos seus fundamentos. *In*: MORAIS, Carlos Blanco de (Coord.). *As sentenças intermédias da justiça constitucional*: estudos luso-brasileiros de direito público. Lisboa: AAFDL, 2009. p. 25).

[252] "(L)a Corte non crea, essa, liberamente (come farebbe il legislatore) la norma, ma si limita a individuare quella – già implicata nel sistema, e magari addirittura ricavabile dalle stesse disposizioni costituzionali di cui ha fatto applicazione – mediante la quale riempire inmediatamente la lacuna che altrimenti resterebbe aperta nella disciplina della materia, cosí conferendo alla pronuncia adottata capacità autoapplicativa. Una legislazione, se proprio cosí vuol dirsi (ma descrittivamente) 'a rime obbligate', dunque, come altre volte abbiamo avuto occasione di rilevare, che, per ciò solo, vera legislazione non è". Tradução livre: (A) Corte não cria, livremente (como faz o legislador), a norma, mas limita-se a identificar aquela – já envolvida no sistema, e talvez até mesmo obtida a partir das disposições constitucionais que aplicou – para preencher a lacuna imediatamente. (CRISAFULLI, Vezio. *Lezioni di diritto costituzionale, II – L'ordinamento costituzionale italiano*. Padova: CEDAM, 1984. p. 407-408).

[253] REVORIO, Francisco Javier Díaz. *Las sentencias interpretativas del tribunal constitucional*. Valladolid: Lex Nova, 2001. p. 215.

[254] "O verdadeiro limite do critério da vontade presumível do legislador centra-se no facto de fazer referência a uma hipotética vontade do legislador que não pode ser regularmente determinada. Não se esqueça que não há aqui qualquer espaço para a indagação da vontade do legislador em sentido psicológico. Por isso à semelhança do que defendemos a propósito da redução da lei inconstitucional, mais do que falar em vontade hipotética do legislador, há que apelar aos elementos objetivos disponíveis (v.g. história do aparecimento do preceito, natureza excepcional ou geral da medida em causa ou – caso se admita a sanação de leis inconstitucionais – sentido das leis posteriores que versem sobre o mesmo ou idêntico problema). Ora, em regra, tais elementos não permitem extrair, com segurança, aquilo que o legislador teria feito, caso tivesse previsto a inconstitucionalidade". (MEDEIROS, Rui. *A decisão de inconstitucionalidade*. Lisboa: Universidade Católica Editora, 1999. p. 502-503).

[255] O que não reflete a subdivisão majoritária na Itália, que divide as decisões manipulativas em (i) sentenças interpretativas de acolhimento parcial ou redutivas (ou manipulativas em sentido estrito); (ii). sentenças aditivas; e (iii) sentenças substitutivas. V. ZAGREBELSKY, Gustavo; MARCENÓ, Valeria. *Giustizia costituzionale*. Bologna: Il Mulino, 2018. p. 230-233.

Accioly sustenta que a técnica aditiva tem por finalidade "o atrelamento ao significado jurídico de um texto, de norma que não possa ser deste extraída interpretativamente, de forma a sanar uma inconstitucionalidade existente em momento anterior à prolação da decisão".[256] O diferencial das sentenças aditivas, como aponta Ademar Borges, "decorre da solução dada pelo Tribunal por meio da adição de norma jurídica não contida no texto legislativo, corrigindo-o ou reparando-o com o objetivo de superar o estado de inconstitucionalidade".[257]

Nesse sentido, a espécie representada pelas *sentenças aditivas* se aproxima – e quase coincide – com o seu gênero, o que acontece em razão de mero reflexo da doutrina italiana, que em regra associa decisões manipulativas (gênero) a decisões de conteúdo aditivo (espécie). Isso ocorre tanto porque as aditivas são a principal espécie de decisões manipulativas, quanto porque são também as mais conhecidas. Mas espécie e gênero não se confundem.[258]

As sentenças *aditivas* se caracterizam por dois comandos: (i) *uma parte ablativa*, que retira a inconstitucionalidade do ordenamento, com a invalidação da omissão parcial – ou seja, daquela parte da norma que *deixa de prever algo*; e (ii) *uma parte restaurativa*, que constrói e insere no ordenamento o conteúdo necessário para evitar vazios inconstitucionais e compatibilizar a norma (antes omissa) com a Constituição. O mais citado exemplo doutrinário de sentença aditiva no direito brasileiro corresponde à já referida ADPF nº 54, Rel. Min. Marco Aurélio, por meio da qual o Supremo Tribunal Federal criou uma hipótese de excludente de tipicidade do crime de aborto, ao reconhecer que a interrupção terapêutica do parto no caso de gravidez de fetos anencefálicos não se encontra tipificada nos arts. 124, 126 e 128, I e II, do Código Penal.

As decisões aditivas, por sua vez, se subdividiriam em *aditivas de garantia* (envolvem direitos negativos, com ampliação do dever de abstenção do Estado) e *aditivas de prestação* (têm por objeto a criação judicial em matéria de direitos positivos, gerando obrigações estatais

---

[256] GONÇALVES, Gabriel Accioly. *O desenvolvimento judicial do direito*: construções, interpretação criativa e técnicas manipulativas. Rio de Janeiro: Lumen Juris, 2016. p. 206.

[257] SOUSA FILHO, Ademar Borges de. *Sentenças aditivas na jurisdição constitucional brasileira*. Belo Horizonte: Fórum, 2016. p. 108-109.

[258] O jurista Francisco Díaz Revorio identifica três elementos indispensáveis à classificação de uma decisão como aditiva: (i) tem por objeto texto em relação ao qual falta 'algo' para que seja considerado compatível com a Constituição; (ii) a disposição faltante não decorre diretamente do texto impugnado; e (iii) o resultado da indicação dessa disposição faltante para que o texto seja considerado constitucional amplia o conteúdo normativo do preceito impugnado. (REVORIO, Francisco Javier Díaz. *Las sentencias interpretativas del tribunal constitucional*. Valladolid: Lex Nova, 2001. p. 165).

de dar ou de fazer).²⁵⁹ As *aditivas de princípio*, embora nomeadas como "aditivas", possuem autonomia suficiente para configurar uma nova espécie de decisão manipulativa, e não uma subespécie de aditivas. O quadro classificatório é mesmo confuso, como se explorará no próximo item. De toda forma, as *aditivas de princípio* foram pensadas como solução para a resistência de juízes e tribunais infraconstitucionais italianos em aplicar o conteúdo inserido no ordenamento pelas decisões aditivas da Corte Constitucional, o que passa pela polêmica do *diritto vivente*:²⁶⁰ entendeu-se, no contexto das decisões aditivas, que a produção de efeitos vinculantes das sentenças de criação proferidas pelo tribunal constitucional *feria a independência dos juízes e tribunais ordinários*.²⁶¹

---

[259] Ver: PANZERA, Claudio. *Interpretare, manipolare, combinare*: una nuova prospettiva per lo studio delle decisioni della corte costituzionale. Roma: Edizioni Scientifiche Italiane, 2013. p. 125.

[260] O "direito vivente" pode ser entendido como o direito comumente aplicado pelos juízes e tribunais italianos. "A lógica de fundo da doutrina do *diritto vivente* significa que, em sede de fiscalização da constitucionalidade, uma hipotética interpretação da lei conforme a Constituição *deve* recuar perante uma consolidada ('vivente') aplicação inconstitucional". (PUGIOTTO, Andrea. *Sindacato di Costituzionalità e "Diritto Vivente"*: genesi, uso, implicazioni. Milão: Dott. A. Giuffre Editore, 1994. p. 157-158). Ou seja: no caso de "direito vivente" inconstitucional, o juiz deveria submeter a questão constitucional ao tribunal constitucional, o que limitava substancialmente o campo de adoção da interpretação conforme a Constituição. Se, por outro lado, o direito vivente fosse (até então) constitucional, o Tribunal Constitucional deveria limitar-se a declarar como válida a solução (constitucional) do direito vivente, ao invés de atribuir-lhe sua própria interpretação. Foi para afastar uma norma hipotética (inconstitucional) decorrente da aplicação do direito vivente que a Corte Costituzionale, sem poder aplicar a interpretação conforme a Constituição (sentenças interpretativas de rejeição), proferiu a primeira sentença manipulativa (sentença de inconstitucionalidade parcial qualitativa): a célebre Sentença nº 26, de 1961, que garantiu o ingresso do advogado ao interrogatório do réu. Sobre as fases de aplicação da teoria do *diritto vivente* e sua atual compreensão, ver: SALVATO, Luigi. *Profili del "diritto vivente" nella giurisprudenza costituzionale*. [s.d.]. Disponível em: https://www.cortecostituzionale.it/documenti/convegni_seminari/stu_276.pdf. Acesso em 4 nov. 2018.

[261] "Em face dessa 'rebelião', tomou lugar uma espécie de pacto de não agressão entre a Corte Costituzionale e os restantes tribunais, nos termos da qual (i) a Corte Costituzionale, não obstante carecer de norma de competência para o efeito, declarou não estar vinculada à interpretação da lei ordinária proposta pelo Juiz *a quo*, e, do mesmo passo, (ii) comprometeu-se a não adoptar interpretações da lei desconformes com a jurisprudência comum, maioritária e consolidada nos Tribunais comuns ('diritto vivente'). Nestes termos, no caso de, em termos de direito aplicado pelos tribunais comuns, existir um *diritto vivente* inconstitucional, o juízo de inconstitucionalidade da Corte Costituzionale desce do plano abstracto ao plano concreto, passando a não incidir sobre as várias normas hipotéticas resultantes da lei, mas sim sobre a norma efectiva ou interpretação que tem vingado na jurisprudência assente e pacífica dos tribunais comuns. Como é bom de ver, esta restrição de objecto de inconstitucionalidade impede, naturalmente, o órgão de fiscalização da constitucionalidade de proferir sentenças de interpretação conforme a Constituição, porquanto, incidindo o juízo de inconstitucionalidade sobre a interpretação vivente, não há espaço para interpretar o preceito global em conformidade com a Constituição". (LOPES, Pedro Moniz. Sobre as sentenças de inconstitucionalidade parcial qualitativa: análise de enunciados constitucionais de preferência. *In*: MORAIS, Carlos Blanco de (Coord). *As sentenças intermédias da justiça*

Para evitar questionamentos dentro do próprio Judiciário, a Corte Constitucional Italiana, desde a década de 80, passou a dar preferência a decisões de declaração de inconstitucionalidade da omissão parcial (fase ablativa) sem avançar para a fase restaurativa: "em substituição à lacuna gerada pela decisão, (a Corte Constitucional) identifica um princípio ou uma diretriz a orientar o legislador na elaboração da lei ou o juiz *a quo* na decisão do caso concreto".[262] Nas aditivas de princípio não existe, propriamente, "adição" judicial: a corte *não* integra o vazio normativo, mas clama o legislador a fazê-lo a partir do princípio ou diretriz constitucional que entende aplicável à hipótese, que também deverá ser utilizado como norteador da atividade jurisdicional das instâncias ordinárias ao decidirem os casos submetidos à sua jurisdição. A adição propriamente dita, com eficácia geral, será realizada *pelo Parlamento*, seguindo a diretriz traçada pelo tribunal constitucional. Nesse sentido, as aditivas de princípio funcionam como verdadeiro instrumento de diálogo institucional.

Das decisões manipulativas substitutivas, ou simplesmente decisões *substitutivas*, não se pode dizer o mesmo. São as mais questionáveis sob o ponto de vista democrático e de capacidade institucional, porque envolvem a declaração de inconstitucionalidade de uma opção realizada pelo legislador, sob o fundamento de que o Legislativo deveria ter feito outra escolha, que por ser a única compatível com a Constituição, deve figurar no lugar daquela originalmente prevista pela lei. De acordo com Luís Roberto Barroso, seria exemplo dessa técnica a já estudada decisão do STF na ADI nº 4424, Rel. Min. Marco Aurélio, que analisou dispositivos da Lei Maria da Penha, "por meio da qual o Supremo Tribunal Federal afastou o cabimento de ação penal condicionada à representação, em caso de violência doméstica contra a mulher, prevista de forma expressa na Lei nº 9.099/1995, substituindo-a por ação penal pública incondicionada (arts. 12, 16 e 41)".[263]

Um importante exemplo de decisão substitutiva proferida pelo Supremo Tribunal Federal refere-se ao julgamento sobre cota mínima

---

constitucional: estudos luso-brasileiros de direito público. Lisboa: AAFDL, 2009. p. 522). Outra análise da teoria italiana do direito vivente pode ser conferida em (MEDEIROS, Rui. *A decisão de inconstitucionalidade*. Lisboa: Universidade Católica Editora, 1999. p. 406-410).

[262] ISRAEL, Lucas Nogueira. *A legitimidade das sentenças manipulativas com efeitos aditivos no controle judicial de constitucionalidade*: entre a supremacia judicial e a supremacia parlamentar. Unb. Dissertação de mestrado, 2014. p. 28. Disponível em: http://repositorio.unb.br/bitstream/10482/16943/1/2014_LucasNogueiraIsrael.pdf. Acesso em 21 abr. 2018.

[263] BARROSO, Luís Roberto. *O controle de constitucionalidade no direito brasileiro*. São Paulo: Saraiva, 2019.

de distribuição de recursos do fundo partidário para o financiamento de campanhas eleitorais de candidatas femininas. A ADI nº 5.617, Rel. Min. Edson Fachin, foi proposta pela Procuradora-Geral da República contra o art. 9º da Lei nº 13.165/2015 (Minirreforma Eleitoral de 2015), que estabelecia percentuais mínimo e máximo de recursos do Fundo Partidário para aplicação em campanhas eleitorais de mulheres. De acordo com o dispositivo, os partidos deveriam reservar o mínimo de 5% e o máximo 15% do montante do Fundo Partidário ao financiamento de candidaturas femininas.

Como corretamente sustentado pela PGR, a norma contrariava o princípio da igualdade ao produzir mais desigualdade e menos pluralismo nas posições de gênero. Afinal de contas, um percentual máximo de 15% para financiamento de candidatas mulheres corresponde a um percentual mínimo de 85% de financiamento para os candidatos homens. O Supremo Tribunal Federal, por maioria, proferiu decisão *substituindo* o intervalo de 5% a 15% de *financiamento* de campanhas femininas, previsto no art. 9º da Lei nº 13.165/2015, pelo percentual de 30%, que corresponde ao número mínimo de *candidaturas* do gênero feminino exigido pelo art., 10, §3º, da Lei nº 9.504/1997 (Lei das Eleições).

Ou seja, como a lei das eleições estabelece o mínimo de 30% para o número de candidaturas femininas, a cota mínima de financiamento das campanhas dessas candidatas também deve ser de 30%. Do contrário, estar-se-ia garantindo o número mínimo de candidaturas do gênero feminino apenas sob o ponto de vista formal, já que os partidos não estariam obrigados a aplicar percentuais consideráveis do fundo partidário nas campanhas dessas candidatas.

Nas substitutivas, portanto, a operação realizada pelo tribunal não é de adição, já que o caso envolve uma ação do legislador – e não uma omissão relativa –, mas de substituição da norma elaborada pelo Legislativo por outra elaborada pelo Judiciário, sob o fundamento de que somente assim se cumprirá a vontade constitucional. Utilizando as fórmulas italianas, se nas decisões aditivas a declaração de inconstitucionalidade incide *na parte em que não prevê "x"*; nas substitutivas se declara a inconstitucionalidade *na parte em que prevê "x", ao invés de prever "y"*.

Por fim, as manipulativas *redutivas*, para aqueles que a adotam, corresponderiam à técnica de decisão por meio da qual o tribunal reduz o âmbito de incidência da norma para adequá-la à Constituição, podendo referir-se, por exemplo, tanto ao conteúdo quanto aos efeitos da norma. Aqui não há omissão parcial, nem substituição de uma escolha por outra, mas algum tipo de excesso inconstitucional. A descrição das decisões redutivas, presentes no direito comparado, coincide com a noção aplicada no Brasil de declaração de inconstitucionalidade parcial, com ou sem redução de texto.

As redutivas, dessa forma, se aproximam muito mais das técnicas interpretativas de decisão já empregadas pelo Supremo Tribunal Federal, do que das técnicas manipulativas. Tanto é assim que a ADI nº 927-MC, Rel. Min. Carlos Velloso, citada pela doutrina como exemplo de decisão redutiva,[264] representa caso em que o STF aplicou a *interpretação conforme a Constituição* (equiparada à declaração parcial de inconstitucionalidade sem redução de texto) para restringir o alcance (antes nacional) do art. 17, I, "b", e art. 17, II, "b", da Lei nº 8.666/1993. Vale dizer, a previsão do dispositivo legal de que as doações de bens públicos imóveis e de permutas de bens públicos móveis só poderiam ocorrer em benefício de outros entes públicos deveria ser aplicada apenas à União, não se destinando aos demais entes federativos. Uma decisão entendida pela doutrina e pela jurisprudência do STF como interpretativa, portanto.

Com exceção das decisões manipulativas redutivas, cujo comando já era praticado sem questionamentos pelo STF sob a forma de técnicas de declaração parcial de inconstitucionalidade, as decisões aditivas e as substitutivas ajudam a mapear e a adequar as novas categorias de decisão verificadas na jurisprudência do Supremo Tribunal Federal. Entretanto, trata-se de soluções parciais, que não explicam todo o fenômeno criativo técnico-decisório da Corte. Ao explicar apenas parte do problema, não correspondem à solução ideal para o sistema brasileiro de controle de constitucionalidade. Ao menos três questões podem ser apontadas como óbices à adoção da doutrina das decisões manipulativas para descrever a atuação do Supremo Tribunal Federal: (i) a classificação carece de funcionalidade, pois a ausência de uniformidade quanto à nomenclatura exige que o autor/julgador apresente seus pressupostos sempre que for utilizá-las; (ii) não se presta à explicação da omissão *total*, cujo controle é admitido pela Constituição de 1988 e praticado pelo STF; e (iii) não respondem ao controle de efetividade da Constituição.

---

[264] GONÇALVES, Gabriel Accioly. *O desenvolvimento judicial do direito*: construções, interpretação criativa e técnicas manipulativas. Rio de Janeiro: Lumen Juris, 2016. p. 218.

2.2 Por que as sentenças manipulativas não são suficientes para descrever e prescrever a atuação do Supremo Tribunal Federal?

2.2.1 Ausência de uniformidade quanto à classificação: a disfuncionalidade de classificações que não classificam

A primeira grande questão relacionada à solução (parcial) representada pelas decisões manipulativas não é propriamente jurídica, mas pragmática. Classificações precisam ser funcionais, servir a uma finalidade, otimizar o tempo de estudo do leitor. Definitivamente, não é o que se nota da análise das sentenças manipulativas no direito comparado, com reflexos na doutrina brasileira. A começar no *gênero* – que para uns seriam *manipulativas*, para outros *modificativas* e para um terceiro grupo *normativas* –, a crise de sistematização atinge principalmente as espécies. Uns falam em aditivas, substitutivas e redutivas. Outros excluem as redutivas da classificação. Há ainda quem inclua, como espécie, as aditivas de princípio – que, como referido, recebem o codinome "aditivas", mas não são propriamente exemplo de adição pelo Poder Judiciário.

Para Carlos Blanco de Morais, o gênero sentenças *manipulativas* comportaria as seguintes espécies: "i) decisões que modulam a sua eficácia temporal bem como a do direito que é objeto do respectivo julgamento (nº 4 do art. 282 da CR); ii) decisões interpretativas condicionais (sentenças interpretativas de acolhimento e, até certo ponto, as de rejeição); iii) decisões com efeitos aditivos".[265] [266] A subdivisão que aqui interessa, portanto, estaria nas espécies de decisões com efeitos aditivos, correspondentes a: (iii.1) sentenças demolitórias com efeitos

---

[265] MORAIS, Carlos Blanco de. Introdução às sentenças manipulativas e aos seus fundamentos. *In*: MORAIS, Carlos Blanco de (Coord.). *As sentenças intermédias da justiça constitucional*: estudos luso-brasileiros de direito público. Lisboa: AAFDL, 2009. p. 17.

[266] Conceitua sentenças com efeitos aditivos como "as decisões positivas de inconstitucionalidade de cujo conteúdo resulte, tanto um juízo de invalidade, como a indicação de uma norma ou de um princípio normativo que assegurem a criação de condições para que o direito que conformou o objeto da mesma sentença se compatibilize ou harmonize futuramente com a Constituição". (MORAIS, Carlos Blanco de. Introdução às sentenças manipulativas e aos seus fundamentos. *In*: MORAIS, Carlos Blanco de (Coord.). *As sentenças intermédias da justiça constitucional*: estudos luso-brasileiros de direito público. Lisboa: AAFDL, 2009. p. 34).

necessariamente aditivos; (iii.2) sentenças aditivas em sentido estrito;[267] (iii.3) sentenças aditivas de princípio; e (iii.4) sentenças substitutivas.[268] Sem adentrar o conceito e os fundamentos de cada uma das espécies de manipulativas e de subespécies de decisões em sentido estrito categorizadas por Carlos Blanco de Morais, o ponto é que a classificação não possui a funcionalidade necessária para operar na prática.

Com efeito, o próprio Carlos Blanco de Morais reconhece que a matéria não é tratada de maneira uniforme nem mesmo pela doutrina portuguesa:

> Jorge Pereira da Silva (...) distingue as sentenças aditivas (sentenças de acolhimento contendo uma parte ablativa e outra reconstrutiva), das sentenças interpretativas de efeito aditivo (decisões de rejeição que contêm uma interpretação conforme com a Constituição) e, ainda, das sentenças de mero efeito aditivo (que coincidem com o que designamos de sentenças 'demolitórias'). Por seu lado, Jorge Miranda (...) distingue as decisões aditivas (pelas quais se acrescentaria um segmento normativo para uma norma ser salva) das decisões integrativas (que completariam uma norma com preceitos da Constituição para que possa ser válida) e ainda das decisões redutivas (que fariam cair um segmento de norma para que a mesma possa ser conforme a Constituição).[269]

Em estudo pormenorizado sobre as definições disponíveis no catálogo doutrinário, Ricardo Branco chega a identificar nada menos que *onze* conceitos de sentenças aditivas.[270] A proliferação de classificações das *sentenças manipulativas* não ocorre apenas em Portugal. Também na Itália o tema é tratado por nomes muitos distintos entre si, ainda que lá

---

[267] Para o autor, as sentenças aditivas *em sentido estrito* "consistem nas decisões de acolhimento que não só julgam a inconstitucionalidade parcial de uma disposição normativa, mas que também reparam imediatamente o silêncio gerador desse quadro de invalidade ou a lacuna criada pela própria componente ablativa da sentença, através da identificação de uma norma aplicável". (MORAIS, Carlos Blanco de. Introdução às sentenças manipulativas e aos seus fundamentos. *In*: MORAIS, Carlos Blanco de (Coord.). *As sentenças intermédias da justiça constitucional*: estudos luso-brasileiros de direito público. Lisboa: AAFDL, 2009. p. 45).

[268] MORAIS, Carlos Blanco de. Introdução às sentenças manipulativas e aos seus fundamentos. *In*: MORAIS, Carlos Blanco de (Coord.). *As sentenças intermédias da justiça constitucional*: estudos luso-brasileiros de direito público. Lisboa: AAFDL, 2009. p. 38.

[269] MORAIS, Carlos Blanco de. Introdução às sentenças manipulativas e aos seus fundamentos. *In*: MORAIS, Carlos Blanco de (Coord.). *As sentenças intermédias da justiça constitucional*: estudos luso-brasileiros de direito público. Lisboa: AAFDL, 2009. p. 33-34, nota de rodapé n. 22.

[270] BRANCO, Ricardo. *O efeito aditivo da declaração de inconstitucionalidade com força obrigatória geral*. Coimbra: Coimbra Editora, 2009. p. 118 e ss.

se note maior uniformidade.²⁷¹ E os reflexos chegam ao Brasil. Gilmar Ferreira Mendes e Paulo Gustavo Gonet Branco sistematizaram o tema a partir do gênero decisões *manipulativas*, subdivididas em manipulativas de efeitos aditivos e manipulativas com efeito substitutivo. Como espécies de "decisões com alguma eficácia aditiva" apontam ainda as

> decisões demolitórias com efeitos aditivos (quando é suprimida uma lei inconstitucional constritora de direitos), as aditivas de prestação (que têm impacto orçamentário) e as aditivas de princípio (onde são fixados princípios que o legislador deve observar ao prover a disciplina que se tem por indispensável ao exercício de determinado direito constitucional).²⁷²

As aditivas de princípio, pela classificação dos autores, seria uma espécie de decisão aditiva – com o que não se compactua, pelos motivos já expostos.

José Adércio Leite Sampaio refere-se ao gênero sentenças *normativas*, do qual seriam espécies as sentenças interpretativas ou de interpretação conforme a Constituição, as aditivas, as aditivas de princípio e as substitutivas.²⁷³ O gênero sentenças *normativas* ressalta a atuação normativa da corte, o que é mais consentâneo com o tratamento do tema. Mas não se trata da expressão majoritariamente utilizada pela doutrina. Gabriel Accioly Gonçalves adota como gênero as *sentenças manipulativas*, e como espécies as decisões aditivas (de garantia e de prestação); as redutivas; as aditivas de princípio e as substitutivas. Mas

---

²⁷¹ Carlos Blanco de Morais descreve o debate doutrinário na Itália a respeito da admissibilidade da parcela aditiva das decisões de inconstitucionalidade: "A doutrina dividiu-se entre os que, como Picardi (...), negavam eficácia erga omnes à componente aditiva da sentença; os que como Zagrebelski (...) negavam essa eficácia mas admitiam a validade da componente aditiva quando decorrente de norma constitucional auto-aplicativa; os que como Crisafulli defenderam a validade da componente aditiva quando inequivocamente determinada em norma constitucional auto-aplicativa; e os que pese alguma evolução em direcção à posição precedente, sempre admitiram com generosidade alguma plasticidade e efeitos obrigatórios das decisões com operatividade aditiva, como foi o caso de Modugno (...) e Ruggeri-Spadaro António (...)". (MORAIS, Carlos Blanco de. Introdução às sentenças manipulativas e aos seus fundamentos. *In*: MORAIS, Carlos Blanco de (Coord.). *As sentenças intermédias da justiça constitucional*: estudos luso-brasileiros de direito público. Lisboa: AAFDL, 2009. p. 29-30, nota de rodapé n. 15).

²⁷² MENDES, Gilmar Ferreira; BRANCO, Paulo Gustavo Gonet. *Curso de direito constitucional*. São Paulo: Saraiva Educação, 2018. p. 1465 e ss.

²⁷³ Para José Adércio Leite Sampaio, as sentenças normativas correspondem "aos pronunciamentos judiciais que importam a criação de norma jurídica de caráter geral e vinculante". (SAMPAIO, José Adércio Leite. As sentenças intermediárias de constitucionalidade e o mito do legislador negativo. *In*: SAMPAIO, José Adércio Leite; CRUZ, Álvaro Ricardo de Souza (Orgs.). *Hermenêutica e jurisdição constitucional*: estudos em homenagem ao professor José Alfredo de Oliveira Baracho. Belo Horizonte: Del Rey, 2001. p. 163 e ss).

fora desse gênero o autor também ressalta a existência de sentenças afins não manipulativas; da mera invalidação com efeitos aditivos e da redução textual parcial.[274] Além disso, uma decisão poderia combinar cargas diversas, resultando em sentenças mistas. Apesar da profundidade com que o tema é tratado por Gabriel Accioly, as categorias funcionam bem mais em teoria.

O quadro aqui pincelado para comprovar a gama de possibilidades pode ser tecnicamente defensável – em algumas hipóteses mais do que em outras – mas não funciona na prática. A adoção dessas categorias doutrinárias gera a necessidade de a Corte preliminarmente apontar o conceito que está "por trás" da nomenclatura utilizada, indicando também a presença de seus pressupostos. Do contrário, não se saberá exatamente à qual categoria aderiu, porque o *nome* não traz consigo um código próprio, ou um acordo doutrinário mínimo. Se a técnica da interpretação conforme a Constituição é utilizada, muitas vezes, para camuflar decisões de conteúdo criativo, parte do problema envolve a inexistência de categorias certas e delimitáveis, capazes de substituí-la com ganho conceitual. Se a mera invocação da categoria "manipulativa" ou "aditiva" não é capaz de atrair, imediatamente, um conteúdo mínimo específico, por que a Corte deveria passar a utilizá-las? Não seria apenas uma forma de transferir a impropriedade técnica hoje verificada (e criticada) a partir da pseudo interpretação conforme a Constituição?

No fundo, o que importa é (i) definir se o caso envolve a interpretação (*lato sensu*) de uma norma ou a necessidade constitucional de elaboração de uma resposta (normativa ou executiva) e, (ii) se a atuação do Supremo Tribunal Federal se dará em relação a uma norma constitucional (o que inclui o controle de efetividade da Constituição) ou a uma norma infraconstitucional (controle de constitucionalidade). Como já defendido, a fiscalização da constitucionalidade não se esgota no controle de normas. A resposta a essas perguntas determina não apenas a técnica a ser utilizada, como um ônus argumentativo maior ou menor em relação à democracia e aos demais parâmetros aplicáveis à atuação da Corte.

---

[274] GONÇALVES, Gabriel Accioly. *O desenvolvimento judicial do direito*: construções, interpretação criativa e técnicas manipulativas. Rio de Janeiro: Lumen Juris, 2016. p. 203-209.

2.2.2 Ausência de resposta das sentenças manipulativas para a omissão total: e a existência de uma solução melhor na Constituição de 1988

O segundo problema ínsito à adoção da categoria italiana das *decisões modificativas aditivas* como resposta para a sistematização dos novos tipos de decisão do Supremo Tribunal Federal refere-se ao pressuposto (muitas vezes ignorado) de sua existência, *tal como aplicadas e teorizadas pelo direito comparado*: as decisões manipulativas aditivas são proferidas apenas e tão somente quando verificada uma omissão *parcial*. Não foram pensadas para solucionar a omissão total, duplamente sindicável por instrumentos previstos pela Constituição de 1988: o mandado de injunção e a ação direta de inconstitucionalidade por omissão.

Apesar de não resolver a omissão total, muitos autores brasileiros qualificam como "aditivas" algumas decisões do Supremo Tribunal Federal que solucionaram a *ausência* da norma regulamentadora – e não a sua insuficiência. Na verdade, a técnica normativa de decisão do STF para solucionar *omissões totais* ainda carece de sistematização pela doutrina e, também por essa razão, proponho neste trabalho a adoção da técnica da *integração conforme a Constituição*. Aditivas não servem para qualificar decisões que resolvem omissões totais. Não se trata de uso indevido de uma expressão, mas de uma importação equivocada de conceito do direito comparado. Aqui temos um problema de teorização, mais grave que o pragmático.

O equívoco de parte da doutrina brasileira decorre de duas constatações: (i) o foco é colocado na operação de "adição", como se toda e qualquer decisão que adiciona algum conteúdo ao ordenamento jurídico fosse doutrinariamente qualificada pelo direito comparado como aditiva e (ii) a doutrina estrangeira nem sempre aponta, *de maneira expressa*, que o gênero "sentenças manipulativas" pressupõe a existência de uma norma a ser manipulada (não se aplicando quando a norma não existe e o Judiciário precisa criá-la), e que a espécie "sentenças aditivas" pressupõe uma omissão parcial – ou seja, a existência de uma norma, porém incompleta. Só se manipula o que existe e, como visto, as sentenças aditivas foram desenhadas pelo direito italiano para resolver o problema da omissão parcial, para adicionar algo "na parte em que falta" e não para preencher toda a ausência. Francisco Javier Diaz Revorio, por exemplo, qualifica as aditivas como aquelas que, sem afetar o texto de uma disposição legal, estabelecem a inconstitucionalidade de um preceito, produzindo o efeito de ampliar ou estender o seu conteúdo normativo, permitindo sua aplicação a casos não expressamente contemplados na disposição, ou ampliando suas consequências jurídicas.[275]

Criticando a nomenclatura "sentenças manipulativas", Gustavo Zagrebelsky e Valéria Marcenó ressaltam a natureza reconstrutiva dessas decisões.[276] Para os autores, os termos "manipular", "manipulação" e "manipulativo" carregam consigo um significado negativo, sendo o fenômeno por elas descrito não de manipulação, mas de *reconstrução* da norma, razão pela qual preferem a expressão *decisões reconstrutivas*. Embora não se refiram expressamente à omissão parcial, decorre de sua leitura que a reconstrução só pode ser realizada a partir de uma norma existente, e não na ausência total de norma. Carlos Blanco de Morais, ao contrário dos demais autores estrangeiros, é mais assertivo em relação ao pressuposto das aditivas: "(f)oi fundamentalmente para dar resposta à necessidade de se fixarem critérios de preenchimento de *omissões relativas inconstitucionais* ou de lacunas geradas pela própria decisão de inconstitucionalidade que nasceram as sentenças com efeitos aditivos".[277] Ainda que se amplie o espectro da omissão parcial para

---

[275] REVORIO, Francisco Javier Díaz. *Las sentencias interpretativas del tribunal constitucional*. Valladolid: Lex Nova, 2001. p.146 e ss. No original: "aquellas que, sin incidir en el texto de una disposición legal, establecen la inconstitucionalidad de un precepto, produciendo el efecto de ampliar o extender su contenido normativo, permitiendo su aplicación a supuestos no contemplados expresamente en la disposición, o ampliando sus consecuencias jurídicas".

[276] "'Manipulativo' como 'reconstrutivo'. 'Manipulação', 'manipulação', 'manipulativo' são palavras usadas com significado negativo, tanto mais quando associadas a uma função de justiça, onde a manipulação, seja o que for, deve ser excluída. Manipular e alterar são quase sinônimos. 'Julgamentos manipulativos' é uma expressão que foi bem sucedida. Vem do tempo em que estávamos nos perguntando sobre a legitimidade desse tipo de decisão. Hoje, esse tempo acabou. A expressão 'julgamentos reconstrutivos' seria mais apropriada, embora menos sugestiva. Mas assim seja. A linguagem tem sua própria força de inércia. Nós só precisamos estar cientes das sugestões que contém" (tradução livre). No original: "'Manipulativo' come 'ricostruttivo'. 'Manipolare', 'manipolazione', 'manipolativo' sono parole entrate nell'uso, con quel tanto di significato negativo che portanto con sé, tanto più in quanto accostato a una funzione di giustizia, dove la manipolazione, qualsiasi cosa signifchi, dovrebbe essere esclusa. Manipolare ed alterare sono quasi sinonimi. 'Sentenze manipolative' è espressione che ha avuto successo. Essa viene dal tempo in cui ci s'interrogava sulla legittimità di questo tipo di decisioni. Oggi, quel tempo è superato. Sarebbe più propria, anche se meno suggestiva, l'espressione 'sentenze ricostruttive'. Ma, tant'è. Il linguaggio ha la su forza d'inerzia. Bisogna solo essere consapevoli delle suggestioni che contiene". (ZAGREBELSKY, Gustavo; MARCENÓ, Valeria. *Giustizia costituzionale*. Bologna: Il Mulino, 2018. p. 229-230).

[277] MORAIS, Carlos Blanco de. Introdução às sentenças manipulativas e aos seus fundamentos. *In*: MORAIS, Carlos Blanco de (Coord.). *As sentenças intermédias da justiça constitucional*: estudos luso-brasileiros de direito público. Lisboa: AAFDL, 2009. p. 27.

abarcar também a proteção insuficiente, as aditivas só servem para os casos de omissão parcial. Percebendo a impropriedade da categorização de uma sentença como *manipulativa* nas hipóteses de ausência total de norma, Gabriel Accioly foi no ponto: "as omissões inconstitucionais totais devem ser entendidas como categoria inapta a ser solucionada por meio de sentenças aditivas. Na verdade, o gênero decisão manipulativa, como um todo, parte da premissa de haver um texto normativo que venha a ser manipulado de alguma forma".[278] Daí se concluir que, da mesma forma como é um equívoco do Supremo Tribunal Federal qualificar suas decisões aditivas como "interpretação conforme a Constituição", também é um equívoco doutrinário importar do direito italiano a categoria "aditiva" para qualificar as decisões que resolvem omissões legislativas *totais*. Ambos os casos traduzem insinceridade normativa e fundamentação decisória imprópria. Até mesmo a Corte Constitucional da Colômbia, cujos acórdãos referem-se expressamente à adoção de "sentença integrativa" e que, por isso, serviram de inspiração para a técnica da integração conforme a Constituição proposta em tópico próprio, não admite o controle de omissões totais.[279]

As hipóteses de omissão total não podem ser conformadas nas técnicas de decisão das "sentenças manipulativas", ou das "manipulativas aditivas" do direito italiano. *Na verdade, não existe no direito comparado uma categoria própria para a supressão da omissão total*, aplicando-se os fundamentos das aditivas apenas para a solução da omissão parcial. Não é apenas uma questão de nomenclatura, mas de ausência de fundamento para a importação da categoria, a fim de qualificar as decisões do Supremo Tribunal Federal que resolvem a omissão total – chamando-se pelo mesmo nome técnicas de decisão ontologicamente diferentes.

---

[278] GONÇALVES, Gabriel Accioly. *O desenvolvimento judicial do direito*: construções, interpretação criativa e técnicas manipulativas. Rio de Janeiro: Lumen Juris, 2016. p. 206-207.

[279] Corte Constitucional da Colômbia, Sentença C-038/2006, Magistrado Ponente Dr. Humberto Antonio Sierra Porto: "La Corte se ha declarado competente para conocer únicamente acerca de omisiones legislativas relativas, pues 'éstas tienen efectos jurídicos susceptibles de presentar una oposición objetiva y real con la Constitución, la cual es susceptible de verificarse a través de una confrontación de los mandatos acusados y las disposiciones superiores'. Quiere decir lo anterior que, ante la ausencia total de un precepto o texto legal, la Corte no adelanta un juicio de inconstitucionalidad, por cuanto sólo es competente para conocer y pronunciarse sobre la producción legislativa, no obstante, si se trata de una omisión relativa esta puede ser objeto de un juicio de constitucionalidad, que eventualmente podría conducir a proferir una sentencia integradora mediante la cual se subsane la omisión inconstitucional".

Essa é a primeira razão pela qual as aditivas italianas não podem ser automaticamente transplantadas para o direito brasileiro: porque sua formulação se deveu à necessidade de uma resposta para o controle de omissões *relativas* violadoras de direitos fundamentais, já que a constituição italiana não prevê um instrumento normativo para o controle específico de omissões, tal qual o mandado de injunção. Na ausência de um instrumento específico para o controle de omissões, a corte italiana buscou resolver o vácuo inconstitucional por meio da ampliação da fiscalização da inconstitucionalidade por *ação*. Não é o que acontece, de nenhuma forma, no direito constitucional brasileiro.

Em segundo lugar, o tribunal constitucional italiano só está autorizado a suprir a lacuna via decisão aditiva se (e somente se) a *omissão relativa inconstitucional do legislador* puder ser colmatada a partir de uma *solução constitucionalmente obrigatória* (*rime obbligate*), ou seja, quando a normatização judicial não envolver a realização de escolhas discricionárias pela Corte e constar de forma categórica na Constituição.[280] No Brasil, ao contrário, a Constituição de 1988 admite a supressão de omissões constitucionais violadoras de direitos fundamentais, relativas ou totais, via mandado de injunção ou com fundamento na norma de competência por ele criada, sem a necessidade de solução prévia constitucionalmente obrigatória, desde que reunidos os seguintes requisitos: (i) o direito fundamental estiver consagrado em norma constitucional pendente de regulamentação; (ii) possuir grau suficiente de densidade normativa; (iii) a omissão legislativa se configurar após o decurso de prazo razoável; e (iv) a omissão estiver colocando em risco a fruição do direito.

Por essas razões, a decisão proferida pelo Supremo Tribunal Federal no julgamento conjunto dos mandados de injunção[281] que visavam à regulamentação do direito de greve dos servidores públicos, por *inexistência* de norma regulamentadora do art. 37, VII, da CF (omissão total),[282] não podem ser qualificadas como manipulativas e/ou

---

[280] Nas palavras de Ademar Borges, "a doutrina *rime obbligate* impõe como pressuposto essencial da edição de sentença aditiva a noção conforme a qual o conteúdo normativo a ser adicionado por meio da sentença (parcela adjuntiva) deve representar solução constitucionalmente obrigatória". E continua: "A operação integrativa subjacente à sentença aditiva *não poderia, a pretexto de colmatar a omissão legislativa inconstitucional, criar direito novo, elaborando disciplina que não existia previamente no ordenamento jurídico*". (SOUSA FILHO, Ademar Borges de. *Sentenças aditivas na jurisdição constitucional brasileira*. Belo Horizonte: Fórum, 2016. p. 202-203).

[281] STF, Plenário, MI nº 708/DF, Rel. Min. Gilmar Mendes, MI nº 670/ES, Relᵃ. Minᵃ. Rosa Weber e MI nº 712/PA, Rel. Min. Luiz Fux, j. 25.10.2007, p. 31.10.2008.

[282] Consta do voto do Ministro Relator Gilmar Mendes no MI 708, o seguinte trecho: "Especialmente no que concerne à aceitação das sentenças aditivas ou modificativas,

aditivas (tomando por parâmetro o direito comparado). Na hipótese, o Supremo Tribunal Federal decidiu que cabia à Corte a adoção de medidas normativas para a superação da omissão *total* inconstitucional, aplicando ao setor público, por analogia, a Lei nº 7.783/1999, que disciplina o direito de greve no âmbito privado.

Não se trata de decisão aditiva nos moldes italianos, porque ausentes seus pressupostos: não existe uma norma a ser manipulada, nem uma omissão parcial, e tampouco uma (única) solução constitucionalmente obrigatória. A forma como o direito de greve deveria ser regulamentado certamente envolvia escolhas e limites mais ou menos rígidos[283] e, ainda assim, pôde ser concretizado a partir da inovação do Supremo Tribunal Federal, porque a Constituição de 1988 expressamente previu o mandado de injunção como instrumento processual legitimador da criação judicial quando em jogo obstáculos normativos à fruição de direitos fundamentais.

A regulamentação do direito de greve pelo STF encontra fundamento *direto* na própria Constituição de 1988, sem a necessidade de recurso ao direito comparado ou a nenhum outro instituto – quanto mais a um que não compartilha dos pressupostos necessários à solução

---

esclarece Rui Medeiros que elas são em geral aceitas quando integram ou completam um regime previamente adotado pelo legislador ou ainda quando a solução adotada pelo Tribunal incorpora 'solução constitucionalmente obrigatória' (MEDEIROS, Rui. *A decisão de inconstitucionalidade*. Lisboa: Universidade Católica Editora, 1999. p. 504)". O caso não tratava de complementação de regime previamente adotado pelo legislador, mas da regulamentação em si desse regime. E, quanto à "solução constitucionalmente obrigatória", o próprio Rui Medeiros questiona o critério: "por detrás desta ideia geral estão modos muito diversos de conceber a existência de uma vinculação constitucional. (...) Temos para nós que, nos casos em que não exista uma pluralidade de soluções alternativas e em que, portanto, a solução adoptada seja constitucionalmente necessária, a decisão modificativa não ofende as prerrogativas do legislador. Só que, se é certo que existem numerosas leis constitucionalmente obrigatórias, no sentido de leis impostas e necessárias para a concreta salvaguarda e realização de uma norma constitucional, o mesmo não se pode dizer em relação às leis de conteúdo constitucionalmente vinculado. A redução da liberdade de conformação do legislador 'a zero', especialmente no campo da concretização do princípio da igualdade, é dificilmente imaginável". (MEDEIROS, Rui. *A decisão de inconstitucionalidade*. Lisboa: Universidade Católica Editora, 1999. p. 504-505).

[283] Sobre a decisão do STF no julgamento conjunto dos mandados de injunção sobre o direito de greve do setor público, e a discricionariedade judicial envolvida, assim se manifestou Ademar Borges: "Nesse caso, nada há na Constituição a impor esta ou aquela forma específica para o exercício do direito de greve, seja no que diz respeito às condições que o autorizam, seja no que concerne aos seus limites. O Supremo Tribunal Federal, ao produzir o regramento que disciplinará, até a superveniência de lei sobre a matéria, o exercício do direito de greve pelos servidores públicos, adotou, parcialmente e por analogia, o complexo normativo que disciplina o mesmo direito para empregados privados. Pergunta-se: a norma criada pelo Supremo Tribunal Federal, em seu conteúdo, representa solução constitucionalmente obrigatória? A resposta é negativa". (SOUSA FILHO, Ademar Borges de. *Sentenças aditivas na jurisdição constitucional brasileira*. Belo Horizonte: Fórum, 2016. p. 205).

constitucionalmente adequada do caso concreto. Em outras palavras, considerando-se as "aditivas italianas" e as decisões criativas do STF que resolvem omissões totais, pode-se afirmar que ambas "adicionam" conteúdo normativo *em sentido lato*, mas no direito italiano a complementação normativa da omissão *parcial* decorre de uma solução a *rime obbligate*, enquanto que a solução das omissões totais sobre direitos fundamentais no direito brasileiro, *não*. Embora os dois casos envolvam criação judicial, há maior margem de inovação no direito brasileiro, justamente porque assim prevê a Constituição de 1988.

Como visto em capítulo anterior, a previsão do mandado de injunção opera como fundamento específico para obtenção de respostas normativas do Poder Judiciário (art. 5º, LXXI, CF), pois possui dupla finalidade constitucional: funcionar como norma de competência legislativa supletiva de juízes e tribunais em matéria de proteção de direitos fundamentais *e* como parâmetro para a inovação judicial. Não se trata apenas da previsão de um instrumento processual subjetivo para purgação da mora do legislador, mas da existência de uma norma (inferida) de atribuição de competência para que juízes e tribunais, de uma forma geral, forneçam uma resposta normativa se essa for necessária ao exercício de um direito fundamental estabelecido constitucionalmente.

A resposta do direito constitucional brasileiro é melhor e mais ampla: não se condiciona a proteção de direitos fundamentais, no caso concreto, à existência de uma resposta abstrata prevista de forma direta em alguma outra norma constitucional. Se há omissão legislativa e, em razão disso, direitos fundamentais estão tendo seu exercício obstaculizado, a Constituição *impõe* a intermediação do juiz, ainda que com certa discrição e fora dos autos de um mandado de injunção. Por estar expressamente prevista no texto da CF/88, não há que se falar em democracia ou invasão ilegítima da esfera de atuação do Parlamento, mesmo quando envolver discrição judicial.

A Constituição de 1988 traz em si um projeto ambicioso. As decisões manipulativas italianas ajudaram a colocar luzes sobre o problema da criação judicial pelo STF, mas representam uma solução tão parcial – além de antipragmática – que não atende às necessidades do sistema constitucional brasileiro. Além de não abarcarem a omissão total, as sentenças manipulativas tampouco servem como prognóstico para o tipo de fiscalização de constitucionalidade hoje realizado pelo Supremo Tribunal Federal: o controle de efetividade.

2.2.3 Ausência de resposta para o controle de efetividade da Constituição

Como observado em capítulo anterior, a fiscalização de constitucionalidade exercida pelo Supremo Tribunal Federal, principalmente após a regulamentação da ADPF pela Lei nº 9.882/1999, passou do controle de constitucionalidade de *leis e atos normativos* para um verdadeiro *controle de efetividade da Constituição*. A partir do momento em que as respostas exigidas do STF para os casos de provimento de uma ADPF não se encontravam especificamente previstas em lei, a corte passou a ser competente para definir *como* "sanar a lesão a preceito fundamental", da forma como entendesse mais compatível com a Constituição – e, portanto, de forma mais ampla e criativa do que a fórmula clássica de rejeição/acolhimento do pedido de inconstitucionalidade de uma lei.

O Supremo, com fundamento no art. 102, §1º, da Constituição Federal e na Lei nº 9.882/1999, decide não apenas sobre os *atos normativos*, mas também sobre qualquer *ação ou omissão* capaz de lesionar *preceito fundamental*, conteúdo que, ao fim e ao cabo, compete ao próprio STF definir (e exclui, praticamente, só os atos privados de seu conceito). Foram controlados via ADPF, conforme já analisado, a realização da Marcha da Maconha, o sistema prisional brasileiro, a restrição do funcionamento do WhatsApp, a greve dos caminhoneiros, o cadastramento biométrico que gerou o cancelamento de títulos de eleitores, a liberdade de manifestação em universidades públicas ou privadas *etc*. *Trata-se de controle executivo (para além do já existente controle normativo), e de fiscalização da força operativa da Constituição no mundo dos fatos, em ampliação dos efeitos de sua força normativa*. Vive-se hoje a fase do controle de *realidade, de realização constitucional*, que se soma ao controle de *constitucionalidade* de leis e atos normativos.

Nesse contexto particular do sistema brasileiro, verifica-se que a maior insuficiência das decisões manipulativas consiste na ausência de sua adequação ao controle de efetividade da Constituição. Responde com algum ganho ao controle da omissão parcial, mas, como visto, a fiscalização do STF – com fundamento na própria Constituição Federal – vai muito além disso. As categorias de decisão propostas para o Supremo Tribunal Federal precisam ser capazes de abarcar todo o tipo de provimento fundado no texto da Constituição de 1988. A normatização pelo Supremo Tribunal Federal envolve não apenas a compatibilização de normas infraconstitucionais com a Constituição – que é o objeto das sentenças manipulativas – mas também a extração da máxima efetividade das próprias normas constitucionais e do projeto idealizado pela Constituição.

Nesse ponto, embora amplamente citada pela doutrina como exemplo de sentença (manipulativa) aditiva, a decisão do Supremo Tribunal Federal, ao apreciar o pedido do MS nº 26.604, Relª. Minª. Cármen Lúcia, não pode ser caracterizada como tal. No caso, a Corte criou uma nova hipótese de perda do mandato parlamentar por infidelidade partidária, além daquelas previstas no art. 55 da CF,[284] sob o fundamento de que a fidelidade partidária "é corolário lógico-jurídico necessário do sistema constitucional vigente, sem necessidade de sua expressão literal". De fato, houve aqui uma construção judicial, uma adição. Mas nem toda adição corresponde automaticamente a uma sentença aditiva tal como descrita pelo direito comparado. Nem toda atuação criativa do Supremo Tribunal Federal pode ser enquadrada na categoria de decisões manipulativas.

O caso, em verdade, representa ilegítima revisão constitucional,[285] injustificável tanto sob o prisma das decisões manipulativas, quanto da Constituição de 1988.[286] Do ponto de vista do texto constitucional, houve restrição ao direito político fundamental de liberdade de exercício de cargos eletivos contra a decisão do poder constituinte originário, que estabeleceu no art. 55 da CF um rol taxativo, nele tendo *optado* por não reproduzir a hipótese de perda do mandato prevista no art. 35 da

---

[284] Art. 55, CF: "Perderá o mandato o Deputado ou Senador: I – que infringir qualquer das proibições estabelecidas no artigo anterior; II – cujo procedimento for declarado incompatível com o decoro parlamentar; III – que deixar de comparecer, em cada sessão legislativa, à terça parte das sessões ordinárias da Casa a que pertencer, salvo licença ou missão por esta autorizada; IV – que perder ou tiver suspensos os direitos políticos; V – quando o decretar a Justiça Eleitoral, nos casos previstos nesta Constituição; VI – que sofrer condenação criminal em sentença transitada em julgado".

[285] "Trata-se das sentenças que alargam, por força de uma operação interpretativa, o objeto da norma constitucional existente, à margem do texto e da vontade expressa ou implícita do legislador constitucional, acabando por gerar, de fato, 'novas' normas, com pretenso valor constitucional". (MORAIS, Carlos Blanco de. Introdução às sentenças manipulativas e aos seus fundamentos. *In*: MORAIS, Carlos Blanco de (Coord.). *As sentenças intermédias da justiça constitucional*: estudos luso-brasileiros de direito público. Lisboa: AAFDL, 2009. p. 40).

[286] O voto vencido do Ministro Eros Grau no MS nº 26.604, Plenário, Relª. Minª. Cármen Lúcia, j.04.10.2007, p. 03.10.2008 aponta a ilegitimidade da decisão da maioria: "Eu pergunto, desafiadoramente: onde está escrito, na Constituição ou em lei, que o cancelamento de filiação partidária ou a transferência do candidato eleito por um partido para outra legenda consubstancia renúncia tácita? A assertiva de que no caso haveria renúncia pretende, *permissa venia*, mascarar a criação de uma hipótese de perda de mandato não admitida pela Constituição".

Constituição de 1969[287] – que, por sua vez, já havia sido revogado pela Emenda Constitucional nº 25, de 1985.

Quanto ao segundo ponto, as sentenças manipulativas tampouco servem para qualificar o caso da perda de mandato por infidelidade partidária, porque as decisões que têm por objeto a densificação *das próprias normas da Constituição* não são objeto das manipulativas do direito comparado. As manipulativas visam à conformação das normas *infraconstitucionais* com o ordenamento constitucional, seja a partir de uma adição ou de uma substituição. *Para a atuação normativa do Supremo Tribunal Federal com impacto nas normas constitucionais – ou no projeto da Constituição – a categoria a ser proposta deve ser outra.* Tanto porque a Constituição de 1988 permite uma atuação mais ampla e, em alguns casos, com alguma discrição do Supremo Tribunal Federal, quanto porque utilizar o fundamento das manipulativas para decisões que envolvem a aplicação *direta* de normas da constituição equivaleria à ausência de fundamentação.

Se é certo que a ampliação do significado das normas constitucionais *pode* ser realizada, como nas hipóteses de integração conforme a Constituição, a legitimidade do fundamento autorizativo tem que ser buscada na própria Constituição, sob pena de uma criação totalmente livre do STF corresponder a uma atuação como "constituinte positivo", crítica que não se afasta da mesma forma como o dogma do legislador negativo, porque ausente o fundamento de validade em uma norma hierarquicamente superior. No caso de normas constitucionais originárias (como no julgamento da fidelidade partidária), admitir a existência de uma sanção não prevista expressamente na Constituição de 1988 significa criar uma penalidade constitucional por decisão judicial, uma operação verdadeiramente constituinte, violando a democracia, a liberdade política e o equilíbrio entre os Poderes.

Ainda no contexto do controle de efetividade da constituição, existe um campo recém explorado da jurisdição constitucional que não é sequer tangenciado pela categoria das decisões manipulativas. Por não dizerem respeito ao controle de *normas* propriamente dito, as decisões que reconhecem o estado de coisas inconstitucional, ou aquelas que são produto de litígio estrutural,[288] em nenhuma hipótese podem ser

---

[287] Art. 35, CF de 1969: "Perderá o mandato o deputado ou senador: (...) V – que praticar atos de infidelidade partidária, segundo o previsto no parágrafo único do artigo 152".

[288] De acordo com Carlos Alexandre Campos, o litígio estrutural é "caracterizado pelo alcance a um número amplo de pessoas, a várias entidades e por implicar ordens de execução complexa. Para enfrentar litígio da espécie, juízes constitucionais acabam fixando 'remédios estruturais',

caracterizadas como decisões manipulativas, ficando de fora de qualquer guarda-chuva hoje existente de classificação das decisões do STF.

Conforme explicitado por Carlos Alexandre de Azevedo Campos, o estado de coisas inconstitucional deve ser declarado diante da existência de um "quadro insuportável de violação massiva de direitos fundamentais, decorrente de atos comissivos e omissivos praticados por diferentes autoridades públicas", que só pode ser revertido a partir da construção de diversas medidas estruturais, na maioria das vezes de natureza executiva (e não legislativa). Diante da inércia dos poderes envolvidos, e da gravidade da afronta a direitos fundamentais, a Corte "se afirma legitimada a interferir na formulação e implementação de políticas públicas e em alocações de recursos orçamentários e a coordenar as medidas concretas necessárias para superação do estado de inconstitucionalidades".[289] Tendo em vista essa conceituação, e o seu não enquadramento no conceito de sentenças manipulativas, sob qual rótulo podem ser qualificadas as decisões do Supremo Tribunal Federal sobre estado de coisas inconstitucional e litígios estruturais?

A resposta está na distinção metodológica clássica entre interpretação (determinação do sentido e alcance) e integração (preenchimento de lacunas e omissões) do direito, aplicada ao direito constitucional. Aqui não se trata, propriamente, de intepretação constitucional, atividade que envolve a determinação do conteúdo, o sentido e o alcance de uma norma da constituição, de forma explícita ou implícita. O trabalho se desenvolve a partir da premissa de que alguma atividade normativa está contida na função jurisdicional, o que só se permite a partir da noção de *integração constitucional*. Ou seja, em admitir e justificar dogmaticamente que as próprias normas constitucionais podem ser objeto de *integração* (e não apenas de interpretação), sem que isso caracterize necessariamente uma atividade "constituinte originária".

As novas categorias decisórias, contidas no contexto da integração do direito constitucional, devem ser capazes de (i) distinguir as hipóteses em que a decisão do Supremo Tribunal Federal se encontra dentro do programa (explícito ou implícito) da norma, daquelas que envolvem

---

voltados ao redimensionamento dos ciclos de formulação e execução de políticas públicas, o que não seria possível por meio de decisões mais ortodoxas". (CAMPOS, Carlos Alexandre de Azevedo. O estado de coisas inconstitucional e o litígio estrutural. *Conjur*, 01 set. 2015. Disponível em: https://www.conjur.com.br/2015-set-01/carlos-campos-estado-coisas-inconstitucional-litigio-estrutural. Acesso em 19 jun. 2018).

[289] CAMPOS, Carlos Alexandre de Azevedo. O estado de coisas inconstitucional e o litígio estrutural. *Conjur*, 01 set. 2015. Disponível em: https://www.conjur.com.br/2015-set-01/carlos-campos-estado-coisas-inconstitucional-litigio-estrutural. Acesso em 19 jun. 2018.

construção judicial; e, uma vez identificada a construção, de também conseguir (ii) conformar e diferenciar a atuação normativa do Supremo Tribunal Federal com impacto nas normas constitucionais (o que inclui o controle de efetividade da Constituição), da atuação construtiva com impacto nas normas infraconstitucionais. Isso porque (i) o grau de criação e (ii) o objeto da fiscalização realizada pelo Supremo Tribunal Federal atraem fundamentos e parâmetros próprios.

2.3 A solução proposta: as técnicas da *inferência constitucional* e da *integração conforme a Constituição*

Ao longo do estudo foram mencionadas algumas vias atualmente utilizadas pelo Supremo Tribunal Federal para criação de normas: (i) a edição de súmulas vinculantes, o julgamento de questões recursais sob o rito da repercussão geral, o sistema de vinculação a precedentes; (ii) a pseudo interpretação conforme a Constituição; (ii) o controle de inconstitucionalidade por omissão (relativa ou absoluta) e (iv) a modulação temporal de efeitos da declaração de inconstitucionalidade. Com exceção da manipulação dos efeitos no tempo, surgida na prática processual do STF e depois positivada pelo art. 27 da Lei nº 9.868/1999, não há outros parâmetros para a atuação criativa da Corte. A indefinição, como observado anteriormente, está na contramão da transparência, do controle público (e doutrinário) sobre as decisões do Supremo, da sinceridade normativa e da funcionalidade.

A partir do resultado da distinção entre interpretação e integração das normas constitucionais, e do reconhecimento de que ao lado da intepretação constitucional também é possível integrar as normas da própria Constituição, surgem as duas categorias de decisão propostas para redirecionar o trânsito processual no Supremo Tribunal Federal: (i) a técnica da inferência constitucional e a (ii) técnica da integração conforme a Constituição. São complementares àquelas que têm como núcleo a interpretação constitucional, por proverem um resultado que se encontra *além* da mera interpretação, mas ainda assim dentro dos limites traçados pela Constituição. Quando não se é capaz de chegar à solução jurídica a partir das possibilidades explícitas ou implícitas da norma em análise – ou quando sequer há norma em análise –, não há que se falar em interpretação. Mas o problema levado ao Judiciário persiste e é preciso enfrentá-lo.

Inferência constitucional e *integração conforme a Constituição* representam um passo adicional em relação às técnicas interpretativas e se distinguem de acordo com o grau de criação (maior na inferência) e com o tipo de lacuna que visa a suprir (se constitucional ou infraconstitucional). Em síntese, existe *inferência constitucional* toda vez que a questão jurídica demandar a criação de uma norma diretamente a partir de uma norma constitucional, enquanto que a *integração conforme a Constituição* surgirá diante de necessidade de normatização com impacto na legislação infraconstitucional ou na ausência de legislação. Em razão do caráter criativo das soluções, e da sua excepcionalidade diante de limitações relativas à democracia e à capacidade institucional das cortes, as duas técnicas estão sujeitas a limites e parâmetros. São ainda mais funcionais e abarcam em maior extensão os novos tipos de provimento do Supremo Tribunal Federal.

2.3.1 A técnica da *inferência constitucional*: atuação normativa do STF com impacto nas normas constitucionais

Inferência constitucional e *integração conforme a Constituição*, como referido, representam um acréscimo quando comparadas às técnicas interpretativas e se distinguem de acordo com o grau de criação e com o objeto analisado. Existe inferência constitucional toda vez que a questão jurídica exigir (i) definição do conteúdo das normas constitucionais, principalmente aquelas de natureza abstrata, como os princípios, (ii) de cuja operação resultem outras normas ou comandos para a realização da Constituição, produzindo impacto direto no texto constitucional, (iii) desde que o resultado esteja de acordo ou não seja contrário à Constituição.

A técnica reconhece e assume o caráter criativo da operação e, ao mesmo tempo, evidencia que a explicitação ou densificação da norma constitucional é realizada por inferência da própria Constituição, cujo resultado deve estar contido em seus limites materiais. A criação por inferência constitucional não equivale àquela realizada pelo legislador (ou, no particular, pelo constituinte), porque não há propriamente uma escolha por parte do Supremo Tribunal Federal, mas um espaço de decisão a partir de diretrizes estabelecidas pelo próprio poder constituinte.

Diante da necessidade de resolução do caso concreto e, constatando-se a ausência de norma constitucional expressa, autorizativa ou proibitiva, *a Corte Constitucional busca na Constituição as coordenadas normativas para a construção da resposta. A partir dos dados conhecidos e contidos no texto, infere-se a solução para um determinado caso concreto ou conjunto de casos*. A inferência constitucional surge a partir de *argumentos estruturais* ou, na visão multidimensional de Lawrence Tribe, de uma "geometric construction".[290] A ideia é a de que a construção judicial tem início no texto da norma constitucional, mas termina identificando proposições não textuais que se sustentam sobre a norma, estando com ela em pé de igualdade e gerando impacto nas próprias normas constitucionais.

Por mais analítica que seja a Constituição de 1988, um texto constitucional democrático deve deixar amplos espaços em aberto para deliberação política das gerações futuras. Os intervalos de vazio constitucional em regra referem-se a temas deixados à conformação do legislador infraconstitucional ou dos demais poderes públicos, o que representa uma *opção* legítima do constituinte a favor da democracia. Excepcionalmente, porém, determinada matéria pode ter sido eleita para figurar apenas na Constituição, não podendo ser objeto de disciplina infraconstitucional, referindo-se ao que se conhece por reserva de constituição,[291] temas que só podem ser regulados por meio de normas constitucionais.

Quando existe reserva de constituição, a supressão do vazio impacta diretamente nas próprias normas constitucionais. Uma proposta formalista apontaria no sentido de aguardar a manifestação do poder constituinte derivado, um procedimento em si dificultoso e que, no melhor cenário, poderia hipertrofiar ainda mais a Constituição. Uma proposta que tem como norte a efetividade da Constituição, ao contrário, envolve a busca da resposta no próprio sistema normativo

---

[290] Em seu livro *The Invisible Constitution*, Lawrence Tribe formula a pergunta sobre como "visualizar e articular regras, princípios e direitos que são parte da nossa Constituição, mas não discerníveis ou diretamente deriváveis do texto?" Em resposta, oferece seis modelos de construção de normas constitucionais "invisíveis": o geométrico, o geodésico, o global, o geológico, o gravitacional e o giroscópico. O livro é fascinante e dele aproveito principalmente o modelo geométrico, assim descrito: "by this term I mean essentially 'connecting the dots' and 'extending the lines'". (TRIBE, Lawrence. *The invisible constitution*. Oxford University Press: New York, 2008. p. 157).

[291] As matérias sujeitas à reserva de Constituição não estão necessariamente vinculadas à relevância do tema: "É da análise de cada sistema constitucional concreto que se pode inferir quais foram os temas cuja regulação foi reservada, com exclusividade, à Constituição. Neste sentido, a reserva de Constituição não está necessariamente vinculada à relevância do tema versado. Existem temas jurídicos de enorme importância que não são equacionados em sede constitucional. A Constituição pode até exercer uma influência sobre a sua disciplina infraconstitucional – o que tende a ocorrer, diante do fenômeno da 'filtragem constitucional' do Direito –, mas não subtrai todo o espaço de livre conformação legislativa". (SARMENTO, Daniel. As lacunas constitucionais e sua integração. *Revista de Direitos e Garantias Fundamentais*, v. 12, p. 32, jul./dez. 2012).

constitucional, o que a rigor acaba funcionando como prevenção de rupturas institucionais, evitando a retirada do poder constituinte de seu estado de latência.

Com o passar dos anos, a complexificação das relações sociais e a rearrumação de forças políticas começam a concorrer e a testar a força da Constituição. Uma constituição deve servir principalmente aos tempos de crise. Aprovar uma nova constituição ou convocar assembleias constituintes em momentos de polarização e de graves cisões políticas acaba fazendo com que os grupamentos sociais e políticos não incluídos na maioria das ocasiões sintam-se escusados de cumprir a nova Constituição, colocando em risco, desde o primeiro momento, a pacificação que deve acompanhar a promulgação de um texto constitucional. Gera, assim, uma questão de aderência.

A necessária incompletude da Constituição, que garante espaços de deliberação para as gerações futuras, exige dos poderes majoritários e do Judiciário soluções não previstas pelo constituinte – ou propositadamente silenciadas no momento da promulgação do texto, por envolverem matérias insuscetíveis de formação de maioria. A inferência constitucional, nesse contexto, atua a favor do atributo da *flexibilidade*, apontado por Zachary Elkins, Tom Ginsburg e James Melton[292] como um dos fatores responsáveis pela *resistência constitucional*,[293] ou longevidade de uma constituição.

A solução por inferência permite que o Supremo Tribunal Federal *explicite* uma norma que não se encontra expressa ou implicitamente no texto, mas que ainda assim decorre da interpretação da Constituição. Dito de outra forma: o texto constitucional permite interpretações que resultem direta ou indiretamente de seu texto, ou seja, de forma explícita ou implícita – sendo certo que, ainda que a norma resultado da interpretação esteja apenas implicitamente na Constituição, encontra-se *dentro* dos limites hermenêuticos da norma constitucional. Aí está a grande diferença para a solução por inferência, que pode, inclusive, ser incialmente incompatível com a semântica ou a intepretação literal de determinado dispositivo –, desde que o resultado possa ser reconduzido

---

[292] ELKINS, Zachary; GINSBURG, Tom; MELTON, James. *The endurance of national constitutions*. Nova Iorque: Cambridge University Press, 2009. p. 129. Os autores apontam três fatores que influenciam diretamente a resistência constitucional: inclusão, flexibilidade e especificidade.

[293] "Por resistência constitucional entenda-se a capacidade de as constituições sobreviverem ao tempo e aos desafios políticos aos quais podem se submeter em diferentes contextos ao longo de sua vida, ou vigência". (FREIRE, Alonso. Longevidade constitucional: o caso da Constituição de 1988. *Jota*, 21 mai. 2018. Disponível em: https://www.jota.info/opiniao-e-analise/artigos/longevidade-constitucional-1988-21052018. Acesso em 21 mai. 2018).

à Constituição. É exemplo de *flexibilidade* justamente por impedir que a rigidez de intepretações meramente literais e/ou congeladas no tempo coloquem em risco todo o projeto da Constituição e lhe diminuam a resiliência, ou expectativa de vida. Ao espelhar de forma calibrada as novas exigências sociais e políticas, a técnica da inferência constitucional auxilia na rearrumação das forças necessárias à sustentação da própria Constituição, com ganhos de transparência, argumentação, controle e funcionalidade.

Em determinadas matérias o exercício de inferência é uma imposição, havendo comandos autorizativos prévios concedidos pelo constituinte originário, tal como estudado no item sobre o fundamento material da atuação criativa do Supremo Tribunal Federal: os direitos fundamentais. As normas do art. 5º, LXXI e §§1º e 2º, da CF, traduzem o fundamento constitucional para a inferência em matéria de direitos fundamentais e veiculam um *dever* a ser observado por todos os intérpretes de seu texto, notadamente pela corte responsável pela guarda da Constituição.

Os dispositivos constitucionais citados referem-se, categoricamente, à operação de explicitação de outras normas protetivas de direitos fundamentais *decorrentes* do regime e dos princípios adotados pela Constituição e à existência de uma norma de competência contida na previsão constitucional do mandado de injunção, que autoriza a realização da atividade legislativa pelo Judiciário em tema de direitos fundamentais. Ou seja, a Constituição de 1988 estabelece o regime, as diretrizes, as finalidades, os princípios e os valores. Dentro dessa moldura, as soluções criativas podem ser propostas pelo Supremo Tribunal Federal, pelo legislador, pelo administrador, pela sociedade civil – desde que para aumentar a proteção constitucionalmente atribuída aos direitos fundamentais.

Se assim não fosse, o STF jamais poderia ter estendido à mãe adotante o prazo de licença-maternidade de 120 (cento e vinte) dias, previsto no art. 7º, XVIII,[294] da CF apenas para as *gestantes*.[295] É certo que o texto da Constituição se refere expressamente ao termo "gestante", e que, por óbvio, a maternidade pela adoção não se dá pela gestação. Dessa forma, a solução a que chegou o STF não decorre nem explícita,

---

[294] Art. 7º, XVIII, CF: "São direitos dos trabalhadores urbanos e rurais, além de outros que visem à melhoria de sua condição social: (...) XVIII: licença à gestante, sem prejuízo do emprego e do salário, com a duração de cento e vinte dias".

[295] STF, Plenário, RE nº 778.889/PE, Rel. Min. Luís Roberto Barroso, j. 10.03.2016, p. 01.08.2016.

nem implicitamente, do texto constitucional. Aliás, é inicialmente contrária à leitura que se pode fazer do dispositivo.[296] Nesse sentido, não há dúvidas de que houve criação. No entanto, diante de norma constitucional cuja interpretação literal tem por consequência um resultado inconstitucional – sobre ou subinclusivo – a Corte Constitucional *pode* transpor a semântica para produzir a solução constitucionalmente adequada, *devendo* fazê-lo quando em jogo a proteção de direitos fundamentais, principalmente o de minorias vulneráveis. Na hipótese narrada, o Supremo Tribunal Federal *inferiu* do princípio constitucional da dignidade da pessoa humana e da igualdade entre filhos biológicos e adotados[297] a decisão de que a licença prevista no artigo 7º, XVIII, da CF abrange *tanto* a licença gestante *quanto* a licença adotante, *ambas* asseguradas pelo prazo mínimo de 120 dias, independentemente da idade do filho adotado. Por *inferência constitucional*, onde na Constituição se lê licença gestante, leia-se licença maternidade.[298]

A técnica também se verificou no mais significativo acórdão proferido pela Corte, no julgamento conjunto da ADI nº 4277 e da ADPF nº 132, ambas da relatoria do Ministro Ayres Britto, em que o Supremo Tribunal Federal depreendeu da Constituição a possibilidade de união estável entre pessoas do mesmo sexo, solução que *aparentemente* poderia

---

[296] Esse foi o entendimento do Ministro Marco Aurélio, que votou pelo não provimento do pedido do recurso extraordinário. Afirmou que a atuação do STF é vinculada ao direito positivo e, portanto, não poderia substituir o legislador e assentar que estaria deficiente a normatividade aprovada pelos representantes do povo. Com efeito, destacou que o artigo 7º, XVIII, CF, versa sobre licença à gestante, o que pressupõe a gestação. Assim, segundo o Ministro Marco Aurélio, haveria uma dupla proteção: à mulher que engravida, que se tornará parturiente, e também à criança. Quanto ao art. 227, §6º, da Constituição Federal, apenas impediria o tratamento diferenciado aos filhos, não dizendo respeito à situação jurídica nem da gestante, nem, muito menos, da adotante.

[297] Art. 227, §6º, CF: "Os filhos, havidos ou não da relação do casamento, ou por adoção, terão os mesmos direitos e qualificações, proibidas quaisquer designações discriminatórias relativas à filiação".

[298] O acórdão proferido pelo STF nos autos do RE 778.880/PE, julgado sob a sistemática da repercussão geral, deu causa à edição do Parecer nº 3/2016/CGU/AGU, da Advocacia-Geral da União – AGU, aprovado com caráter normativo pelo Sr. Presidente da República em 12 de dezembro de 2016. Consta do documento o seguinte trecho pertinente: "O presente parecer (...) tem em vista não apenas esse elemento formal ou autorizativo que deve revestir as decisões da Corte Suprema brasileira em relação aos órgãos administrativos federais, mas igualmente a correção substancial e, portanto, a legitimidade material da decisão específica proferida pelo STF no RE nº 778.889/PE, na qual sobressaem também as razões substantivas que, no caso em análise, devem funcionar como elementos persuasivos no sentido do efetivo cumprimento pela Administração Pública Federal". Disponível em: http://www.agu.gov.br/atos/detalhe/1530156. Acesso em 16 jan. 2018. No mesmo sentido, o Conselho da Justiça Federal – CJF editou a Resolução nº 452, de 30 de junho de 2017.

estar em desacordo com a leitura do art. 226, §3º, da CF.[299] Criticada por muitos como ativista, ou como fruto de atuação ilegítima do Supremo como "constituinte positivo", trata-se de decisão *contida* no projeto da Constituição e imposta por inferência constitucional na forma do art. 5º, §2º, da CF.

O voto do Ministro Gilmar Mendes na ADI nº 4277 e na ADPF nº 132, acompanhando o Ministro Relator por fundamento diverso, chama a atenção para o que aqui se propõe. Consta de seu voto a conclusão de que a autorização para a união entre pessoas do mesmo sexo não está no art. 1723 do Código Civil, nem na aplicação direta do texto do art. 226, §3º, da CF,

> mas, sim, (deve ser entendida) como *decorrência* de direitos de minorias, de direitos fundamentais básicos em nossa Constituição, do direito fundamental à liberdade de livre desenvolvimento da personalidade do indivíduo e da garantia de não discriminação dessa liberdade de opção (art. 5º, XLI, CF) – dentre outros explicitados em minha fundamentação –, os quais *exigem* um correspondente dever de proteção, por meio de um modelo de proteção institucional que até hoje não foi regulamentado pelo Congresso.[300]

Ou seja: a Constituição possui normas explícitas, implícitas e inferidas.

Da norma constitucional que protege expressamente a união estável *entre o homem e a mulher* não se pode concluir que automaticamente estariam proibidas todas as demais formas de entidade familiar, porque esse resultado seria inconstitucional. O comando do art. 226, §3º, da CF, restringe-se, apenas, à *afirmação* constante no texto: a de que a união estável entre o homem e a mulher encontra-se garantida pela Constituição, o que foi necessário para afastar, de uma vez por todas, a pecha de *concubinato* que esse tipo de relação social ainda produzia na sociedade na década de 80.

Dele não pode resultar o *comando negativo*, de que ao prever a união estável entre o homem e a mulher todas as demais formas de entidade familiar estariam vedadas constitucionalmente. Seja porque não se extrai de uma norma de proteção um resultado não protetivo, seja porque do rol de direitos fundamentais previstos na Constituição

---

[299] CF, art. 226, §3º: "Para efeito da proteção do Estado, é reconhecida a união estável entre o homem e a mulher como entidade familiar, devendo a lei facilitar sua conversão em casamento".

[300] STF, Plenário, ADI nº 4.277/DF, Rel. Min. Ayres Britto, j. 05.05.2011, p. 14.10.2011.

decorre a garantia e a proteção de todas as formas de entidade familiar. Por inferência constitucional, onde se lê união estável entre o homem e a mulher, *não* se lê vedação aos demais tipos de entidade familiar. E, por inferência constitucional, diante da lacuna da Constituição em prever garantia expressa da união estável entre pessoas do mesmo sexo, seu reconhecimento *decorre* da concretização do princípio da igualdade e da vedação da discriminação em razão de sexo, gênero ou orientação sexual.

Diante da necessidade de solução do caso concreto, e consideradas as diretrizes estabelecidas pela Constituição, a decisão final do Supremo Tribunal Federal não poderia ser outra: atuar de maneira criativa para permitir as uniões homoafetivas,[301] ainda que a solução produza impacto no próprio texto constitucional e, dessa maneira, acabe por expandir o parâmetro de controle da Constituição.

A propósito, o que hoje se conhece por *bloco de constitucionalidade* nada mais é do que produto de inferência constitucional – já que não se pode utilizar como padrão, para aferição da constitucionalidade, uma norma que não ostenta a natureza de norma constitucional. Por fim, ainda em relação ao julgado sobre as uniões homoafetivas, a falta de uma proteção institucional adequada produziria resultado inconstitucional, gerando incentivos negativos para o aumento do quadro de discriminação. No cenário constitucional e constitucionalizante, criar uma norma protetiva não corresponde a uma escolha do Supremo Tribunal Federal – ou dos demais poderes e órgãos estatais –, mas a um dever.[302]

O terceiro caso representativo de inferência constitucional corresponde ao julgamento da ADC nº 12, da relatoria do Ministro Ayres

---

[301] Em voto oral, o Ministro Gilmar Mendes afirmou que a afirmação em sentido contrário constituiria verdadeiro "engodo metodológico": "Não há nenhuma dúvida de que aqui o Tribunal está assumindo um papel, ainda que provisoriamente, pode ser que o legislador venha a atuar, mas é inequívoco que o Tribunal está dando uma resposta de caráter positivo. Na verdade, essa afirmação – eu já tive a oportunidade de destacar – tem de ser realmente relativizada diante de prestações que envolvem a produção de norma ou a produção de um mecanismo de proteção; tem de haver aí uma resposta de caráter positivo. E se o sistema, de alguma forma, falha na composição desta resposta e se o Judiciário é chamado, de alguma forma, a substituir ao próprio sistema político, óbvio que a resposta só poderá ser esta de caráter positivo. Na verdade, essa própria afirmação já envolve um certo engodo metodológico".

[302] Mas, ainda de acordo com o voto do Ministro Gilmar Mendes no julgado que concluiu pela proteção constitucional das uniões estáveis homoafetivas, "é preciso dizer isso de forma muito clara, sob pena de cairmos num voluntarismo e numa interpretação ablativa; quando nós quisermos, nós interpretamos o texto constitucional de outra maneira. Não se pode atribuir esse arbítrio à Corte, sob pena de nos deslegitimarmos".

Britto, que chancelou a proibição do nepotismo no âmbito do Poder Judiciário. O Supremo Tribunal Federal declarou a constitucionalidade da Resolução nº 7/2005, do Conselho Nacional de Justiça, sob o fundamento de que o ato normativo apenas densificaria aquilo que já se encontrava previsto no art. 37 da CF. Ocorre que a vedação do nepotismo não está nem expressa, nem implícita, no referido dispositivo constitucional. Mas de fato se infere do contexto da Constituição, inexistindo no ato normativo do CNJ qualquer atentado contra a liberdade de nomeação e exoneração dos cargos em comissão e funções de confiança. Porque a solução se infere da própria Constituição, o STF *estendeu* a proibição do nepotismo até o terceiro grau de parentesco nos Poderes Judiciário, Legislativo e Executivo; da União, Estados e Municípios. O precedente deu origem à Súmula Vinculante nº 13/STF.[303]

É verdade que o julgamento que vedou o nepotismo se diferencia das decisões sobre licença adotante e união homoafetiva por não se referir diretamente a direitos fundamentais. Aqui, a atuação do Supremo Tribunal Federal com impacto nas normas constitucionais é legítima por outro fundamento: pela existência de interesse direto do Judiciário e dos poderes públicos na solução contrária, o que aciona o mecanismo do controle recíproco. Um Poder da República deve ser contido e limitado por outro Poder, de forma a realizar a vontade da Constituição e evitar o arbítrio. Mas, ao contrário das decisões criativas em matéria de direitos fundamentais, cuja revisão está bloqueada por força da sua natureza de cláusula pétrea (art. 60, 4º, II, CF), as decisões criativas (com impacto nas normas constitucionais) que não envolvem direitos fundamentais devem ser tomadas de forma a permitir (ou não bloquear) a atuação futura do Poder Legislativo.

No caso, embora não se possa falar na existência de uma vantagem comparativa do Judiciário para apreciar a questão – porque o precedente foi firmado em relação ao próprio Poder Judiciário e só depois estendido aos demais –, o insulamento político do STF opera a favor da tomada de decisões que produzem efeitos contra os interesses da magistratura (conflitos de interesse). Não à toa o art. 102, I, *n*, da CF prevê como competência *originária* do Supremo Tribunal Federal processar e julgar

---

[303] Súmula Vinculante nº 13/STF: "A nomeação de cônjuge, companheiro ou parente em linha reta, colateral ou por afinidade, até o terceiro grau, inclusive, da autoridade nomeante ou de servidor da mesma pessoa jurídica investido em cargo de direção, chefia ou assessoramento, para o exercício de cargo em comissão ou de confiança ou, ainda, de função gratificada na administração pública direta e indireta em qualquer dos poderes da União, dos Estados, do Distrito Federal e dos Municípios, compreendido o ajuste mediante designações recíprocas, viola a Constituição Federal".

as ações em que todos os membros da magistratura sejam direta ou indiretamente interessados, e aquela em que mais da metade dos membros do tribunal de origem estejam impedidos ou sejam direta ou indiretamente interessados.

Além disso, do ponto de vista institucional, ao colocar o tema da concretização do princípio da impessoalidade na agenda política, o Supremo atua sobre a estrutura de incentivos regulatórios, devolvendo a matéria aos poderes majoritários, embora a reversão envolva custos políticos tão altos quanto os da tomada de decisão, até porque a vedação incidiu inclusive e prioritariamente sobre o próprio Judiciário. Dessa forma, ainda que a inferência constitucional – como também a integração conforme a Constituição – constituam técnicas que podem ser adotadas mesmo quando não estejam em jogo direitos fundamentais, a atividade legislativa da Corte é excepcional e deve ser diretamente reconduzida ao projeto desenhado na Constituição. A construção só para em pé com razões e fundamentos, a partir dos quais será possível controlar se o resultado é ou não compatível com a CF e se deve ou não ser produzido pelo STF em primeiro lugar. Não basta que o tema em discussão tenha sido tratado, ou de alguma forma figure na Constituição.

Em matéria de processo constitucional brasileiro, o maior exemplo de inferência refere-se à realização do controle de constitucionalidade de emendas à Constituição – não expressamente listada no art. 102 da CF, mas compreendida pela jurisprudência do STF como decorrente da *interpretação* conjunta do art. 102, I, *a*, e do art. 62, §4º, da CF. A supremacia da Constituição legitima, sim, a fiscalização das manifestações do poder constituinte derivado. Mas não em qualquer caso. A Constituição de 1988 também assegura a harmonia e a independência entre os Poderes, além de a criação de competências do STF ser matéria sujeita à reserva de Constituição. Assim, a criação de competências constitucionais, como o controle de constitucionalidade de emendas, só pode ser legitimada se – e somente se – puder ser justificada a partir do próprio texto da Constituição. No entanto, hoje, o STF entende que lhe cabe realizar o controle de qualquer emenda à Constituição, independentemente da matéria.

Na qualidade de competência *inferida* precisa ser fundamentada caso a caso, em uma preliminar de julgamento, para justificar que não houve atuação do STF como legislador constituinte. Se é certo que o controle de determinadas emendas pode ser reconduzido ao texto constitucional, em defesa da própria Constituição, também é certo que conferir uma competência geral ao Supremo para a fiscalização de emendas é desequilibrar a balança dos poderes constituídos. O desenho dos Poderes do Estado, e de seus *checks* e *balances*, foi realizado pelo constituinte e precisa ser levado em consideração no caso concreto, sob pena de inviabilização do sistema, de desequilíbrio entre os Poderes e de hegemonia de um sobre o outro – tudo o que não se quer em um Estado limitado por uma constituição. A divisão do poder estatal em departamentos independentes e harmônicos "tem a finalidade de impedir que um grupo social ou órgão estatal se autoproclame o legítimo representante do povo".[304]

Outro exemplo de competência processual inferida, tratada em momento anterior, refere-se à previsão do mandado de injunção, cabível sempre que a falta de norma regulamentadora torne inviável o exercício dos direitos e liberdades constitucionais e das prerrogativas inerentes à nacionalidade, à soberania e à cidadania (art. 5º, LXXI, CF). A previsão constitucional do mandado de injunção traz em si a justificação e a legitimidade para a criação de normas protetivas de direitos fundamentais pelo Poder Judiciário, positivando uma competência supletiva e funcionando como parâmetro a ser observado em todos os casos judiciais de inovação para a garantia de direitos fundamentais.

Como a competência originária para processo e julgamento do mandado de injunção é dos órgãos do Poder Judiciário, determinada de acordo com a autoridade responsável pela edição da norma regulamentadora faltante,[305] não há dúvida de que a Constituição Federal atribuiu a juízes e tribunais a *competência legislativa* para elaborar a norma regulamentadora *de direitos fundamentais*, nos casos em que a mora do legislador impacte negativamente o seu exercício. Não se trata apenas da previsão de um instrumento processual subjetivo para purgação da mora do legislador, mas da existência de uma norma (inferida) de

---

[304] BRANDÃO, Rodrigo. *Supremacia judicial versus diálogos constitucionais*: a quem cabe a última palavra sobre o sentido da Constituição? Rio de Janeiro: Lumen Juris, 2017. p. 57.

[305] Art. 102, I, "q", CF: "Compete ao Supremo Tribunal Federal, precipuamente, a guarda da Constituição, cabendo-lhe: I – processar e julgar, originariamente: (...) q) o mandado de injunção, quando a elaboração da norma regulamentadora for atribuição do Presidente da República, do Congresso Nacional, da Câmara dos Deputados, do Senado Federal, das Mesas de uma dessas Casas Legislativas, do Tribunal de Contas da União, de um dos Tribunais Superiores, ou do próprio Supremo Tribunal Federal";
Art. 105, I, "h", CF: "Art. 105. Compete ao Superior Tribunal de Justiça: I – processar e julgar, originariamente: (...) h) o mandado de injunção, quando a elaboração da norma regulamentadora for atribuição de órgão, entidade ou autoridade federal, da administração direta ou indireta, excetuados os casos de competência do Supremo Tribunal Federal e dos órgãos da Justiça Militar, da Justiça Eleitoral, da Justiça do Trabalho e da Justiça Federal";
Art. 121, §4º, V, CF: "Lei complementar disporá sobre a organização e competência dos tribunais, dos juízes de direito e das juntas eleitorais. (...) §4º – Das decisões dos Tribunais Regionais Eleitorais somente caberá recurso quando: (...) V – denegarem *habeas corpus*, mandado de segurança, *habeas data* ou mandado de injunção".

atribuição de competência para que juízes e tribunais, de uma forma geral, forneçam uma resposta normativa *se* essa for necessária ao exercício de um direito fundamental estabelecido constitucionalmente.

No direito americano, *Marbury vs. Madison* é clássico exemplo de criação de competência por inferência constitucional, ao reconhecer pela primeira vez a possibilidade de a Suprema Corte do país realizar o controle de constitucionalidade das leis, competência não prevista na Constituição dos Estados Unidos da América. Como afirma Luís Roberto Barroso, "a Constituição não conferia a ela ou a qualquer outro órgão judicial, de modo explícito, competência dessa natureza. Ao julgar o caso, a Corte procurou demonstrar que a atribuição decorreria logicamente do sistema".[306]

Como se vê, a inferência constitucional é uma técnica que traduz o impacto de decisões criativas do Supremo Tribunal Federal *no âmbito das normas constitucionais*, o que não é objeto das sentenças manipulativas aditivas, que no direito comparado se referem apenas a normas infraconstitucionais. Aqui, não se trata de criação de *mais* uma categoria de decisão a ser somada ao confuso quadro das nomenclaturas existentes, mas do esboço de uma técnica antes não teorizada, já que as aditivas só dizem respeito ao controle da omissão *relativa* existente *nas normas infraconstitucionais*. A solução de lacunas presentes no texto da própria Constituição não está contida nas sentenças aditivas, o que demanda a construção de uma alternativa particular e, ao mesmo tempo, compatível com a Constituição de 1988.

De acordo com o estudo realizado no próximo capítulo, (i) há zonas em que a atuação construtiva do STF *se impõe* ou tem *preferência* – como na proteção de direitos fundamentais (missão constitucional) e na existência de interesse direto dos demais poderes constituídos ou de conflito de interesses entre as instituições e seus membros (preferência constitucional); (ii) há zonas em que o STF *não* pode atuar criativamente, sob pena de subversão do texto constitucional – como na criação de normas penais *contra o réu* ou na autorização de reeleição para os cargos de presidente das Casas Legislativas dentro de uma mesma legislatura; e (iii) há uma enorme zona de incerteza de atuação. No último caso, a resposta criativa da Corte pode ocorrer se as seguintes perguntas forem respondidas positivamente: 1) existe adequação entre o pedido formulado ao Supremo Tribunal Federal e as habilidades e limites

---

[306] BARROSO. Luís Roberto. *O controle de constitucionalidade no direito brasileiro*. São Paulo: Saraiva, 2019. p. 5.

da Corte? Ou seja, o STF possui, comparativa e contingentemente, maior capacidade institucional?; 2) Caso atendido o pedido, a decisão produzida pelo STF mantém – ou ao menos não suprime – o necessário diálogo institucional entre os Poderes?; 3) É positiva a relação entre os incentivos gerados pela decisão e o fim da inércia e/ou do bloqueio dos poderes majoritários?

No julgamento sobre nepotismo, a preferência para a concretização das normas constitucionais passou a ser do Supremo Tribunal Federal dada a existência de interesse direto dos Poderes na nomeação de parentes para cargos em comissão e funções de confiança (ainda que a vedação também se aplique ao próprio Judiciário). A inércia legislativa e administrativa em realizar o regime previsto pela Constituição, que em todos os sentidos aponta para a vedação do nepotismo, gerava incentivos negativos para a regulamentação da matéria. Foi necessário, então, interferir nessa estrutura em favor da Constituição.

A hipótese traz em si um *conflito de interesses* suficiente para transferir a preferência de atuação normativa para o Supremo Tribunal Federal, institucionalmente desenhado para não responder politicamente por suas decisões, o que, em casos como esse, funciona como um mecanismo pró-democracia. De forma quase simplória, a ideia é a de que, se a Corte não agisse, nenhum outro Poder tomaria a iniciativa em razão dos altos custos políticos envolvidos, resultando na continuidade da prática inconstitucional contra a sociedade. Em síntese, a existência de conflitos de interesse dos poderes majoritários, no caso concreto, é capaz de alterar a preferência constitucional para regulamentar determinada matéria, porque responde de forma positiva *e prévia* aos três testes institucionais formulados anteriormente. A hipótese passaria da zona de incerteza (*o Supremo deve atuar de forma criativa nesse caso?*), para a zona preferencialmente positiva (*o Supremo tem preferência constitucional para atuar nesse caso concreto*).

O fundamento para a realização de inferência constitucional, nos casos que envolvem conflito de interesses ou interesse direto dos poderes Legislativo e Executivo, encontra-se de forma ampla nos princípios republicano e democrático. além de, mais especificamente, no exercício do controle recíproco entre os Poderes. É o caso, também, de diversos julgados sobre as Comissões Parlamentares de Inquérito, que estabeleceram, via jurisprudência, um verdadeiro regime jurídico sobre os poderes e os limites das CPIs. Diante da existência de interesse dos demais poderes e do bloqueio regulatório verificado principalmente junto ao Legislativo, aliados à necessidade de manutenção do equilíbrio de forças parlamentares em uma democracia, não há que se falar em ativismo ou ilegitimidade da atuação do Supremo nessas hipóteses. Mas há casos em que a inferência não pode ser realizada e que, ainda assim, foi praticada pelo Supremo Tribunal Federal – esse é o motivo da expressa menção da necessidade de o resultado da inferência ser compatível com a Constituição, o que a rigor seria desnecessário. A questão do teto remuneratório dos procuradores municipais, "inferido" do art. 37, IX, CF como tendo por parâmetro o subsídio dos Ministros do STF, e não o subsídio do Prefeito, é um deles. No RE nº 663.696, Rel. Min. Luiz Fux, a maioria dos Ministros até então formada acompanhou o voto do Relator para estabelecer que a expressão "procuradores", prevista ao final do art. 37, XI,[307] da CF, foi redigida de forma genérica, aplicando-se assim aos procuradores municipais, que deveriam ter o seu teto calculado com base no subsídio dos Ministros do Supremo.

Trata-se de verdadeira criação de exceção à regra da parte inicial do mesmo art. 37, XI, da CF, que por sua vez é expressa em sentido contrário, já que se refere à incidência, "como limite, nos Municípios, (d) o subsídio do Prefeito" para o cálculo do teto de *todos* os ocupantes de "cargos, funções, empregos públicos, da administração direta, autárquica e fundacional". Não há dúvidas de que os procuradores municipais se encontram no grupo de ocupantes de cargos efetivos municipais.

O STF realizou criação normativa contrária à regra prevista textualmente na CF, e sem fundamento em direitos ou princípios caros ao Estado Democrático. A pauta corporativa tem seduzido o Supremo Tribunal Federal, mas vai de encontro ao princípio da igualdade e gera danos irreparáveis às contas públicas, prejudicando a sociedade. No julgamento sobre o teto dos procuradores municipais, a solução já se encontrava expressa na Constituição. E se não constasse do texto constitucional, estaria contida na liberdade de conformação do legislador.

---

[307] Art. 37, XI: "A remuneração e o subsídio dos ocupantes de cargos, funções e empregos públicos da administração direta, autárquica e fundacional, dos membros de qualquer dos Poderes da União, dos Estados, do Distrito Federal e dos Municípios, dos detentores de mandato eletivo e dos demais agentes políticos e os proventos, pensões ou outra espécie remuneratória, percebidos cumulativamente ou não, incluídas as vantagens pessoais ou de qualquer outra natureza, não poderão exceder o subsídio mensal, em espécie, dos Ministros do Supremo Tribunal Federal, aplicando-se como limite, nos Municípios, o subsídio do Prefeito, e nos Estados e no Distrito Federal, o subsídio mensal do Governador no âmbito do Poder Executivo, o subsídio dos Deputados Estaduais e Distritais no âmbito do Poder Legislativo e o subsídio dos Desembargadores do Tribunal de Justiça, limitado a noventa inteiros e vinte e cinco centésimos por cento do subsídio mensal, em espécie, dos Ministros do Supremo Tribunal Federal, no âmbito do Poder Judiciário, aplicável este limite aos membros do Ministério Público, aos Procuradores e aos Defensores Públicos".

Retirar um tema do Legislativo, eleito e responsável politicamente por suas escolhas, e trazê-lo à decisão da Corte Constitucional quando não há fundamento na própria Constituição para assim agir, é conduta que responde negativamente às três perguntas antes formuladas: o Supremo Tribunal Federal não possui o equipamento necessário para a tomada de decisão; a decisão contraria a democracia e o diálogo entre os Poderes, por retirar ilegitimamente do Legislativo um tema deixado à sua apreciação pelo texto constitucional e, por fim, a proporção entre incentivos e inércia é negativa, na medida em que os custos de reversão de decisões financeiramente favoráveis a corporações organizadas e politicamente fortes é mais alto do que os incentivos de correção, favorecendo a inércia.

Capacidade institucional e democracia são os principais limites à inferência constitucional, como também à integração conforme a Constituição. A democracia constitui, ao mesmo tempo, *fundamento e limite* para o exercício da atividade legislativa pelo Supremo Tribunal Federal. Ainda que haja na Constituição Federal fundamentos para sustentar a possibilidade de a corte constitucional produzir normas, a autorização é conferida em caráter excepcional e deve observar parâmetros, como os aqui propostos. Além disso, quando admitida, dirige-se ao *Tribunal*, não aos seus Ministros individualmente – a não ser que estejam presentes as hipóteses excepcionais de concessão da cautelar.

Em todo caso, *o respeito à soberania popular e à democracia exige que as decisões de caráter criativo sejam tomadas pelo Plenário do Supremo Tribunal Federal* – preferencialmente pelo Plenário Físico –, já que as medidas com impacto no sistema constitucional devem comportar sustentações orais, questões de ordem, debates, transmissão ao vivo pela TV Justiça, além do fato de a divulgação prévia da pauta de julgamento no sítio eletrônico do Supremo Tribunal Federal permitir o ingresso de *amici curiae* e o envolvimento da academia e da sociedade, com a publicação de artigos, colunas, notas, entrevistas, manifestações etc., que, sem dúvida, constrangem a decisão da Corte. Como o desenho institucional do Judiciário não prevê os *checks* (falta de accountability, garantia de independência judicial e insulamento político), a Corte não pode suprimir os *balances* (necessidade de decisão pelo Pleno do tribunal e art. 52, X, CF, por exemplo). Se o STF abusa de seu poder de guarda da constituição para alterar essa estrutura dialógica de contenção de poder, está alterando as regras do jogo democrático.

Não desconheço que a proposta de integração constitucional via inferência esbarra na maior disfuncionalidade do Supremo Tribunal

Federal: a monocratização de suas decisões.³⁰⁸ É certo que a vedação pura e simples da adoção de decisões monocráticas não resolve *o cada um por si* do STF, já que, por convenção, quem exerce a Presidência da Corte tem o poder discricionário de estabelecer quais processos irão ser pautados. Dessa forma, proibir a prolação de decisões monocráticas pelos Ministros apenas transfere o poder individual conferido ao relator para outro indivíduo: o Presidente da Corte. A solução demanda uma reforma estrutural do STF.

De toda sorte, considerado o modelo atual, a monocratização deslegitima a Corte, tem gerado uma guerra de liminares dentro do próprio tribunal, funcionaliza o recesso judiciário e só empodera o algoritmo da distribuição. Uma espécie de versão judicial da teoria da captura. Nesse cenário, não se pode desprezar o risco da criação de normas pelo STF, o que é apenas minorado com a proposta de decisão inicial colegiada, ou de imediata inclusão da decisão monocrática do Relator na pauta, quando admitida a cautelar nas ações de controle concentrado.³⁰⁹

2.3.2 A técnica da *integração conforme a Constituição*: atuação normativa do STF com impacto na legislação infraconstitucional e na ausência de legislação

A inafastabilidade do controle jurisdicional sobre qualquer lesão ou ameaça de lesão a direito encontra-se assegurada no art. 5º,

---

[308] Sobre o tema, confiram-se: MENDES, Conrado Hübner. Onze ilhas. Caderno Opinião. *Jornal Folha de São Paulo*, Edição de 01 de fevereiro de 2010. Disponível em: https://www1.folha.uol.com.br/fsp/opiniao/fz0102201008.htm. Acesso em 12 dez. 2018; ARGUELHES, Diego Werneck; RIBEIRO, Leandro Molhano. Ministrocracia: o Supremo Tribunal individual e o processo democrático brasileiro. *In*: CEBRAP, São Paulo, v. 37, n. 1, jan./abr. 2018. Disponível em: http://www.scielo.br/scielo.php?script=sci_arttext&pid=S0101-33002018000100013. Acesso em 15 jan. 2019; VIEIRA, Oscar Vilhena. Da supremocracia à ministrocracia. Caderno Opinião. *Jornal Folha de São Paulo*, Edição de 28 de abril de 2018. Disponível em: https://www1.folha.uol.com.br/colunas/oscarvilhenavieira/2018/04/da-supremocracia-a-ministrocracia.shtml. Acesso em 12 dez. 2018.

[309] Caso isso não ocorra, pode-se pensar na aplicação, por analogia, do art. 62, §6º, da CF. Assim, as decisões monocráticas deveriam ser incluídas na pauta do plenário no prazo máximo de 45 (quarenta e cinco) dias contados da publicação da decisão, findo o qual a imediata inclusão pode ser requerida pelo advogado da causa. Essa proposta tem como fundamento a aplicação uniforme de um prazo razoável há constitucionalmente previsto para a realização de atividade legislativa por poder diverso do Legislativo. É constitucionalmente legítimo que Executivo e Judiciário, quando exercem atividade legislativa, estejam sujeitos aos mesmos prazos de deliberação plenária.

XXXV, da CF. A ideia adjacente ao mandamento constitucional é a de que, se o Estado proibiu o exercício da autotutela, assumiu o dever correspondente de prestar jurisdição, não lhe sendo legítimo isentar-se de resolver conflitos das mais diversas naturezas. A inafastabilidade do controle pelo Poder Judiciário seria, assim, o fundamento da proibição do *non liquet*, a impossibilidade de os aplicadores do direito se eximirem de decidir determinado caso sob a alegação de existência de lacuna ou obscuridade do ordenamento jurídico (art. 140 do CPC). Se existe lacuna, ela estaria na lei, não no ordenamento. A explicação segue com a indicação dos três métodos para a integração de lacunas: a analogia, os costumes e os princípios gerais de direito (art. 4º da Lei de Introdução às Normas do Direito Brasileiro – LINDB), persistindo em algumas obras jurídicas a menção de que a ordem dos métodos corresponderia a uma hierarquia entre eles, o que levaria à aplicação dos princípios gerais de direito apenas em último caso.

Essa teorização vem sendo questionada desde o reconhecimento da normatividade dos princípios constitucionais, uma vez que a defesa do uso dos princípios como método integrativo subsidiário revela o nítido propósito de conter sua aplicação. Como bem ressalta Anderson Schreiber, "toda a elegante construção científica em torno da integração da ordem jurídica revela o indisfarçável anseio de limitar a atuação do intérprete, impedindo-o de avançar sobre terrenos dominados pelo silêncio do legislador".[310]

A força normativa dos princípios os eleva à condição de fonte primária do direito, ao lado da lei. Dessa forma, o art. 4º da LINDB deve ser interpretado à luz da Constituição, sendo a analogia e os costumes aplicáveis apenas se não houver norma, ou seja, *princípio constitucional ou regra jurídica* (na maioria das vezes lei formal) incidente sobre a hipótese. Por isso, como explicado no tópico anterior, a aplicação direta de princípios constitucionais ao caso concreto constitui exemplo de *inferência constitucional*, e não de integração conforme a Constituição.

A técnica da inferência é aplicável diante de uma lacuna no *direito constitucional positivo*, e a técnica da integração conforme a Constituição visa a suprir uma lacuna no *direito infraconstitucional*. Em razão do caráter criativo das soluções, e da sua excepcionalidade diante de limitações relativas à democracia e à capacidade institucional das cortes, inferência constitucional e integração conforme devem estar

---

[310] SCHREIBER, Anderson. *Manual de direito civil contemporâneo*. São Paulo: Saraiva, 2018. p. 83.

sujeitas a limites e parâmetros. Todavia, considerando que a prática de inferência constitucional aumenta o próprio parâmetro de controle do Supremo Tribunal Federal – na medida em que a norma criada passa a integrar o bloco de constitucionalidade –, o grau da limitação para a realização de inferência constitucional é superior ao da integração conforme a Constituição.

Existe integração conforme a Constituição toda vez que o caso não comportar a aplicação direta da Constituição e (i) a lei for omissa, não sendo possível fazer uso da analogia (porque inexistente a mesma razão de direito) ou dos costumes, permanecendo a lacuna; (ii) nos casos de omissão legislativa – se não houver lei regulamentadora de direito previsto na Constituição (omissão total) ou se seu comando for incompleto (omissão parcial) – e, por fim, (iii) se a incidência da lei no caso concreto produzir um resultado inconstitucional (teoria do impacto desproporcional). Não à toa, a Corte Constitucional da Colômbia, tal como a proposta aqui apresentada, qualifica suas decisões de resultado aditivo ou substitutivo como "sentenças integradoras".[311] O foco deve estar na operação de integração, não no resultado aditivo ou substitutivo.

A inspiração para o nome da técnica foi buscada na Corte Colombiana, que encontrou uma forma de traduzir o tipo de decisão de forma mais transparente e normativamente sincera. Em acréscimo, a qualificação da integração como "conforme a Constituição" não apenas coloca o foco na necessidade de o resultado integrativo ser constitucional e ter fundamento na força normativa da Constituição, como remete o leitor a realizar a devida distinção entre "interpretação conforme" e "integração conforme". São operações muito estudadas em outros ramos do direito e que podem também auxiliar na melhor compreensão de cada diferente técnica de decisão hoje utilizada pelo Supremo Tribunal Federal.

Embora a técnica da integração conforme a Constituição possua uma zona de intersecção com as sentenças manipulativas (e, especialmente, com as aditivas), seu campo de incidência é muito maior. Primeiro, porque inclui a possibilidade de controle de omissões legislativas *absolutas*, o que não é admitido pela categorização original do direito italiano. Segundo, porque é capaz de abarcar *outros tipos de omissão* diferentes da inércia *legislativa*, servindo de formatação para as decisões sobre estado de coisas inconstitucional e litígios estratégicos.

---

[311] O estudo das sentenças da Corte Constitucional Colombiana, sistematizado pelo próprio Tribunal, pode ser conferido em: http://www.corteconstitucional.gov.co/relatoria/tematico.php?vs=6419&pg=28&campo=/&sql=sentencia. Acesso em 23 out. 2018.

Terceiro, porque, como explicado anteriormente, sua adoção *não exige uma solução constitucionalmente obrigatória*, mas apenas a elaboração de uma resposta compatível com a Constituição. Há outros ganhos menores, mas nem por isso menos importantes. A integração conforme a Constituição faz uso de uma operação já enraizada, há muito conhecida pelo direito, e capaz de gerar maior adesão do que o uso das categorias "manipulativa" ou "aditiva", que à primeira vista sugerem uma construção contrária ao direito.

No que diz respeito à primeira hipótese de aplicação da técnica da integração conforme a Constituição (*quando a lei for omissa e não se puder fazer uso da analogia*), a utilização da analogia prefere ao da integração conforme a Constituição, porque demanda a incidência de uma resposta jurídica *já existente* a fatos que apresentam *igual razão*, impedindo tratamentos desiguais a situações que deveriam ter sido tratadas da mesma forma.[312] Desse modo, a precedência da analogia sobre a técnica da integração conforme a Constituição encontra fundamento no princípio da igualdade.

Além disso, a integração conforme a Constituição é fenômeno *criativo* e, nessa qualidade, excepcional. Se não houver a mesma razão de direito, o STF pode até invocar que a lacuna está sendo integrada por analogia – como o faz em vários casos, aqui demonstrados como pseudo interpretação conforme – mas na realidade estará agindo criativamente. Se há criação com impacto na legislação infraconstitucional e se o resultado está em conformidade com a Constituição, surge a integração conforme a Constituição.

A ADPF nº 54, Rel. Min. Marco Aurélio, talvez seja o exemplo mais significativo da técnica, por incluir a interrupção terapêutica do parto no caso de gravidez de fetos anencefálicos como uma hipótese de excludente de tipicidade do crime de aborto. Embora refira-se a matéria penal, a atuação se deu em benefício do réu e da proteção de minorias, ao reconhecer que não há crime nos casos em que o bem jurídico protegido pela norma não está presente. Leis *subinclusivas* também estão sujeitas à interpretação conforme a Constituição. Se o sentido literal da norma não abrange todas as situações sujeitas à valoração do legislador, e a lacuna não pode ser suprida por analogia, deve ser integrada em conformidade com a Constituição.

---

[312] A analogia permite a "aplicação da lei a casos por ela não regulados, mas nos quais há identidade de razão ou semelhança de motivo". (BEVILÁQUA, Clóvis. *Teoria geral do direito civil*. Rio de Janeiro: Editora Paulo de Azevedo Ltda, 1955. p. 35).

Um segundo grupo de casos de integração conforme corresponde a exemplos em que o STF cria normas regulamentadoras de direitos previstos na Constituição e pendentes de regulamentação pelo legislador, como nos mandados de injunção que estabeleceram o direito de greve dos servidores públicos.[313] O resultado nessas hipóteses concretiza o disposto na Constituição e em seus valores fundamentais, estando em conformidade com a Constituição. Ao contrário, no julgamento conhecido como Raposa Serra do Sol, o STF teria supostamente estabelecido balizas normativas para a demarcação de terras indígenas de acordo com os arts. 241 e 242 da CF, mas na prática algumas das "condicionantes" estabelecidas não podem ser reconduzidas argumentativamente ao texto constitucional.

Na ação popular distribuída como PET nº 3.388, Rel. Min. Ayres Britto, sucedido pelo Ministro Luís Roberto Barroso, estava em discussão saber se a demarcação da reserva indígena Raposa Serra do Sol deveria ser realizada de forma contínua ou "em ilhas", como queria o Estado de Roraima. Embora tenha sido julgada *constitucional* a portaria demarcatória, que adotou o critério da continuidade, o voto do Ministro Menezes Direito introduziu no *dispositivo* do julgado 19 condicionantes à demarcação contínua, que não constavam do ato normativo, nem haviam sido debatidas previamente nos autos do processo. A maioria delas sequer era necessária ao julgamento da causa.

Apesar de o julgamento dos embargos de declaração opostos contra o acórdão ter representado um passo atrás, na medida em que reconheceu que a decisão em ação popular não tem eficácia vinculante (embora persuasiva e com forte impacto nas demarcações futuras), o fato é que o regime de usufruto de terras indígenas encontra-se na margem de apreciação do legislador, devendo ser estabelecido pelo Legislativo. Além disso, algumas condicionantes foram construídas *contra* os índios, em *desconformidade* com a Constituição.[314] O marco normativo do usufruto de terras indígenas construído pelo STF no caso Raposa Serra do Sol

---

[313] STF, Plenário, MI nº 708/DF, Rel. Min. Gilmar Mendes, do MI nº 670/ES, Relª. Minª. Rosa Weber e do MI nº 712/PA, Rel. Min. Luiz Fux, j. 25.10.2007, p. 31.10.2008.

[314] Por exemplo, o disposto pelo STF nas letras "e"; "m" e "r": "e) o usufruto dos índios não se sobrepõe aos interesses da política de defesa nacional; a instalação de bases, unidades e postos militares e demais intervenções militares, a expansão estratégica da malha viária, a exploração de alternativas energéticas de cunho estratégico e o resguardo das riquezas de cunho igualmente estratégico, a critério dos órgãos competentes (Ministério da Defesa, ouvido o Conselho de Defesa Nacional), serão implementados *independentemente de consulta às comunidades indígenas envolvidas*, assim como à Fundação Nacional do Índio (FUNAI)"; "m") o ingresso, o trânsito e a permanência de não-índios, respeitado o disposto na letra l, não podem ser objeto de cobrança de nenhuma tarifa ou quantia de qualquer natureza por parte

viola o princípio do contraditório, o princípio democrático e o regime constitucional de proteção das comunidades indígenas. Em nenhuma hipótese configura exemplo de integração conforme a Constituição, ante a inexistência de comandos constitucionais precisos em que possa ser projetada a construção realizada pela Corte.

A terceira hipótese de aplicação da integração conforme a Constituição diz respeito às situações em que a incidência da lei ou ato normativo ao caso concreto produz um resultado inconstitucional, como na chamada *teoria do impacto desproporcional (disparate impact)*.[315] O comando constitucional da igualdade perante a lei determina a edição de normas genéricas e abstratas, mas, em situações práticas específicas, a conformação supostamente neutra do comando normativo pode gerar impacto desproporcional sobre determinado grupo de pessoas, mesmo que não intencional, o que contraria o princípio da igualdade.

Dessa forma, a teoria do impacto desproporcional permite o reconhecimento de violação ao princípio da igualdade sempre que a aplicação aparentemente neutra de uma lei ao caso concreto acabe gerando efeitos danosos a integrantes de grupos vulneráveis. A lei existe e, *em tese*, se subsume ao caso concreto, mas *na prática* sua incidência gera impacto desproporcional sobre determinado grupo vulnerável, devendo ter sua aplicação afastada com fundamento no princípio da igualdade. A Corte, então, cria uma *regra de exceção*, integrando o sistema normativo, como fez o Supremo Tribunal Federal ao julgar a ADI nº 1.946, Rel. Min. Sydney Sanches, em que determinou a não aplicação do art. 14 da EC nº 20/98 (teto previdenciário) ao benefício do salário maternidade, haja vista seu impacto desproporcional sobre as mulheres.[316]

---

das comunidades indígenas"; "r) é vedada a ampliação da terra indígena já demarcada". (STF, Plenário, Pet nº 3.388, Rel. Min. Ayres Britto, j. 19.03.2009, p. 25.09.2009).

[315] Sobre o tema, confira-se: NOWAK, Jonh E.; ROTUNDA, Ronald D. *Constitutional law*. Saint Paul: West Publishing Co, 1995; e SARMENTO, Daniel. A Igualdade étnico-racial no direito constitucional brasileiro: discriminação 'de facto', teoria do impacto desproporcional e ação afirmativa. *In*: *Livres e Iguais – Estudos de Direito Constitucional*. Rio de Janeiro: Lumen Juris, 2006.

[316] Rodrigo Brandão lembra que Karl Larenz se referia à hipótese de sobreinclusão normativa como "lacuna oculta", "pois, apesar de existir lei, tal norma é 'sobreinclusiva', na medida em que não contém cláusula de exceção em relação a situações que, segundo a própria valoração contida na norma (a chamada *ratio legis*), não poderiam estar sujeitas a ela. Note-se que o conceito de *ratio legis* não se limita a decisões tomadas conscientemente pelo legislador (vontade do legislador), mas também abrange *os fins objetivos do Direito e os princípios jurídicos gerais (inclusive os constitucionais) que acharam inserção na lei*". (BRANDÃO, Rodrigo. *Supremacia judicial versus diálogos constitucionais*: a quem cabe a última palavra sobre o sentido da Constituição? Rio de Janeiro: Lumen Juris, 2017. p. 189).

Na ADI nº 1.946, o Supremo Tribunal Federal conferiu suposta "interpretação conforme" ao art. 14 da EC nº 20/1998, que instituira o teto para o pagamento de benefícios previdenciários do Regime Geral de Previdência Social. A norma produzia efeitos práticos discriminatórios da mulher, porque só as mães recebem o benefício do salário-maternidade. Dessa forma, se o empregador fosse obrigado a arcar com a diferença financeira entre o teto previdenciário de responsabilidade do INSS e o salário da trabalhadora, haveria um desestímulo à contratação de mulheres, ou seja, um impacto desproporcional sobre as trabalhadoras.[317] Uma regra de exceção passa a integrar a norma original e se encontra em conformidade com a Constituição. Assim,

> na medida em que a própria *ratio legis* não abarca situações inadvertidamente abrangidas pelo sentido literal do dispositivo, o Judiciário, ao excluí-las, apesar de 'desenvolver o direito' – pois não se atém à exegese literal –, se mantém no plano da lei, pois não se imiscui na valoração levada a cabo pelo legislador (o questionamento se dirige apenas à redação excessivamente abrangente).[318]

Como já afirmado, a técnica da integração conforme a Constituição encontra inspiração na jurisprudência da Corte Constitucional da Colômbia, que resume as incidências aqui especificadas na ementa da Sentença nº A-256/2009, Relator Magistrado Gabriel Eduardo Mendoza Martelo, esclarecendo na Sentença C-109/1995, Relator Magistrado Alejandro Martínez Caballero, que *a técnica não equivale a atuar como o legislador, porque a resposta foi construída tendo em vista as finalidades da Constituição e com fundamento em sua força normativa*. O conceito e

---

[317] ADI nº 1.946, Plenário, Rel. Min. Sydney Sanches, j. 29.04.1999, p. 14.09.2001. A tese foi exposta no voto do Ministro Nelson Jobim: "A regra da EC. 20/98, aparentemente neutra, produz discriminação não desejada pelo próprio legislador. As práticas de mercado passarão a responder com discriminação, quanto ao emprego da mulher. Não podem ser mantidos os atos que induzem às práticas discriminatórias. A doutrina chama de efeitos ou impactos desproporcionais (*"disparate impact"*). O Tribunal tem que examinar as consequências da legislação para constatar se estão, ou não, produzindo resultados contrários à Constituição. A discriminação positiva introduz tratamento desigual para produzir, no futuro e em concreto, a igualdade. É constitucionalmente legítima, porque se constitui em instrumento para obter a igualdade real. No caso, a regra induz à discriminação proibida, como demonstrei. Ter-se-ia um resultado contrário à regra constitucional proibitiva da discriminação, em matéria de emprego, de sexo, origem, raça ou profissão. Por essas razões, acompanho o Relator e dou interpretação conforme a Constituição. À licença-maternidade não se aplica a limitação estabelecida no artigo 14 da EC nº 20".
[318] BRANDÃO, Rodrigo. *Supremacia judicial versus diálogos constitucionais*: a quem cabe a última palavra sobre o sentido da Constituição? Rio de Janeiro: Lumen Juris, 2017. p. 189-190.

O fundamento constitucional da técnica da integração conforme a Constituição encontram-se transcritos a seguir:

SENTENÇA INTEGRADORA – Conceito. Trata-se de uma modalidade de decisão por meio da qual o juiz constitucional, em razão da força normativa da Constituição, projeta os mandamentos constitucionais sobre a legislação ordinária, a fim de integrar lacunas normativas aparentes ou enfrentar as inevitáveis indeterminações da ordem jurídica. Tais sentenças são particularmente importantes diante de problemas constitucionais relacionados a uma diferença injustificada de tratamento (sob a ótica do princípio da igualdade) ou a um déficit de proteção de sujeitos específicos, pois se caracterizam por produzir uma extensão do conteúdo normativo a situações fáticas não originalmente nele previstas, e que do contrário seriam inconstitucionais. Em virtude de tais medidas, os conteúdos normativos devem se condicionar a um sentido específico, em conformidade com a Constituição Política.[319]

SENTENÇA INTEGRADORA – Fundamento constitucional. As sentenças integradoras encontram seu primeiro fundamento na força normativa da Constituição, uma vez que o juiz constitucional, a fim de garantir a integridade e supremacia da Constituição, deve incorporar os mandamentos constitucionais à ordem jurídica. Portanto, se o juiz, ao decidir um caso, é confrontado com uma indeterminação legal – seja porque o enunciado da lei é insuficiente, ou porque é contrário à Constituição –, *deve projetar as normas constitucionais diretamente sobre o caso, mesmo que dessa forma, aparentemente, adicione novos conteúdos normativos ao ordenamento jurídico*. O juiz, nesse caso, *não está de forma alguma legislando*, porque a única coisa que faz é aplicar o princípio segundo o qual a Constituição, como norma das normas, possui supremacia normativa.[320] (destaque acrescentado)

---

[319] Corte Constitucional da Colômbia, Sentença A-256/09, Magistrado Ponente Dr. Gabriel Eduardo Mendoza Martelo. Disponível em: http://www.corteconstitucional.gov.co/RELATORIA/Autos/2009/A256-09.htm. Acesso em 02 jan. 2019. No original: "SENTENCIA INTEGRADORA – Concepto. Es una modalidad de decisión por medio de la cual, el juez constitucional, en virtud del valor normativo de la Carta (CP art. 4), proyecta los mandatos constitucionales en la legislación ordinaria, para de esa manera integrar aparentes vacíos normativos o hacer frente a las inevitables indeterminaciones del orden legal. Tales sentencias cobran particular importancia frente a problemas constitucionales relacionados con una diferencia de trato injustificado o con un déficit de protección de sujetos específicos, por cuanto se caracterizan por producir una extensión de un contenido normativo a situaciones fácticas no previstas originalmente en ellas, que de otra forma serían inconstitucionales. Por virtud de tales providencias los contendidos normativos se condicionan a ser entendidos en un sentido específico, acorde con la Constitución Política".

[320] Corte Constitucional da Colômbia, Sentença C-109/95, Magistrado Ponente Dr. Alejandro Martínez Caballero. Disponível em: http://www.corteconstitucional.gov.co/relatoria/1995/C-109-95.htm. Acesso em 02 jan. 2019. No original: "SENTENCIA

Em resumo, tomadas a inferência constitucional e a integração conforme a Constituição como espécies do gênero *decisões criativas do Supremo Tribunal Federal*, três perguntas são importantes para a incidência das categorias propostas: 1) a decisão é criativa, ou seja, transborda os limites da mera interpretação da Constituição e das leis?; 2) o resultado criativo realiza o projeto, os valores e as finalidades da Constituição?; 3) a decisão encontra-se em consonância com a democracia e com a capacidade institucional do Judiciário?

Se a resposta for positiva a essas três perguntas, a depender do tipo de norma envolvida, será inferência constitucional (criação com impacto nas normas constitucionais) ou integração conforme a Constituição (criação com impacto nas normas infraconstitucionais). Devem observar, como sugerem as pistas adiantadas ao longo do trabalho, limites decorrentes da democracia e da capacidade institucional do Judiciário, havendo hipóteses em que não podem ser proferidas, outras que diminuem o ônus argumentativo do Supremo Tribunal Federal para sua adoção, e um terceiro grupo em que reina a incerteza, devendo ser adotada a solução criativa somente se o produto dos testes institucionais assim indicar, conforme estudado a seguir.

INTEGRADORA – Fundamento constitucional. Las sentencias integradoras encuentran entonces su primer fundamento en el carácter normativo de la Constitución, puesto que el juez constitucional, con el fin de asegurar la integridad y la supremacía de la Carta, debe incorporar en el orden legal los mandatos constitucionales. Por ello, si el juez, para decidir un caso, se encuentra con una indeterminación legal, ya sea porque el enunciado legal es insuficiente, ya sea porque el enunciado es contrario a la Carta, el juez debe proyectar los mandatos constitucionales directamente al caso, aun cuando de esa manera, en apariencia, adicione el orden legal con nuevos contenidos normativos. El juez en este caso en manera alguna está legislando pues lo único que hace es dar aplicación al principio según el cual la Constitución, como norma de normas, tiene una suprema fuerza normativa".

CAPÍTULO 3

ALGUNS PARÂMETROS PARA A ATUAÇÃO NORMATIVA DO SUPREMO TRIBUNAL FEDERAL

Os limites genéricos, impostos sobre a própria atividade criativa do Judiciário, foram descritos no primeiro capítulo e dizem respeito à democracia e à capacidade institucional. Esses dois limites são *de fundo* e devem ser avaliados e respeitados em todo e qualquer caso que exija dos magistrados a normatização de uma resposta não estritamente interpretativa. No particular, quando em jogo a atividade legislativa do *Supremo Tribunal Federal*, o exame da democracia e da capacidade institucional da Corte é ainda mais importante, pois como estudado, a hipótese representa criação de norma por um terceiro, diferente dos seus próprios destinatários. Além disso, a atuação criativa do STF gera a necessidade de aprovação de emendas à Constituição para revisão do entendimento, cujo procedimento dificulta a tomada de decisão pelos representantes do povo e, ao final, podem novamente ser examinadas e afastadas pela Corte. E mais do que isso: se a decisão do Supremo Tribunal Federal envolve cláusulas pétreas, representam verdadeiro entrincheiramento de entendimentos, com elevados custos políticos e riscos de reversão, podendo prejudicar a própria estabilidade institucional e a manifestação de vontade das gerações futuras.

Os limites e testes propostos neste capítulo são, portanto, complementares às objeções democrática e de capacidade institucional e referem-se especificamente ao *conteúdo* do litígio, não sobre a possibilidade abstrata da operação criativa em si. Representam uma tentativa de extrair da vantagem comparativa do Judiciário para a proteção de direitos fundamentais e das regras do jogo democrático um conjunto de matérias mais específico. Não excluem outras matérias ou pretendem pôr fim ao debate, mas buscam o rascunho de um método para casos julgados pelo Supremo Tribunal Federal com forte grau de criação.

O primeiro limite material refere-se à impossibilidade de atuação criativa do Judiciário em matéria criminal *contra* o réu, haja vista a escolha constitucional originária pela regra da legalidade penal estrita. No extremo oposto estão as matérias em que juízes e tribunais estariam *a priori* mais aptos a decidir, como nas hipóteses de interesse direto dos demais Poderes e de conflitos de interesses entre membros e a instituição à qual pertencem. Explicando a partir de um código jurídico, sobre tais matérias recai uma *presunção relativa* de que o Judiciário tem legitimidade para atuar criativamente, podendo ser afastada no caso concreto.

Por fim, para a ampla zona de incerteza restante, proponho três testes institucionais para o exercício da atividade normativa por juízes e tribunais. Em síntese, os testes institucionais se destinam a responder três perguntas: 1) existe adequação entre o pedido formulado ao Supremo Tribunal Federal e as habilidades e limites democráticos e institucionais da Corte? Ou seja, o STF possui, comparativa e contingentemente, maior capacidade institucional para proferir a decisão no caso concreto? (*teste democrático-institucional*); 2) Caso atendido o pedido, a decisão produzida pelo STF mantém a possibilidade de revisão – ou ao menos não suprime – o necessário diálogo institucional entre os Poderes? (*teste dialógico*); 3) É positiva a relação entre os incentivos gerados pela decisão do Supremo e o fim da inércia e/ou do bloqueio decisório dos poderes majoritários? (*teste de incentivos*).

3.1 Quando o Judiciário não pode criar normas: impossibilidade de decisões criativas em matéria penal, *contra o réu*

O direito penal suscita as mais diversas paixões. É na revisão da interpretação e da aplicação do direito penal e do processo penal que se tem buscado respostas para problemas crônicos da sociedade brasileira, como segurança pública e corrupção. Nesse contexto estão discussões acaloradas sobre a possibilidade ou não de decretação de prisão após a condenação penal em segunda instância, a realização de conduções coercitivas, a redução da maioridade penal, a criminalização de condutas como a prática do "caixa 2" e a necessidade de endurecimento de penas.

Não à toa a Constituição de 1988 dedicou diversos dispositivos ao direito penal, e funciona como anteparo para a criminalização de comportamentos garantidos ou socialmente irrelevantes. O desacordo moral em matéria penal exigiu do constituinte o estabelecimento de um desenho mínimo do direito material e do processo penal, com limites prévios e específicos, entre os quais aquele que particularmente interessa para a atividade criativa do Judiciário: a *regra* da legalidade estrita em matéria penal (art. 5º, XXXIX, CF). *Não há crime sem lei anterior que o defina, nem pena sem prévia cominação legal*, a significar que um fato não pode ser considerado como crime e nenhuma pena pode ser aplicada sem a aprovação de uma lei em sentido formal, havendo consenso doutrinário de que a legalidade penal estrita impõe quatro comandos: a lei penal deve ser prévia, escrita, estrita e certa.[321]

A Constituição de 1988 fez uma escolha, exteriorizando-a sob a forma de regra: cabem aos poderes democraticamente eleitos a manifestação prévia sobre condutas incriminadoras e suas sanções, não se podendo falar, por exemplo, em costumes ou aplicação de analogia *in malam partem* no campo penal – nesse último caso, apenas em benefício do réu. Desse modo, a *reserva de lei* prevista pelo art. 5º, XXXIX, da CF foi pensada como garantia de que graves restrições a direitos fundamentais só poderiam ser implementadas mediante lei formal, além de servir como freio à atuação dos órgãos responsáveis pela persecução penal e como vetor de interpretação e de aplicação das normas penais. É uma regra em favor do direito fundamental à liberdade. Tendo isso em mente, *diante do reconhecimento da possibilidade de o próprio Judiciário criar normas, como aqui se defende, podem juízes e tribunais estabelecer normas penais incriminadoras? Em caso negativo, a legalidade penal estrita impede o Judiciário de controlar toda e qualquer matéria penal?*

Começando pela segunda pergunta, a resposta é negativa. O Judiciário pode, por exemplo, exercer o controle da proporcionalidade para reduzir e adequar as penas previstas pelo legislador, seja porque o valor *liberdade* é um dos pilares que sustentam o Estado Democrático de Direito, vedando-se o arbítrio em relação à sua restrição; seja porque o direito penal deve ser aplicado de forma *subsidiária*, ou em *ultima ratio*, pois corresponde à resposta mais grave do Estado para determinada conduta.[322] Liberdade e subsidiariedade são valores e critérios orienta-

---

[321] Ver, por todos, TOLEDO, Assis. *Princípios básicos do direito penal*. São Paulo: Saraiva, 2007. p. 21-29.
[322] A propósito, encontra-se pendente de julgamento no Supremo Tribunal Federal o Tema 506 da Repercussão Geral, sobre a tipicidade do porte de droga para consumo pessoal. No RE nº 635.659, Rel. Min. Gilmar Mendes, está sendo discutida a compatibilidade, ou não, do art. 28 da Lei nº 11.343/2006 com os princípios constitucionais da intimidade e da vida privada. O Min. Relator deu provimento ao Recurso Extraordinário para reconhecer a inconstitucionalidade, sem redução de texto, do art. 28 da Lei nº 11.343/2006, de forma a

dores da política criminal estabelecida pelos poderes majoritários, mas não se dirigem apenas a eles. Além de servirem como parâmetro para a elaboração da política pública, devem funcionar como critério para o controle judicial da razoabilidade das penas, porque a contenção do arbítrio estatal ocorre *a favor* de direitos fundamentais, principalmente da liberdade ambulatorial. A quantidade de pena deve ser aquela *necessária e suficiente* para a proteção do bem jurídico relevante, o que condiciona a margem de conformação do legislador em matéria penal ao exame da razoabilidade da restrição do direito fundamental à liberdade. Dessa forma, não é correto falar, *de forma genérica*, que a regra da legalidade estrita impede que juízes e tribunais atuem criativamente em matéria penal.[323] Por outro lado, tampouco é certo fazer a afirmação oposta: a de que a legalidade estrita não representaria vedação à criação judicial em matéria penal. Qual então o limite?

Não cabe ao Judiciário prolatar sentenças criativas em matéria penal *em prejuízo de réus ou condenados*, nem mesmo nos casos de proteção insuficiente de determinado bem jurídico ou valor constitucionalmente tutelado,[324] porque estaria restringindo o valor liberdade sem a participação dos poderes majoritários. É suposto que as cortes podem exercer o controle de constitucionalidade e de efetividade da política criminal, mas não podem ampliar ou modificar essa política. São juízos constitucionalmente restritos aos poderes democraticamente eleitos, uma vez que envolvem escolhas e restrições difíceis de estatuir e de executar. Delitos, penas e política criminal não se referem apenas

---

afastar do referido dispositivo todo e qualquer efeito de natureza penal – restando mantidas as medidas com natureza administrativa, no que couber, até o advento de legislação específica. O voto foi acompanhado pelo Min. Luís Roberto Barroso, que também deu provimento ao RE e, em menor extensão, pelo Min. Edson Fachin, que lhe deu parcial provimento. O julgamento se encontra suspenso, aguardando devolução de pedido de vista pelo Min. Alexandre de Moraes.

[323] Outra hipótese corresponde ao controle de constitucionalidade da legislação pré-constitucional, muitas vezes de caráter autoritário, tal como lembrada por: PAIVA, Paulo Frederico. Decisões manipulativas em controle de constitucionalidade e sua admissibilidade em matéria criminal. *Observatório da jurisdição constitucional*, Brasília: IDP, a. 2, 2008/2009. A questão envolve a avaliação do critério da estabilidade democrática, como proposto neste trabalho.

[324] Sobre a atividade legislativa que agrava o rigor do sistema penal vigente, Gabriel Accioly explica que: "Essa última possibilidade é – acertadamente – rejeitada pela doutrina comparada. Ainda que o poder judiciário vislumbre eventual proteção insuficiente a bem jurídico constitucionalmente tutelado, em razão de uma pena excessivamente branda, neste campo, a reserva legal deve ser compreendida como intransponível, sendo viável, apenas, a prolação de decisões de apelo ao legislador". (GONÇALVES, Gabriel Accioly. *O desenvolvimento judicial do direito*: construções, interpretação criativa e técnicas manipulativas. Rio de Janeiro: Lumen Juris, 2016. p. 311).

ao poder punitivo do Estado. Envolvem a formulação de uma complexa resposta para simultaneamente realizar *prevenção, repressão e cooperação*, a partir de medidas de sopesamento entre *interesses e bens jurídicos relevantes, direitos fundamentais e limitação de recursos públicos*.

Nesse sentido, respondendo à primeira pergunta, a criação de norma penal pelo Judiciário, *in malam partem*, representa atuação antidemocrática e testa negativo no exame de capacidade institucional. De novo: pode-se julgar se a política criminal é ou não constitucional, devendo-se fazer um apelo ao legislador se necessário, mas ao Judiciário não é legítimo ampliá-la ou modificá-la. Por outro lado, da possibilidade de o Supremo Tribunal Federal fiscalizar a constitucionalidade de leis ou atos normativos, e de exercer a revisão judicial em matéria penal, *não decorre* sua legitimidade democrática nem capacidade institucional para criar normas penais incriminadoras ou interferir na política pública criminal, contra o réu, ante o óbice da regra constitucional da legalidade estrita. Dos casos em que a decisão do Supremo Tribunal Federal poderia resultar em atuação normativa em direito penal *material*, dois chamam especialmente a atenção e ajudam a compreender o ponto: (i) o julgamento do indulto concedido pelo ex-Presidente Michel Temer (ADI nº 5874, Rel. originário Min. Luís Roberto Barroso, Red. para acórdão Min. Alexandre de Moraes), e (ii) o pedido de criminalização da homotransfobia em razão da omissão do Legislativo em responder de forma eficaz ao combate da prática (ADO nº 26, Rel. Min. Celso de Mello, Relator atual Min. Nunes Marques e MI nº 4.733, Rel. Min. Edson Fachin).

No primeiro caso, ADI nº 5874, Red. para acórdão Min. Alexandre de Moraes, discutia-se a constitucionalidade do Decreto nº 9.246/2017, firmado pelo ex-Presidente Michel Temer, concedendo indulto e comutação de penas. A Procuradora-Geral da República ajuizou a ação direta de inconstitucionalidade sob o argumento de que o Presidente da República não exercera a competência para a concessão de indulto em conformidade com a Constituição, mas editou verdadeira norma descriminalizante. Três razões foram apontadas na petição inicial: (i) o indulto foi concedido a condenados que cumpriram frações pequenas da pena, que variavam entre um sexto e um quinto do total; (ii) abrangeu aqueles que sequer se encontravam em situação de encarceramento; (iii) perdoou também a pena de multa; e (iv) aplicava-se a condenados não julgados em definitivo, casos em que não se poderia falar tecnicamente em condenação. Por isso, o decreto estaria em desacordo com os princípios constitucionais da separação dos Poderes, da individualização da pena e da proibição à proteção deficiente.

O caso foi ajuizado durante o recesso do ano de 2017, tendo a então Ministra Presidente Cármen Lúcia deferido *integralmente* o pedido de medida cautelar para suspender todos os dispositivos impugnados, sob o principal fundamento de desvio de finalidade. Após distribuído ao relator do feito, o Ministro Relator Luís Roberto Barroso proferiu decisão monocrática de grau criativo em matéria penal, com fundamento na necessidade de respeito à política criminal formulada pelo legislador (legalidade estrita e competência legislativa privativa da União), e nas razões apresentadas pelo Conselho Nacional de Política Criminal e Penitenciária – CNPCP – órgão técnico que assessora o Presidente da República quanto ao tema.

Do conteúdo da decisão do Ministro Luís Roberto Barroso, relator originário do caso, se extraem quatro principais determinações: (i) o estabelecimento do percentual mínimo de 1/3 de cumprimento de pena para a concessão de indulto, em substituição aos prazos de 1/6 a 1/5 da pena previsto no decreto; (ii) o condicionamento do indulto a um teto máximo de condenação de 8 (oito) anos, inspirado na série histórica de decretos publicados entre 1987-2016, apesar de o decreto impugnado não estabelecer nenhum limite máximo de condenação; (iii) a exclusão da possibilidade de indulto aos crimes indicados na decisão, como peculato, concussão, corrupção passiva, tráfico de influência, contra o sistema financeiro nacional, previstos na Lei de Licitações, de lavagem de dinheiro e ocultação de bens, além dos listados na Lei de Organizações Criminosas e associação criminosa; e (iv) a impossibilidade de concessão de indulto àqueles sem condenação definitiva.

Se comparada à primeira decisão da Ministra Cármen Lúcia, que suspendera *integralmente* todos dispositivos impugnados, afastando a possibilidade concreta de concessão de indulto, a decisão do Ministro Luís Roberto Barroso é sem dúvida mais benéfica ao réu, já que autorizou parcialmente a concessão do indulto antes suspenso, *a não ser nas exceções por ele formuladas*. Ou seja, o universo de prejudicados diminuiu, embora os dois pronunciamentos correspondam a juízos prejudiciais aos réus. Dessa forma, a hipótese suscita uma *terceira questão*, mais sofisticada em relação à primeira: *em matéria penal não benéfica, a Corte deve limitar-se a decidir sobre a constitucionalidade ou inconstitucionalidade de uma lei ou ato normativo, ou pode agir criativamente para diminuir, no conjunto, o prejuízo causado ao(s) réu(s)?*

Antes de responder, uma *quarta pergunta*. No segundo conjunto de casos a ser estudado no presente item (ADO nº 26, Rel. Min. Celso de Mello, e do MI nº 4.733, Rel. Min. Edson Fachin), levou-se ao STF outro debate penal muito interessante e com impacto na proteção de direitos fundamentais: em razão da violência e do alto número de homicídios de homossexuais e de transgêneros no país, da insuficiência da resposta penal atual para o combate a esses crimes, e da omissão do Legislativo em aprovar a criminalização da homotransfobia, o Supremo foi chamado a proferir decisão com o objetivo de

> obter a criminalização específica de todas as formas de homofobia e transfobia, especialmente (mas não exclusivamente) das ofensas (individuais e coletivas), dos homicídios, das agressões e discriminações motivadas pela orientação sexual e/ou identidade de gênero, real ou suposta, da vítima.[325]

O deferimento do pedido, portanto, leva à seguinte indagação: *pode o Supremo Tribunal Federal suprir a omissão e criar norma penal incriminadora para a proteção de uma das minorias mais vulneráveis do país?*

A resposta às últimas perguntas também é negativa. O STF não pode proferir decisões criativas em matéria penal *contra o réu, ainda que para diminuir seu prejuízo ou em nome de uma proteção insuficiente*, porque a criação penal maléfica atinge o direito fundamental à liberdade, encontra-se no campo legalidade penal estrita e se refere a escolhas atribuídas pela Constituição aos órgãos democraticamente eleitos, estando inserida na margem de apreciação deixada ao legislador. Em resposta à terceira pergunta, quando em discussão matéria penal não benéfica, em regra, a Corte deve se restringir às soluções de declaração da constitucionalidade ou da inconstitucionalidade do ato normativo, com apelo ao legislador se entender necessário – como o fez a então Ministra Presidente Cármen Lúcia ao deferir a cautelar na ADI nº 5874, durante o recesso judiciário de 2017.

Isso porque a decisão pela constitucionalidade ou inconstitucionalidade de determinada norma corresponde a exercício da função precípua de guarda da Constituição, atividade típica do Supremo Tribunal Federal. A legitimidade democrática da realização do controle de constitucionalidade não está sendo aqui discutida, mas pressuposta. Dito isso, é fora de dúvida que cabe ao STF realizar a revisão judicial em questão. Nessa autorização não está contida, porém, a possibilidade de criar judicialmente uma norma penal, *contra o réu* – ainda que para diminuir o universo de prejudicados, como o fez o Ministro Luís Roberto Barroso, ou para proteger minorias vulneráveis –, porque do outro lado

---

[325] Trecho da petição inicial da ADO nº 26. STF, Plenário, ADO nº 26, Rel. Min. Celso de Mello, j. 13.06.2019, p. 06.10.2020; julgada em conjunto com o MI nº 4.733, Rel. Min. Edson Fachin.

da balança também está em jogo um direito fundamental: a restrição da liberdade ambulatorial. Se a proteção de direitos fundamentais justifica, como regra geral, a jusnormatividade do Judiciário, encontra na criação de norma penal incriminadora uma exceção, porque a legalidade estrita também tem por base a proteção de um direito fundamental e assim foi determinado pela Constituição.[326]

Tratando mais especificamente do caso da criminalização da homotransfobia, vale especificar um pouco mais a vedação de o STF criar, de forma livre, a norma penal incriminadora pleiteada pelos requerentes e impetrantes. E aqui um registro importante: não se questiona a necessidade de tutela estatal de minorias historicamente vulneráveis, mas sim o reconhecimento da existência de um mandamento constitucional *expresso* que determine a criminalização das condutas e, nessa qualidade, inaugure a competência do STF e afaste a regra da legalidade estrita.

Na hipótese, estava em jogo saber se havia mora inconstitucional do Congresso Nacional na criminalização específica da homofobia e da transfobia e, em caso positivo, se era possível estender a tipificação prevista para os crimes resultantes de discriminação ou preconceito de raça, cor, etnia, religião ou procedência nacional (Lei nº 7.716/1989) para a discriminação por orientação sexual ou identidade de gênero. As petições iniciais foram patrocinadas pelo mesmo escritório de advocacia e apresentam argumentação que pode ser assim resumida: (i) o art. 5º, inc. LXXI, CF,[327] autoriza a impetração de mandado de injunção para a criminalização específica de condutas se necessário ao exercício das prerrogativas inerentes à cidadania das vítimas. De acordo com a petição inicial da ADO nº 26 e do MI nº 4.733, "extrai-se, por interpretação, a norma segundo a qual ele reconhece *que conceder-se-á mandado de injunção*

---

[326] A propósito, o pedido da Procuradoria-Geral da República para declaração de inconstitucionalidade do decreto de indulto assinado pelo Presidente Michel Temer foi julgado improcedente, vencidos os Ministros Luís Roberto Barroso (relator originário), Edson Fachin, Luiz Fux e Cármen Lúcia. Prevaleceu, no caso, o voto do Ministro Alexandre de Moraes, que ratificando a proposta defendida neste tópico, afirmou não competir ao Supremo Tribunal Federal "reescrever o decreto de indulto, pois, ou o Presidente da República extrapolou o exercício de sua discricionariedade, e, consequentemente, a norma é inconstitucional; ou, entre as várias opções constitucionalmente lícitas, o Presidente da República escolheu validamente uma delas, e, consequentemente, esta opção válida não poderá ser substituída por uma escolha discricionária do Poder Judiciário, mesmo que possa parecer melhor, mais técnica ou mais justa". (STF, Plenário, ADI nº 5874, Red. p/ acórdão Min. Alexandre de Moraes, j. 09.05.2019, p. 05.11.2020).

[327] CF, art. 5º, LXXI – Conceder-se-á mandado de injunção sempre que a falta de norma regulamentadora torne inviável o exercício dos direitos e liberdades constitucionais e das prerrogativas inerentes à nacionalidade, à soberania e à cidadania.

sempre que a falta de norma criminal regulamentadora de punição criminal torne inviável o exercício de direitos e liberdades constitucionais e/ou, ainda, de prerrogativas inerentes à cidadania *da população que necessita de tal proteção criminal*, como é o caso da população LGBT no atual contexto histórico brasileiro"; (ii) o princípio da proporcionalidade contém a proibição de proteção deficiente; (iii) existe mandamento constitucional de criminalização da conduta pelo legislador, tendo em vista que (iii.1) a homofobia e a transfobia constituem espécies do gênero racismo, com relação ao qual existe comando constitucional específico de criminalização (art. 5º, XLII, CF);[328] (iii.2) caso não compreendidas como espécies do gênero racismo, a homofobia e a transfobia inequivocamente se enquadram no conceito de "discriminações atentatórias a direitos e liberdades fundamentais", presente no art. 5º, XLI, da CF,[329] que imporia a elaboração de legislação criminal para punir tais ofensas; (iii.3) todas as formas de homofobia e transfobia devem ser punidas com o mesmo rigor aplicado atualmente pela Lei de Racismo, sob pena de hierarquização de opressões.

Ao apreciar o feito, por maioria, o Supremo Tribunal Federal reconheceu a existência de ordem constitucional de criminalização da homotransfobia, dirigida ao legislador, resultante da leitura conjunta do art. 5º, incisos XLI e XLII, que determinam a punição de qualquer discriminação atentatória dos direitos e liberdades fundamentais e a qualificação da prática do racismo como crime inafiançável e imprescritível, sujeito à pena de reclusão. Ora, o texto expresso não comporta tal "interpretação" (na verdade, criação): em primeiro lugar, a literalidade dos incisos XLI e XLII do art. 5º não exterioriza um comando expresso e categórico de *criminalização* da homofobia, espécie mais rigorosa de punição; em segundo lugar, ainda que o inciso XLI servisse de fundamento para o reconhecimento de mora inconstitucional, seu texto utiliza o verbo *punir*, que não implica a escolha automática pela criminalização da conduta. A escolha de uma resposta *criminal* deve ser considerada como *ultima ratio* e demanda intervenção legislativa – aí sim por expresso comando constitucional. Em terceiro lugar, ainda que deploráveis, práticas de homofobia não são inseridas pela CF de 1988 como espécies do gênero racismo.

---

[328] CF, art. 5º, XLII – a prática do racismo constitui crime inafiançável e imprescritível, sujeito à pena de reclusão, nos termos da lei.

[329] CF, art. 5º, XLI – a lei punirá qualquer discriminação atentatória dos direitos e liberdades fundamentais.

Na verdade, a Constituição de 1988 *nem proíbe, nem exige* a criminalização da homotransfobia, embora demande o combate e a punição de práticas discriminatórias. A criminalização de condutas é uma escolha política de responsabilidade do Congresso Nacional, não do Supremo Tribunal Federal. O STF pode determinar, por exemplo, que os poderes eleitos formulem, em determinado prazo, observadas determinadas diretrizes, uma *resposta estatal* para o combate da prática maléfica à sociedade e aos indivíduos, que pode ser – mas não necessariamente será – a *criminalização* da conduta. Como visto, o óbice à criação judicial contra o réu foi imposto pela própria Constituição ao estatuir a legalidade estrita e, no caso do pedido de criminalização da homofobia, não é capaz de ser afastada ou excepcionada por nenhum outro mandamento constitucional, ainda que as petições iniciais da ADO nº 26 e do MI nº 4.733 afirmem o contrário. Nesse sentido, em análise puramente técnica, não existe um mandado *expresso* de criminalização da prática na Constituição Federal, capaz de atrair a declaração de inconstitucionalidade por omissão.

No caso do indulto, é certo que a doutrina reconhece a possibilidade de adoção de decisões judiciais criativas mesmo nas hipóteses de competência legislativa privativa e discricionária, desde que observada a razoabilidade. E também é certo que o direito penal precisa ser eficaz e atingir o "andar de cima", correspondendo a uma ferramenta importante para o combate à corrupção. Por outro lado, tanto na criminalização da homotransfobia quanto no caso do indulto, a legalidade estrita impede a normatização pelo Judiciário. A norma do art. 5º, XXXIX, da CF tem natureza de *regra constitucional*, devendo ser observada por todos os poderes constituídos, inclusive pelo Judiciário.

O custo da não observância da regra é prejudicial não apenas para o réu, mas para a sociedade como um todo. O fundamento para a existência da legalidade estrita não se refere apenas ao princípio da não surpresa ou à necessidade de as pessoas pautarem suas condutas com previsibilidade. Serve *também* para isso. Mas o principal fundamento da legalidade em matéria penal consiste na proteção do direito fundamental à liberdade de locomoção, à garantia de que os direitos fundamentais servem como contenção ao exercício arbitrário do poder do Estado. É por isso, aliás, que a legalidade penal estrita se distingue da legalidade em outros campos do direito, que também exigem a observância de lei prévia, como o direito tributário e o direito eleitoral.

Em resumo, o Judiciário deve excluir do ordenamento qualquer lei ou ato normativo penal que estiver em desacordo com a Constituição, exortando o legislador a agir quando necessário, mas não pode conferir contornos distintos a uma política pública criminal agindo contra o réu, em razão do óbice constitucional imposto pela legalidade penal estrita, fruto do princípio democrático e do valor liberdade. Tal como afirmado pela jurisprudência da Corte Constitucional da Colômbia,[330] é uma conquista do mundo civilizado que normas tão fundamentais como as que tipificam comportamentos criminosos e atribuem penalidades sejam resultado de um debate dinâmico entre as diferentes forças políticas e sociais, pois se não há controle de resultado, a deliberação pública e em público é a maneira mais adequada de garantir que o exercício do poder punitivo do Estado será realizado de acordo com parâmetros relativamente racionais, dimuindo-se os riscos de distorção por interesses particulares ou necessidades conjunturais. Em demandas penais prejudiciais aos réus existe reserva de lei e imposição constitucional de escolhas *ao Legislativo*, sujeitando-se os representantes eleitos ao controle político posterior.

3.2 Quando o Judiciário possui vantagem comparativa para criar: interesse direto dos demais Poderes e existência de conflito de interesses

Como já defendido nesta obra, há zonas em que a atuação construtiva do STF *se impõe*, como na proteção de direitos fundamentais, desde que não haja óbice expresso previsto pela própria Constituição (como em matéria penal contra o réu); e outras em que a normatização pelas Cortes assume caráter preferencial, como na hipótese em que houver interesse direto ou conflito de interesses de membros e/ou de instituições.

O estudo da jurisprudência do Supremo Tribunal Federal demonstra que a existência de interesse direto dos poderes majoritários na solução do caso concreto, ou de conflito de interesses entre a instituição e seus membros, é uma das principais matérias em que a Corte atua de forma criativa. São diversos os casos em que o Legislativo e/ou

---

[330] Corte Constitucional da Colômbia, Sentença nº C-420/2002, Magistrado Ponente Dr. Jaime Córdoba Trivino, texto ligeiramente editado. E continua o acórdão: "Este enfoque permite colocar las cosas en su punto: Si el legislativo es titular de la capacidad de configuración normativa en materia de tipificación de conductas punibles y si el único límite que existe para el ejercicio de esa facultad está determinado por el sistema de valores, principios y derechos fundamentales previsto en el Texto Superior, el demandante no puede pretender que la Corte, a través de sus fallos, imponga el modelo de política criminal que ha de seguir el Estado pues sólo le está permitido confrontar con la Carta las normas legales que, habiendo sido demandadas, desarrollen ese modelo para retirar del ordenamiento aquellas que lo contraríen y mantener aquellas que lo respetan".

o Executivo eram diretamente interessados e que a decisão do STF *ou* iniciou uma cadeia decisória – levando à reação do poder antes inerte –, *ou* resolveu (até agora sem reação) questões de difícil consenso entre partidos, membros, instituições e sociedade civil. Em condições ideais, as instituições deveriam agir, mas em condições específicas contam com incentivos quase perversos à inação. Embora a legitimidade do Judiciário para a defesa de direitos fundamentais e para a garantia dos pressupostos da democracia não corresponda a uma novidade, a identificação dessas matérias representa uma tentativa de definição de um parâmetro mais concreto em favor da atuação legislativa da Corte.

Há, nesses casos, uma vantagem comparativa do Judiciário, uma forte indicação, uma alteração de preferência de atuação legislativa. Não há dúvidas de que se encontram nesse grupo os julgamentos sobre estabelecimento de limites aos poderes das comissões parlamentares de inquérito, limitação do número de reedições de medidas provisórias, financiamento privado de campanha e sobre o rateio do fundo de participação dos estados. Em alguns deles a solução da Corte não gerou reações legislativas no Parlamento. Em outras, sim. A diferença entre reação ou recepção da decisão do Supremo Tribunal Federal pelo Legislativo está no impacto gerado na estrutura de incentivos institucionais, de que trata o *teste de incentivos* proposto no próximo tópico.

O interesse direto é mais fácil de ser percebido do que conceituado. De toda forma, um bom parâmetro é fornecido pelo Código de Processo Civil, que serve de inspiração e ponto de partida para a análise. No caso de juízes e tribunais, é a existência de interesse direto do órgão julgador que fundamenta o reconhecimento de impedimento ou de suspeição do magistrado, na forma dos arts. 144[331] e 145[332] do CPC,

---

[331] Art. 144, Código de Processo Civil: "Há impedimento do juiz, sendo-lhe vedado exercer suas funções no processo: I – em que interveio como mandatário da parte, oficiou como perito, funcionou como membro do Ministério Público ou prestou depoimento como testemunha; II – de que conheceu em outro grau de jurisdição, tendo proferido decisão; III – quando nele estiver postulando, como defensor público, advogado ou membro do Ministério Público, seu cônjuge ou companheiro, ou qualquer parente, consanguíneo ou afim, em linha reta ou colateral, até o terceiro grau, inclusive; IV – quando for parte no processo ele próprio, seu cônjuge ou companheiro, ou parente, consanguíneo ou afim, em linha reta ou colateral, até o terceiro grau, inclusive; V – quando for sócio ou membro de direção ou de administração de pessoa jurídica parte no processo; VI – quando for herdeiro presuntivo, donatário ou empregador de qualquer das partes; VII – em que figure como parte instituição de ensino com a qual tenha relação de emprego ou decorrente de contrato de prestação de serviços; VIII – em que figure como parte cliente do escritório de advocacia de seu cônjuge, companheiro ou parente, consanguíneo ou afim, em linha reta ou colateral, até o terceiro grau, inclusive, mesmo que patrocinado por advogado de outro escritório; IX – quando promover ação contra a parte ou seu advogado".

[332] Art.145, Código de Processo Civil: "Há suspeição do juiz: I – amigo íntimo ou inimigo de qualquer das partes ou de seus advogados; II – que receber presentes de pessoas que

contando com regras específicas e relativa adesão de juízes e tribunais. Já o conceito de conflito de interesses se encontra positivado pelo art. 3º, I, da Lei nº 12.813/2013, que dispõe sobre o tema no âmbito do Poder Executivo Federal.

Apesar de suas disposições valerem apenas para os detentores de cargos ou empregos públicos na administração pública direta e indireta federal, o conceito de conflito de interesses pode ser replicado para as demais instituições, pois densifica de forma genérica e abstrata a ideia de que o interesse privado não pode prevalecer sobre o interesse público na condução das funções públicas.[333] De acordo com o art. 3º, I, da Lei nº 12.813/2013, o conflito de interesses se refere à "situação gerada pelo confronto entre interesses públicos e privados, que possa comprometer o interesse coletivo ou influenciar, de maneira imprópria, o desempenho da função pública".[334]

É sintomático que exista um regime jurídico para prevenir e reprimir as situações de conflito de interesses no âmbito do Judiciário e do Executivo, porém não no Legislativo.[335] Embora qualquer generalização seja imprópria, pode-se afirmar com acentuada chance de acerto que *há interesse direto da maioria dos membros do Parlamento na ausência de regulamentação do conflito de interesses em relação a si mesmos*. A existência de regras para as demais instituições e Poderes indica que algum regime de verificação de situações conflitivas deve existir em relação ao Legislativo. E, como o maior desafio de qualquer instituição é a detecção

---

tiverem interesse na causa antes ou depois de iniciado o processo, que aconselhar alguma das partes acerca do objeto da causa ou que subministrar meios para atender às despesas do litígio; III – quando qualquer das partes for sua credora ou devedora, de seu cônjuge ou companheiro ou de parentes destes, em linha reta até o terceiro grau, inclusive; IV – interessado no julgamento do processo em favor de qualquer das partes".

[333] Apenas para deixar claro: a frase não se refere ao autoritário "princípio" da supremacia do interesse público sobre o particular, que há anos a doutrina mais consentânea com a Constituição vem tentando desconstruir. Sobre o tema, confiram-se os artigos da coletânea organizada por: SARMENTO, Daniel (Org.). *Interesses públicos versus interesses privados*: desconstruindo o princípio da supremacia do interesse público. Rio de Janeiro: Lumen Iuris, 2005.

[334] O Banco Mundial considera como situações de conflito de interesses tanto aquelas que comprometem a imparcialidade do agente público, como aquelas que *podem* comprometer ou aquelas em que há *juízo fundado* nesse sentido ("founded opinion"). Banco Mundial. The act on the prevention of conflict of interest. (Cf.: Financial Disclosure Library. *The Word Bank*, [s.d.]. Disponível em: https://publicofficialsfinancialdisclosure.worldbank.org. Acesso em 15 jan. 2019).

[335] Sobre o tema, reproduzo a observação de Anna Cândida Ferraz: "A dificuldade em legislar sobre *relações políticas* não está só no seu *objetivo*, bastante instável e mutável, conforme as exigências políticas, mas também na ausência ou inexistência de uma sedimentação doutrinária". (FERRAZ, Ana Cândida da Cunha. *Processos informais de mudança da Constituição*. Osasco: EDIFIEO, 2015. p. 198).

de conflitos de interesses *ex officio*, com falhas significativas no desenho que deixa aos seus próprios membros a tarefa de assumi-los, a solução passa pelo fortalecimento do sistema de freios e contrapesos, além de encontrar fundamento nos princípios republicano e democrático. A responsabilidade pelo exame de conflitos de interesses deve ser compartilhada.

No julgamento sobre a vedação ao nepotismo, objeto de maior descrição no início deste trabalho, estava claro o interesse direto dos membros dos poderes majoritários na nomeação de parentes para cargos em comissão e funções de confiança. Era necessária, assim, a interferência do Judiciário na estrutura de incentivos então existente, que favorecia a inércia do Executivo e do Legislativo. Da mesma forma, o Supremo Tribunal Federal estabeleceu um verdadeiro regime jurídico para o funcionamento das Comissões Parlamentares de Inquérito – CPIs, cujo tema não só era de interesse dos membros, como também do Congresso Nacional, do Poder Executivo e de entidades privadas. Na ausência de interesse em legislar e de acordos mínimos sobre os limites e os poderes próprios das CPIs, coube ao STF pronunciar-se sobre requerimentos de criação, composição, prazo de funcionamento, objeto de investigação etc.[336] Para citar um terceiro exemplo, a existência de interesse de partidos, candidatos, elites e poderes, e a criação de incentivos a favorecimentos entre candidatos e seus financiadores, justificou a decisão do Supremo Tribunal Federal na ADI nº 4.650, Rel. Min. Luiz Fux, que proibiu o financiamento privado de campanhas.[337]

O parâmetro deve ser aplicado ao próprio STF para afastar a possibilidade de decisões criativas do Tribunal em caso de interesse direto do Judiciário, como no famigerado caso do auxílio-moradia (AO nº 1.773, Rel. Min. Luiz Fux). Nesse contexto, pelo mesmo fundamento, a decisão monocrática do então Presidente da Corte Joaquim Barbosa, que deferiu medida cautelar na ADI nº 5.017, Rel. atual Min. Luiz Fux, para suspender uma Emenda à Constituição que criava os Tribunais Regionais Federais das 6ª, 7ª, 8ª, e 9ª Regiões, não poderia ter sido proferida.

---

[336] Ver: BARROSO, Luís Roberto. Comissões Parlamentares de Inquérito e suas competências: política, direito e devido processo legal. *Revista Jurídica Virtual da Presidência*, Brasília, v. 2, n. 15, ago. 2000. Disponível em: https://revistajuridica.presidencia.gov.br/index.php/saj/article/view/1001/985. Acesso em 15 out. 2018.

[337] A ação foi proposta pelo Conselho Federal da Ordem dos Advogados do Brasil em face de dispositivos da Lei nº 9.504/97 (Lei Orgânica dos Partidos Políticos) e da Lei nº 9.096/95 (Lei das Eleições), sob o principal argumento de que os limites até então existentes ao financiamento privado de campanha violavam os princípios constitucionais da igualdade, da democracia e da República, potencializando a influência do poder econômico sobre o processo político.

Suspender uma Emenda à Constituição por decisão monocrática, no exercício de uma competência que o STF se autoatribuiu, já deveria causar reações enérgicas da comunidade jurídica. Quando tomada com base em uma suposta "competência privativa do Judiciário" para dispor sobre a matéria, quando nem sequer possui poder de iniciativa de emendas constitucionais, é ainda mais grave. Some-se a isso o interesse direto do Judiciário, como admitido expressamente pelo Ministro Joaquim Barbosa. A decisão monocrática permanece em vigor desde julho de 2013, tendo o processo sido retirado da pauta do mês de junho de 2018 a pedido do Relator atual, Ministro Luiz Fux.

O reconhecimento deste parâmetro decorre diretamente do princípio republicano, e deve servir para todos.

3.3 Quando o Judiciário está na zona de incerteza: incidência de *testes institucionais*

Vivemos um momento de *hardball*[338] institucional, de jogo duro, que não se enquadra na descrição clássica de crise constitucional. O mal-estar constitucional, nas palavras de Oscar Vilhena, representa uma forte turbulência,

> marcada por uma escalada de jogadas constitucionais cada vez mais duras, pelas quais atores políticos e institucionais passaram a se utilizar de seus mandatos e prerrogativas para alterar as relações entre os poderes estabelecidos. Para aumentar a complexidade da questão, essas jogadas pesadas, ou estocadas institucionais, que perduram no tempo e geram círculos de retaliação, vêm sendo empregadas ora na proteção da ordem constitucional, ora apenas com o objetivo de infligir derrotas aos adversários, evadir-se de suas responsabilidades legais ou simplesmente ampliar o poder dentro do sistema constitucional.[339]

---

[338] O professor Mark Tushnet refere-se a "constitutional hardball" como "political claims and practices (…) that are without much question within the bounds of existing constitutional doctrine and practice, but that are nonetheless in some tension with existing pre-constitutional understandings". (TUSHNET, Mark. Constitutional hardball. *The John Marshall Law Review*, v. 37, n. 2, 2004. Disponível em: https://dash.harvard.edu/bitstream/handle/1/12916580/Constitutional%20Hardball%2037%20J.%20Marshall%20L.%20Rev.%20523%20%282004%29.pdf?sequence=1&isAllowed=y. Acesso em 10 jan. 2019).

[339] VIEIRA, Oscar Vilhena. *A batalha dos poderes*: da transição democrática ao mal-estar constitucional. São Paulo: Companhia das Letras, 2018. p. 67.

A interpretação jurídica, em geral, e a interpretação constitucional, em específico, não podem descuidar do *elemento institucional*. A teoria das capacidades institucionais é uma tentativa nesse sentido. Mas outras questões devem ser levantadas, a fim de estabelecer parâmetros para a atuação judicial, principalmente naquelas matérias em que não se verifica a vantagem comparativa do Judiciário para proferir a decisão inicial, nem sua total inaptidão para intervir. O mais difícil é construir uma metodologia aplicável à zona de incerteza, que responde pela grande maioria dos casos. A elaboração de testes institucionais é uma proposta para orientar a atuação de juízes e tribunais quando a resposta não está descrita na norma, nem dela decorre implicitamente, exigindo criatividade judicial – nem se trata de direitos fundamentais ou da existência de vantagem comparativa do Judiciário para decidir.

Proponho testes prévios à atuação criativa do Judiciário. O Judiciário, em muitos casos, não possui o equipamento necessário para a tomada de decisão e uma solução unilateral pode ser mais prejudicial a médio ou longo prazos, o que demanda das cortes uma verificação dos efeitos sistêmicos de suas decisões (*teste democrático-institucional*). O resultado da interpretação tampouco pode afetar negativamente os canais de diálogo que sustentam o equilíbrio das relações entre os poderes, devendo deixar uma margem para revisão, superação, ou modificação pelo Parlamento. Nem alterar o sistema constitucional de controles recíprocos, o que envolve tanto a necessidade de manutenção dos controles ou dos *checks*, quanto a permanência de mecanismos de equilíbrio e de incentivos à cooperação institucional, como os *balances*. A finalidade aqui é estabelecer uma cadeia decisória e evitar possíveis hegemonias de um poder sobre os demais (*teste dialógico*).

Por fim, a própria cadeia de incentivos institucionais de decisão deve ser considerada, porque ainda que o Judiciário não possua uma vantagem comparativa para decidir, mas sua atuação tenha sido necessária em razão da inércia ou do bloqueio causado pela instituição que deveria ter agido em primeiro lugar, a Corte deve se preocupar em gerar incentivos para que o poder constitucionalmente responsável saia da condição de inércia (*teste de incentivos*). Até mesmo as decisões judiciais proferidas em processos *individuais*, no interior do país, possuem aptidão para firmar teses que alimentarão processos de massa, como costuma ocorrer em matéria previdenciária. Em todos os casos, deve-se buscar recolocar o sistema nos trilhos, sem descuidar da proteção de direitos. Se a inércia de instituições e dos poderes majoritários é real e o Judiciário é parte da solução, uma atuação *gerencial* do Judiciário, desde o início, pode ser institucionalmente mais eficaz do que a mera repetição automática de sentenças e acórdãos.

As questões institucionais precisam entrar na pauta jurídica. Os efeitos das manifestações de 2013 no sistema político ainda não foram totalmente identificados, mas certamente envolvem uma alteração no padrão de tomada de decisão. Não é demais lembrar que já se ouvem vozes em defesa de uma nova constituinte e do esgotamento da Constituição de 1988. O Judiciário precisa admitir que parte do apontado *esgotamento* decorre da forma como a Constituição vem sendo interpretada e aplicada, da visão de que os poderes são adversários (e, algumas vezes, inimigos), e dos riscos gerados pelo alinhamento direto entre o Judiciário e as opiniões pública e *publicada*. Uma mudança de mentalidade de juízes e tribunais não virá sem resistência, mas é preciso começar de algum ponto. Com certa ousadia, a proposta dos testes institucionais vem nessa direção. A manutenção do ideal democrático – e, quiçá, da própria Constituição de 1988 –, depende da proteção de direitos. Mas jamais dependeu tanto do bom funcionamento do sistema de freios e contrapesos.

3.3.1 Teste democrático-institucional: *adequação* entre a decisão do STF e os limites democráticos e de capacidade institucional

O primeiro teste envolve democracia e capacidade institucional, remetendo o leitor ao primeiro capítulo deste trabalho. Como afirmado, a democracia não exclui, de plano, a possibilidade de criação de normas pelo Poder Judiciário, mas impõe limites para a atividade, além de maior ônus argumentativo e transparência, de forma a permitir o controle posterior pelas instâncias majoritárias e pela sociedade. Em paralelo, o argumento das capacidades institucionais realiza um filtro sobre as decisões que de fato devem ser tomadas pelo Judiciário, apontando para a necessidade de devolução de determinadas questões às instâncias técnicas ou majoritárias. É particularmente importante em decisões de conteúdo criativo, porque o Judiciário só deve ser o primeiro a estabelecer a regulação para determinado caso ou conjunto de casos se for o mais capacitado entre todas as instituições capazes de fornecer a resposta. Um resultado pró-Judiciário de análise comparativa de capacidades institucionais (entre Legislativo e Judiciário, por exemplo) qualifica a tomada de decisão e aumenta sua legitimidade, contrabalançando o déficit democrático.

Há uma relação direta entre democracia e capacidade institucional, razão pela qual o teste é mais amplo e não se confunde com a teoria das capacidades institucionais. O teste democrático-institucional destina-se a responder à pergunta sobre a adequação entre o pedido formulado ao Supremo Tribunal Federal e as habilidades e limites da Corte, sem descuidar do impacto sobre o ideal democrático. Dessa forma, representa um *duplo juízo de adequação*: entre o que a democracia impõe e o que a democracia impede, bem como entre o tipo de decisão a ser formulada e o equipamento à disposição da Corte para tomar aquele tipo de decisão. A análise, nesse último caso, é comparativa em relação aos demais poderes aptos a decidir e também deve considerar os efeitos sistêmicos a serem produzidos. Se os dois resultados de adequação forem positivos, haverá forte indicação para a atuação criativa do Judiciário, podendo-se partir para os demais testes.

Essa primeira etapa se destina a responder perguntas ligadas à democracia, tais como: a criação judicial terá impacto sobre a norma constitucional ou sobre a legislação ordinária? A necessidade de regulamentação da matéria se encontra em discussão perante os órgãos majoritários? Envolve a criação de uma regra de exceção a uma norma elaborada com ampla participação popular? Diz respeito a direitos fundamentais e pressupostos da democracia? Há interesse direto ou conflito de interesses entre os membros dos poderes eleitos e o resultado da questão? Um apelo ao legislador, com estabelecimento de diretrizes e prazos, não seria a melhor decisão a tomar?

Envolve, ainda, a consideração de questões relacionadas à capacidade institucional da Corte: o Judiciário é o poder mais habilitado para produzir a melhor decisão no caso concreto ou em um conjunto de casos, comparativamente aos demais? Quais os efeitos sistêmicos ou indesejáveis que a decisão pode gerar? Universalizada a decisão para todos aqueles que supostamente poderiam ser por ela beneficiados, qual o impacto para a sociedade e para o Estado? Trata-se de questão técnica, científica ou complexa, sobre a qual o Judiciário não possui condições de decidir? Há necessidade de chamamento público de *amicus curiae* ou de realização de audiências públicas?

São muitas as perguntas, mas a dificuldade da criação judicial as impõe. Nem todas serão aplicadas em todos os casos, e haverá outros que demandarão análise e formulação de diferentes questionamentos. Utilizando como exemplo alguns julgados já descritos e comentados ao longo deste trabalho, o julgamento que inseriu na Constituição mais um caso de perda de mandato parlamentar em caso de infidelidade partidária (MS nº 26.604, Relª. Minª. Cármen Lúcia) não responde de forma positiva a essas questões. Nem o julgamento sobre a demarcação da reserva indígena Raposa Serra do Sol, na parte em que inseriu no ordenamento "salvaguardas constitucionais" contra os indígenas (PET nº 3.388, Rel. Min. Ayres Britto, Rel. atual Min. Luís Roberto Barroso). Por outro lado, o julgamento que inseriu no Código Penal uma excludente de tipicidade dos crimes tipificados nos arts. 124, 126 e 128, I e II, nas hipóteses de interrupção terapêutica do parto no caso de gravidez de fetos anencefálicos (ADPF nº 54, Rel. Min. Marco Aurélio), bem como o que concluiu pela vedação ao nepotismo (ADC nº 12/DF, Rel. Min. Ayres Britto), passam no teste democrático-institucional.

3.3.2 Teste dialógico: *necessidade* de manutenção dos canais de diálogo e do sistema de controle recíproco entre os Poderes

A força do segundo teste está na necessidade de a decisão criativa do Judiciário manter o diálogo entre os Poderes e não interferir no sistema constitucional de freios e contrapesos. A instituição indicada pelo teste democrático-institucional – seja o Judiciário, o Parlamento, uma Agência Reguladora, o INSS *etc*. – ocupa apenas o primeiro lugar na cadeia dos legitimados a se manifestarem sobre a questão, sendo necessário que o modo como essa manifestação na prática se dará gere (ou, ao menos, não impeça) uma interlocução entre todas as instituições da cadeia decisória, possibilitando e mantendo o *diálogo institucional*.

O ponto tem relação com a teoria dos diálogos institucionais, mas com ela não se confunde. A teoria dos diálogos institucionais apresenta uma resposta normativa diversa para a pergunta sobre "quem deve ter a última palavra sobre o conteúdo da Constituição", concluindo pela inexistência, *a priori*, nem de supremacia parlamentar, nem de supremacia judicial, prescrevendo uma terceira via qualificada pelo diálogo entre as instituições.[340] Se inexiste prerrogativa nem do Judiciário, nem do Parlamento, para dar a última palavra sobre a Constituição, a atuação judicial representaria apenas uma "última palavra provisória",

---

[340] Sobre o tema, confiram-se: BRANDÃO, Rodrigo. *Supremacia judicial versus diálogos constitucionais*: a quem cabe a última palavra sobre o sentido da Constituição? Rio de Janeiro: Lumen Juris, 2017 e MENDES, Conrado Hübner. *Direitos fundamentais, separação de poderes e deliberação*. São Paulo: Saraiva, 2011.

para usar a expressão que indica o fim de uma rodada procedimental,[341] sem exclusão de outras.

O teste dialógico não se confunde com a teoria dos diálogos institucionais, embora tenha por finalidade ressaltar a mesma conclusão: a de que a decisão do Judiciário, ainda que mais habilitado, deve manter um diálogo ou pelo menos não obstruir o canal de interação entre as instituições. Não se refere apenas à afirmação de que o Supremo Tribunal Federal não possui a última palavra sobre o sentido da Constituição, mas também à necessidade de manutenção da estrutura constitucional de controle recíproco entre os Poderes. O teste dialógico, portanto, tem dupla finalidade: (i) alertar para a possibilidade de novos pronunciamentos de outras instituições sobre a matéria, que podem implicar reversão, modificação ou anulação da decisão judicial, desde que não haja afronta a direitos fundamentais; e (ii) impedir a alteração da posição original de equilíbrio entre os Poderes, mantendo os incentivos do desenho institucional à cooperação. Como o desenho institucional do Judiciário lhe garante independência judicial e insulamento político, não prevendo *checks* sobre sua atuação, a supressão dos *balances* corresponderia a uma interferência indevida na estrutura dialógica de contenção de poder e, em última análise, a uma mudança ilegítima nas regras do jogo democrático.

O voto do Ministro Gilmar Mendes, no julgamento que reconheceu as uniões homoafetivas como entidades familiares (ADI nº 4.277 e ADPF nº 132, Rel. Min. Ayres Britto), traz preocupação dialógica e representa o tipo de teste que aqui se deseja multiplicar:

> A decisão do Supremo não significa óbice à atuação do Poder Legislativo. Pelo contrário, a nossa decisão deve ser entendida como um imperativo de regulação da união homoafetiva, como decorrência da necessidade de concretização de um dever de proteção de direitos fundamentais relacionados a essa relação jurídica. Trata-se de um estímulo institucional para que, de fato, as mais diversas situações jurídicas que envolvem a união entre pessoas do mesmo sexo venham a ser disciplinadas.

---

[341] De acordo com o autor, uma rodada procedimental "(r)efere-se ao circuito decisório entre os poderes até chegar a uma decisão final. Este caráter 'final', porém, é também relativo e não escapa de uma inevitável provisoriedade, pois o mesmo tema pode renascer no domínio da deliberação política posteriormente, em intervalos maiores ou menores". (MENDES, Conrado Hübner. *Direitos fundamentais, separação de poderes e deliberação*. São Paulo: Saraiva, 2011. p. 13 (nota de rodapé nº 37).

A ampliação do rol de competências constitucionais do Supremo Tribunal Federal é exemplo de decisão criativa não dialógica, porque, ao expandir os poderes da Corte, interfere negativamente no sistema de controle recíproco. A isso não equivale dizer que o Tribunal não possua atribuição para interpretar as competências que lhe foram conferidas pela Constituição de 1988, porque essa tarefa encontra fundamento na margem de apreciação processual das Cortes. A questão é inserir no art. 102 da Constituição outras competências não expressamente previstas pelo constituinte. A possibilidade de revisão constitucional de emendas à constituição é um exemplo, tendo sido construída por "interpretação" do próprio Supremo Tribunal Federal.

Se, em muitos casos, a competência pode ser justificada por inferência constitucional das cláusulas pétreas, em outros não possui qualquer fundamento constitucional, como na já citada decisão monocrática que suspendeu a EC nº 73/2013 (ADI nº 5.017, Rel. atual Min. Luiz Fux). O simples fato de a Constituição de 1988 prever cláusulas pétreas não significa que o STF tenha competência ampla e irrestrita para o controle de constitucionalidade de toda e qualquer emenda à Constituição. Como pontuado por Sérgio Abranches, a necessidade de edição de emendas à constituição coloca o Judiciário em posição superior à dos poderes majoritários, correspondendo a um dos problemas da nova versão do presidencialismo de coalizão, pois exige a formação de coalizão superior à maioria simples – que, se em um cenário de pluripartidarismo já é difícil de se atingir, aumenta substancialmente os *custos de manejo*.[342]

O teste dialógico representa, assim, uma tentativa de concretizar, no dia a dia de juízes e tribunais, o ideal normativo de inexistência de supremacia judicial, acrescendo aos questionamentos sobre os efeitos sistêmicos da atuação do Judiciário, aqueles referentes ao impacto de suas decisões também sobre as demais instituições e sobre o desenho original de freios e contrapesos.

---

[342] ABRANCHES, Sérgio. *Presidencialismo de coalizão*: raízes e evolução do modelo político brasileiro. São Paulo: Companhia das Letras, 2018. p. 88.

3.3.3 Teste de incentivos: *proporção* entre os incentivos gerados pela decisão e o fim da inércia ou o desbloqueio dos poderes majoritários

O professor Luís Roberto Barroso qualifica a judicialização como um *fato* inelutável, não como uma opção política do Judiciário, que decorreria do desenho institucional da Constituição de 1988. De todo modo, como também afirma, é um fenômeno de *transferência de poder* das instâncias majoritárias para o Poder Judiciário,[343] o que atrai a necessidade de mecanismos para o seu desestímulo. Ainda que a abrangência do texto da Constituição de 1988 e a previsão do controle de constitucionalidade favoreçam a solução das mais diversas demandas individuais, sociais e políticas pelo Judiciário, há uma alta dose de opção política por trás disso. As teorias de comportamento judicial só comprovam essa afirmação.[344]

O protagonismo do Judiciário gera incentivos negativos para os demais Poderes, às vezes colocando as instâncias eleitas em situação hierarquicamente inferior, às vezes favorecendo a sua omissão, pois deixar de debater e regulamentar questões polêmicas evita riscos políticos e desgastes com o eleitorado. Em um caso ou em outro, a judicialização desestimula o Legislativo e o Executivo a exercerem suas funções constitucionais de maneira adequada (como?). Dessa forma, ao lado do teste democrático-institucional e do teste dialógico, é preciso examinar os incentivos e contraincentivos que as decisões judiciais geram para o fim da inércia e para a assunção de responsabilidades políticas pelos poderes eleitos. Juízes, legisladores e administradores são pessoas que estruturam suas ações a partir de estímulos do mundo externo, tanto em matéria política, quanto nas questões de direito.

A isso não corresponde a defesa de uma visão mecanicista da Constituição, nem uma legitimação decorrente apenas de questões procedimentais. O primeiro teste é um alerta contra isso. A proposta é investigar e sugerir um método que adicione ao processo de tomada de decisão argumentos relacionados às interações institucionais, além dos argumentos formais e substantivos, sem hierarquia entre eles. Haverá casos em que a análise não será possível. Mas uma atuação criativa deve buscar gerar incentivos para acabar com a inércia dos poderes

---

[343] BARROSO, Luís Roberto. Constituição, democracia e supremacia judicial: direito e política no brasil contemporâneo. *Revista da Faculdade de Direito – UERJ*, v. 2, n. 21, jan./jun. 2012.

[344] Sobre comportamento judicial, conferir: MELLO, Patrícia Perrone Campos. *Nos bastidores do STF*. São Paulo: Saraiva, 2015.

majoritários, não para estimulá-la. Essa análise é difícil de ser realizada, mas alguns exemplos podem ser utilizados para demonstrar o ponto: as decisões do Supremo Tribunal Federal sobre (i) a regulamentação do aviso prévio proporcional (MI nº 943, Rel. Min. Gilmar Mendes); (ii) o rateio do fundo de participação dos estados (ADI nº 875, ADI nº 1987, ADI nº 3243 e ADI nº 2727, Rel. Min. Gilmar Mendes); (iii) a antecipação terapêutica do parto na hipótese de gravidez de feto anencefálico (ADPF nº 54, Rel. Min. Marco Aurélio); e (iv) o reconhecimento das uniões homoafetivas como entidades familiares (ADI nº 4.277 e ADPF nº 132, Rel. Min. Ayres Britto).

Os casos da anencefalia e das uniões homoafetivas já foram descritos ao longo do trabalho, mas os demais merecem um pequeno registro. No julgamento do mandado de injunção impetrado em razão da omissão do Legislativo em regulamentar o aviso prévio proporcional ao tempo de serviço, o Ministro Relator Gilmar Mendes indicou adiamento do feito para consolidar as propostas dos Ministros para a regulamentação da matéria. Nesse ínterim, em prazo recorde, foi publicada a Lei nº 12.506/2011, que finalmente disciplinou o instituto. Nas ADIs relativas ao fundo de participação dos estados, o STF não apenas declarou a inconstitucionalidade do art. 2º e do anexo da Lei Complementar nº 62/89, por inobservância do art. 161, II, da CF, como também determinou a cessação de seus efeitos no prazo de dois exercícios financeiros, a contar do seguinte (2011). A LC nº 62/89 deveria ter vigorado até 1992, ocasião em que o censo do IBGE reorientaria a distribuição, mas se manteve por mais de vinte anos, com os mesmos coeficientes de rateio, gerando reação de diversos estados. Após a fixação de prazo para cessação de sua eficácia, o Congresso Nacional aprovou a LC nº 143/2013. Comparados os quatro casos, por que os julgamentos da anencefalia e das uniões homoafetivas não geraram reação legislativa, e os casos do aviso prévio proporcional e do fundo de participação dos estados tiraram o Legislativo da inércia?

Uniões homoafetivas e antecipação do parto em caso de anencefalia são temas bloqueados no Parlamento: há iniciativas para regulamentá-los, mas o veto é exercido de forma sistemática, impedindo a manifestação do poder que possui a iniciativa legislativa. Embora não conheça pesquisas nesse sentido, arrisco dizer que a posição contrária a tais pautas é sobrerrepresentada no Parlamento quando em comparação à maioria da população. A prática legislativa demonstra que os parlamentares não possuem incentivos para votar temas de profundo desacordo moral na sociedade porque perdem o voto do seu próprio eleitorado e não conquistam os votos de eleitorados alheios.

Considerado o quadro, o Supremo Tribunal Federal decidiu. E agiu bem. Possível tentativa de superação deverá levar em consideração as razões empregadas pelo Tribunal e as manifestações levadas à Corte.

No caso do aviso prévio proporcional, diversas proposições legislativas se encontravam em trâmite no Parlamento, sem estímulos para votação da matéria, principalmente em tempos de ausência de governabilidade. Com a sinalização do STF de que viria a estabelecer critérios para a fruição do direito constitucionalmente previsto, a respeito do qual não há desacordos morais ou grandes questionamentos, o Legislativo não perdeu a oportunidade de agir estrategicamente e "fazer uma bondade". Não necessariamente houve adesão, mas uma escolha orientada pelo incentivo gerado pela discussão do Supremo Tribunal Federal. Em questões assim, o Supremo deveria ao menos tentar instar o poder legítimo a agir, ainda que orientado por alguns critérios e diretrizes, porque a partir do momento em que o Judiciário chama o Legislativo à ação, tende a diminuir o bloqueio ou a chance real de insubordinação contra o conteúdo da decisão.

Já o fundo de participação dos estados representa matéria de divisão de poder e envolve a *questão regional*, de alta sensibilidade política. Mas isso não foi suficiente para elaboração de novos critérios de rateio pelo Parlamento, que permaneceu inerte por mais de vinte anos. Nesse caso, o tipo de decisão utilizada pelo Supremo Tribunal Federal atingiu em cheio os incentivos inerciais: a associação da declaração imediata de inconstitucionalidade da lei impugnada com o estabelecimento de um prazo para a edição da nova lei complementar poderia inviabilizar o Fundo de Participação dos Estados – FPE, o que demandava uma ação do Congresso. O custo político de edição da lei passou a ser menor que o custo da inércia, possibilitando que o Parlamento finalmente agisse. Esse cálculo é muitas vezes ignorado pela Corte e o teste de incentivos é uma tentativa de chamar a atenção para a sua importância, notadamente em matéria política, que a Corte qualifica como *interna corporis* do Parlamento e, por isso, deixa de realizar o controle judicial por entender que seria uma interferência. Nem toda interferência é indevida, e a resposta passa pela calibragem do grau de intervenção.

CONCLUSÃO

As ideias desenvolvidas ao longo deste trabalho podem ser reconduzidas, em síntese, às proposições objetivas que se seguem:

1. A forma de atuação das cortes constitucionais se modificou radicalmente ao longo dos anos, principalmente no pós-guerra, sendo influenciada por princípios como o da conservação da norma e o da prevalência dos direitos humanos. No mundo contemporâneo, todas atuam, em maior ou menor grau, na criação de normas para a solução de um caso concreto, sem que isso necessariamente configure ofensa à Constituição ou invasão do campo de atuação do legislador ordinário ou do constituinte.

2. No Brasil, pode-se afirmar que a atividade legislativa do Supremo Tribunal Federal é resultado (i) da amplitude do texto da Constituição de 1988, que qualificou diversos temas do cotidiano ordinário como pretensões constitucionalmente exigíveis; (ii) do desenho institucional do STF, que ao mesmo tempo funciona como corte constitucional, tribunal de última instância recursal e instância ordinária em matéria penal; e, por fim, (iii) do comportamento judicial de seus Ministros.

3. A normatização por juízes e tribunais é apontada como o *novo papel das cortes do mundo*, merecendo análise e formulação de limites. Nesse contexto, é correto afirmar que existe *algum grau de atividade legislativa na função jurisdicional*, mas que isso não a torna equiparável à função legislativa exercida pelo Parlamento. Juízes e legisladores podem inovar, mas estão sujeitos a limites diferenciados e margens de conformação distintas. Por isso, embora exista um ponto em qualificar o Supremo Tribunal Federal como "legislador positivo", a correspondência entre o tribunal e o legislador não é correta, devendo-se evitar a expressão.

4. A atuação criativa do Supremo Tribunal Federal não encontra obstáculo no dogma do legislador negativo ou na doutrina da separação de poderes. A construção kelseniana não pode ser validamente aplicada no direito constitucional brasileiro, por total ausência de seus pressupostos de incidência. Além disso, a releitura do princípio da separação de poderes pelo constitucionalismo contemporâneo adiciona outras preocupações ao ideal de contenção do arbítrio, como a legitimação democrática do governo, a eficiência da ação estatal e a exigência de arranjos institucionais que tutelem os direitos fundamentais e a democracia. Deve-se buscar a melhor engenharia institucional, a indicação do órgão ou do poder estatal mais constitucionalmente adequado para promover os valores ínsitos à nova separação de poderes, desde que não haja abusos.

5. Há dois principais limites de fundo à normatização pelo Judiciário: a democracia e a análise das capacidades institucionais. Juízes não são legisladores, nem mesmo nas hipóteses em que criam normas. Diante de um Legislativo em bom funcionamento, a regra é a de que a discussão de direitos deve ocorrer na arena democrática. Entretanto, a intervenção do Judiciário pode se justificar a partir de uma relação inversamente proporcional com a *estabilidade democrática*. Ou seja, a disfuncionalidade de pontos importantes do regime democrático pode atrair a necessidade de maior desempenho judicial, sem que isso corresponda a uma atuação ilegítima.

6. Além disso, o argumento das capacidades institucionais aponta para a necessidade de uma análise prévia, concreta e comparativa dos vícios e virtudes de cada uma das instituições capazes de resolver o problema em questão, e sobre os efeitos sistêmicos que podem ser gerados pela decisão, incluindo possíveis falhas, erros, e o impacto sobre os demais Poderes e órgãos estatais. O produto dessa análise pode, assim, indicar uma maior ou menor deferência do Judiciário aos poderes majoritários.

7. O impacto do novo papel normativo das cortes constitucionais é produzido sobre três principais áreas: (i) nas normas constitucionais, com influência no poder constituinte originário e derivado; (ii) na legislação infraconstitucional, seja ao adicionar, reduzir ou substituir provisões, seja ao decidr sobre a produção de efeitos temporais das leis, seja na ausência de legislação, suprindo a omissão total ou parcial do legislador ordinário; e (iii) no processo constitucional, notadamente na criação de novas técnicas de decisão.

8. Em primeiro lugar, as decisões criativas do STF produzem efeitos sobre as normas constitucionais, por exemplo, ao (i) integrar

o conteúdo das disposições constitucionais, ao (ii) resolver disputas federativas entre órgãos estatais, ao (iii) apreciar a constitucionalidade de emendas à Constituição, ou ao (iv) exercer legitimamente a chamada mutação constitucional. O segundo campo de incidência de decisões de cunho criativo do Supremo Tribunal Federal diz respeito principalmente ao exercício do controle de constitucionalidade das leis, já que o papel de interpretar e verificar a compatibilidade e a efetividade de leis e atos normativos com a Constituição Federal produz, por natureza, efeitos sobre a legislação infraconstitucional. Em terceiro lugar, a atividade legislativa do Supremo Tribunal Federal repercute também em sede processual, com a criação de novas técnicas de decisão e de soluções processuais eficazes para a consecução das finalidades constitucionais.

9. Quanto ao último ponto, a criação também pode ser explicada pela existência de certa *margem de apreciação processual* das cortes constitucionais, ou seja, um espaço de liberdade para a configuração e conformação do processo constitucional, com a criação de princípios e regras processuais complementares, em respeito às especificidades da jurisdição constitucional. O processo constitucional não segue a lógica da teoria geral, estruturada para a solução de conflitos privados, e busca a consecução de finalidades estabelecidas pelo próprio constituinte. A partir da constatação de que, no caso concreto, a aplicação de institutos e formalidades tal qual previstos pelo direito processual não produz o melhor resultado constitucional, busca-se a resposta processual *eficaz* para a concretização das finalidades constitucionais, com vocação de estabilidade e de aplicação a casos futuros.

10. A inovação pode ser verificada a partir da consagração de técnicas de decisão que evitam ao máximo a declaração de inconstitucionalidade das normas, prestigiando-se a sua conservação e a atuação do legislador ordinário. Ao invés de decidir apenas entre a rejeição ou o acolhimento do pedido de inconstitucionalidade, o Supremo tem buscado determinar quais intepretações da norma são compatíveis com a Constituição; ou promover a alteração normativa capaz de torná-la constitucional; ou mesmo adicionar o conteúdo necessário para afastar sua inconstitucionalidade.

11. A criação normativa pelo Supremo Tribunal Federal foi possibilitada por vários fatores. Um deles corresponde à positivação da modulação temporal dos efeitos da decisão de *inconstitucionalidade* pela Lei nº 9.868/1999, que não apenas institucionalizou uma prática que lhe antecedia, estabelecendo quórum e parâmetros de aplicação, *como relativizou, por lei, o dogma da nulidade da lei inconstitucional*. A maior consequência da positivação da técnica da modulação temporal

de efeitos foi possibilitar que o Supremo Tribunal Federal questionasse abertamente os efeitos de suas decisões e, em alguns casos, até mesmo revisitasse a teoria da nulidade da lei inconstitucional.

12. O Tribunal criou, por exemplo, a decisão paramétrica de constitucionalidade, a modulação de efeitos *subjetivos*, a modulação da declaração de *constitucionalidade*, a modulação da *não recepção* e a declaração incidental de inconstitucionalidade em controle abstrato, com efeitos vinculantes. Por outro lado, nem sempre utiliza a modulação temporal de efeitos em seu rigor técnico, pois a técnica não se confunde com *a convalidação da inconstitucionalidade*, tipo de decisão que já foi tomada mais de uma vez pelo Supremo Tribunal Federal sob o invólucro de "modulação temporal".

13. Outro fator que fomenta respostas diferenciadas e criativas do Supremo Tribunal Federal diz respeito à fiscalização mais ampla de constitucionalidade hoje realizada pela Corte. Ao controle de constitucionalidade de leis e atos normativos soma-se, nos dias atuais, o *controle de efetividade* da própria Constituição. A regulamentação da ADPF pode ser apontada como marco dessa mudança, já que o tipo de resposta exigido da Corte via ADPF não se encontra especificamente previsto na lei, tais quais os provimentos normativos possíveis em uma ação direta de inconstitucionalidade ou em uma ação declaratória de constitucionalidade. O Judiciário deve "sanar a lesão a preceito fundamental", mas a lei propositadamente não estabelece *como* isso deve ser feito, o que leva a construções mais elaboradas e sofisticadas do Supremo Tribunal Federal.

14. Considerando que a normatização pelo STF é um fato e apenas mais um exemplo do que está acontecendo nas demais cortes constitucionais do mundo, o exercício legítimo da competência normativa passa a ser medido a partir do respeito aos limites impostos à criação judicial. Dessa forma, a pergunta a ser respondida passa a ser: *em que medida o Supremo Tribunal Federal pode criar uma norma para a solução de um caso concreto, sem invadir a esfera de atuação democrática dos poderes eleitos?* A primeira resposta que se propõe a essa pergunta coincide com o fundamento para a atuação normativa das cortes: a criação judicial do direito é legítima quando em jogo a promoção e a proteção dos direitos fundamentais.

15. No caso brasileiro, a normatização pelo Supremo Tribunal Federal decorre tanto da missão das cortes constitucionais de protegerem direitos fundamentais, quanto do desenho da Constituição de 1988, que prevê fundamento autônomo para a atividade judicial criativa em defesa de direitos fundamentais: o mandado de injunção. No Brasil, portanto,

a Constituição de 1988 admite a supressão de omissões constitucionais violadoras de direitos fundamentais, relativas ou totais, via mandado de injunção ou com fundamento na norma de competência inferida do dispositivo, sem a necessidade de existência de solução prévia constitucionalmente obrigatória (*a rime obbligate*).

16. Para auxiliar o debate sobre o tema, defendo que (i) há zonas em que a atuação construtiva do STF *se impõe*, como na proteção de direitos fundamentais e das regras do jogo democrático (missão constitucional); (ii) há matérias em que o Poder Judiciário possui *preferência* para atuar criativamente, como na existência de interesse direto dos demais poderes constituídos ou de conflito de interesses entre as instituições e seus membros (preferência constitucional); (iii) há zonas em que o STF *não* pode atuar criativamente, sob pena de subversão do texto constitucional, como na criação de normas penais *contra o réu* (vedação constitucional pela regra da legalidade penal estrita); e (iv) há uma enorme zona de incerteza de atuação, sobre a qual incidem determinados testes institucionais.

17. O Supremo Tribunal Federal já exerce o papel criativo como qualquer outra corte constitucional, mas lhe falta empregar o referencial técnico compatível com o conteúdo das decisões que vem proferindo. O diagnóstico atual é que, na ausência desse arsenal processual próprio, utiliza-se o que mais próximo se tem à disposição. Quanto ao ponto, a doutrina começou a identificar que a técnica da interpretação conforme a Constituição, ontologicamente interpretativa, estaria servindo para ampliar ou modificar o conteúdo da lei, não se limitando à determinação do sentido e do alcance da norma. O que se acompanha na jurisprudência do Supremo Tribunal Federal é sintomático da assunção do papel criativo da Corte: a invocação da técnica da interpretação conforme como tentativa de ocultar decisões de cunho fortemente criativo, o que denominei de *pseudo-interpretação conforme a Constituição*.

18. O que o STF muitas vezes rotula de interpretação conforme a Constituição corresponde à prolação de sentenças criativas, à inovação legislativa, ou àquilo que a doutrina e a Corte Italianas conhecem como "sentenças manipulativas". A ideia adjacente à "manipulação" coincide, exatamente, com a criação judicial para além das possibilidades do enunciado normativo, apesar de o texto permanecer intacto. Seria *contra legem*, porém *secundum constitutionem*. Em síntese, se a decisão não se restringe a interpretar determinado dispositivo – indicando-lhe o sentido e o alcance –, e se de alguma forma inova o ordenamento jurídico, será qualificada como manipulativa.

19. Mas, em razão da falta de uniformidade no uso da nomenclatura e, muitas vezes, da utilização de nomes idênticos para qualificar situações diferentes, a adoção dessas categorias de decisão gera a necessidade de a Corte preliminarmente apontar o conceito que está "por trás" do código utilizado, indicando também a presença de seus pressupostos. Do contrário, não se saberá exatamente à qual categoria aderiu, porque o *nome* não traz consigo um acordo doutrinário mínimo.

20. O segundo problema ínsito à adoção da categoria italiana das *decisões modificativas aditivas* como resposta para a sistematização dos novos tipos de decisão do Supremo Tribunal Federal refere-se ao pressuposto de sua existência, *tal como aplicadas e teorizadas pelo direito comparado*: as decisões manipulativas aditivas são proferidas apenas e tão somente quando verificada uma omissão *parcial*.

21. Não é apenas uma questão de nomenclatura, mas de ausência de fundamento para a importação da categoria para a qualificação das decisões do Supremo Tribunal Federal que resolvem, por exemplo, a omissão total – chamando-se pelo mesmo nome técnicas de decisão ontologicamente diferentes. O tribunal constitucional italiano só está autorizado a suprir a lacuna via decisão aditiva se (e somente se) a *omissão relativa inconstitucional do legislador* puder ser colmatada a partir de uma *solução constitucionalmente obrigatória* (*a rime obbligate*), ou seja, quando a normatização judicial não envolver a realização de escolhas discricionárias pela Corte e constar de forma expressa na constituição.

22. A decisão do STF que resolve uma omissão legislativa total não se adequa aos moldes das aditivas italianas, porque ausentes seus pressupostos: não existe uma norma a ser manipulada, nem uma omissão parcial, e tampouco uma (única) solução constitucionalmente obrigatória. Além disso, as categorias manipulativas tampouco conformam os tipos de resposta exigidos pelo controle de efetividade da Constituição. Por não dizerem respeito ao controle de *normas* propriamente dito, as decisões que reconhecem o estado de coisas inconstitucional, ou aquelas que são produto de litígio estrutural, em nenhuma hipótese podem ser caracterizadas como decisões manipulativas.

23. A resposta que se propõe para uma categorização adequada das decisões do STF está na distinção metodológica entre interpretação e integração da Constituição. Ou seja, em admitir e justificar dogmaticamente que as próprias normas constitucionais podem ser objeto de *integração* (e não apenas de interpretação), sem que isso caracterize atividade "constituinte originária". As novas categorias decisórias devem ser capazes de (i) distinguir as hipóteses em que a decisão do Supremo Tribunal Federal se encontra dentro do programa

(explícito ou implícito) da norma, daquelas que envolvem construção judicial; e, uma vez identificada a construção, de também conseguir (ii) conformar e diferenciar a atuação normativa do Supremo Tribunal Federal com impacto nas normas constitucionais (o que inclui o controle de efetividade da Constituição), da atuação construtiva com impacto nas normas infraconstitucionais. Isso porque (i) o grau de criação e (ii) o objeto da fiscalização realizada pelo Supremo Tribunal Federal atrai fundamentos e parâmetros próprios.

24. A partir do resultado da distinção entre interpretação e integração das normas constitucionais surgem as duas categorias de decisão propostas para redirecionar o trânsito processual no Supremo Tribunal Federal: (i) a técnica da *inferência constitucional* e a (ii) técnica da *integração conforme a Constituição*. São complementares àquelas técnicas que têm como núcleo a interpretação constitucional, por proverem um resultado que se encontra *além* da mera interpretação, mas ainda assim dentro dos limites traçados pela Constituição.

25. Existe *inferência constitucional* toda vez que a questão jurídica demandar a criação de uma solução diretamente a partir de uma norma constitucional, enquanto que a *integração conforme a Constituição* surgirá diante da necessidade de normatização com impacto na legislação infraconstitucional ou na ausência de legislação. *Inferência constitucional* e *integração conforme a Constituição* representam um passo além quando comparadas às técnicas interpretativas, e se distinguem de acordo com o grau de criação e com o objeto analisado. Existe inferência constitucional toda vez que a questão jurídica exigir (i) definição do conteúdo das normas constitucionais, principalmente aquelas de natureza abstrata, como os princípios, (ii) de cuja operação resultem outras normas ou comandos para a realização da Constituição, (iii) desde que o resultado esteja de acordo ou não seja contrário à Constituição.

26. Em determinadas matérias, o exercício de inferência é uma imposição, havendo comandos autorizativos concedidos pelo constituinte originário. As normas do art. 5º, LXXI e §§1º e 2º, da CF, traduzem o fundamento constitucional para a inferência em matéria de direitos fundamentais, e veiculam um *dever* a ser observado por todos os intérpretes de seu texto, notadamente pela corte responsável pela guarda da Constituição. Os dispositivos constitucionais citados referem-se, categoricamente, à operação de explicitação de outras normas protetivas de direitos fundamentais *decorrentes* do regime e dos princípios adotados pela Constituição, e à existência de uma norma de competência contida na previsão constitucional do mandado de injunção, que autoriza a realização da atividade legislativa pelo Judiciário em tema de direitos e

liberdades constitucionais e das prerrogativas inerentes à nacionalidade, à soberania e à cidadania. Ou seja, a Constituição de 1988 estabelece o regime, as diretrizes, as finalidades, os princípios e os valores. Dentro dessa moldura, as soluções criativas podem ser propostas pelo Supremo Tribunal Federal, pelo legislador, pelo administrador, pela sociedade civil – desde que para aumentar a proteção constitucionalmente atribuída aos direitos fundamentais.

27. Por sua vez, existe integração conforme a Constituição toda vez que o caso não comportar a aplicação direta da Constituição e (i) a lei for omissa, não sendo possível fazer uso da analogia (porque inexistente a mesma razão de direito) ou dos costumes, permanecendo a lacuna; (ii) nos casos de omissão legislativa – se não houver lei regulamentadora de direito previsto na Constituição (omissão total) ou se seu comando for incompleto (omissão parcial) – e, por fim, (iii) se a incidência da lei no caso concreto produzir um resultado inconstitucional (teoria do impacto desproporcional).

28. O primeiro limite à realização de inferência ou de integração constitucionais refere-se à impossibilidade de atuação criativa do Judiciário em matéria criminal *contra* o réu, haja vista a escolha constitucional originária pela regra da legalidade penal estrita. No extremo oposto estão as matérias em que juízes e tribunais estariam aprioristicamente mais aptos a decidir, como nas hipóteses de interesse direto dos demais Poderes e de conflitos de interesses entre membros e a instituição à qual pertencem. Por fim, para a ampla zona de incerteza restante, proponho três testes institucionais para o exercício da atividade normativa por juízes e tribunais, que se destinam a responder três perguntas: 1) existe *adequação* entre o pedido formulado ao Supremo Tribunal Federal e as habilidades e limites democráticos e institucionais da Corte? Ou seja, o STF possui, comparativa e contingentemente, maior capacidade institucional? (*teste democrático-institucional*); 2) Caso atendido o pedido, a decisão produzida pelo STF mantém – ou ao menos não suprime – o *necessário* diálogo institucional entre os Poderes? (*teste dialógico*); 3) É positiva a *proporção* entre os incentivos gerados pela decisão e o fim da inércia e/ou do bloqueio dos poderes majoritários? (*teste de incentivos*).

29. A interpretação jurídica, em geral, e a interpretação constitucional, em específico, não podem descuidar do *elemento institucional*. A teoria das capacidades institucionais é uma tentativa nesse sentido. Mas outras questões devem ser levantadas na tentativa de criar parâmetros para a atuação judicial, principalmente naquelas matérias em que não se verifica a vantagem comparativa do Judiciário para proferir a decisão inicial, nem sua total inaptidão para intervir. A manutenção do ideal

democrático – e, quiçá, da própria Constituição de 1988 –, depende da proteção de direitos. Mas jamais dependeu tanto do bom funcionamento do sistema de freios e contrapesos.

30. Por fim, o quadro atual das categorias de decisão do STF pode ser assim sistematizado:

(I) *quanto à declaração de constitucionalidade*
a) declaração pura e simples de constitucionalidade (rejeição do pedido de declaração de inconstitucionalidade);
b) declaração de (ainda) constitucionalidade da norma, ou de trânsito para a inconstitucionalidade, com ou sem apelo ao legislador;
c) declaração de constitucionalidade da norma, com modulação temporal de efeitos;
d) decisão paramétrica de constitucionalidade.

(II) *quanto ao juízo de não recepção*
a) declaração pura e simples de não recepção;
b) declaração de não recepção com modulação temporal de efeitos.

(III) *quanto à declaração de inconstitucionalidade*
a) declaração pura e simples de inconstitucionalidade (acolhimento do pedido de declaração de inconstitucionalidade);
b) declaração de inconstitucionalidade parcial mediante interpretação conforme a Constituição, sem redução de texto;
c) declaração de inconstitucionalidade parcial mediante interpretação conforme a Constituição, com redução de texto;
d) declaração de inconstitucionalidade parcial sem redução de texto, com ou sem apelo ao legislador;
e) declaração de inconstitucionalidade parcial com redução de texto;
f) declaração de inconstitucionalidade sem pronúncia de nulidade;
g) declaração de inconstitucionalidade (total ou parcial) com modulação *temporal* de efeitos;
h) declaração de inconstitucionalidade (total ou parcial) com modulação *subjetiva* de efeitos;
i) declaração incidental de inconstitucionalidade em controle abstrato, com efeitos vinculantes.

(IV) *quanto às decisões criativas*
a) decisão construtiva por inferência constitucional (por aplicação direta de princípios e regras constitucionais, ou para a construção de competência constitucional)
b) decisão construtiva por integração conforme a Constituição (para suprir lacuna constitucional ou para evitar impacto desproporcional).

REFERÊNCIAS

ABRANCHES, Sérgio. *Presidencialismo de coalizão*: raízes e evolução do modelo político brasileiro. São Paulo: Companhia das Letras, 2018.

ACKERMAN, Bruce. Adeus, Montesquieu. *Revista de direito administrativo*, Rio de Janeiro, v. 265, p. 14, jan./abr. 2014.

ACKERMAN, Bruce. The new separation of powers. *Harvard Law Review*, n. 3, v. 113, p. 7-8, 2000.

ARGUELHES, Diego Werneck; LEAL, Fernando. *Dois problemas de operacionalização do argumento das capacidades institucionais*. 2016. Disponível em: http://bibliotecadigital.fgv.br/dspace/handle/10438/24293. Acesso em 03 jan. 2019.

ARGUELHES, Diego Werneck; LEAL, Fernando. O argumento das 'capacidades institucionais' entre a banalidade, a redundância e o absurdo. *Direito, Estado e Sociedade*, Rio de Janeiro, n. 38, jan./jun. 2011.

ARGUELHES, Diego Werneck; RIBEIRO, Leandro Molhano. Ministrocracia: o Supremo Tribunal individual e o processo democrático brasileiro. *In*: CEBRAP, São Paulo, v. 37, n. 1, jan./abr. 2018. Disponível em: http://www.scielo.br/scielo.php?script=sci_arttext&pid=S0101-33002018000100013. Acesso em 15 jan. 2019.

ÁVILA, Ana Paula de Oliveira. *A modulação dos efeitos temporais pelo STF no controle de constitucionalidade*: ponderação e regras de argumentação para a interpretação conforme a constituição do artigo 27 da Lei nº 9.868/99. Porto Alegre: Editora Livraria do Advogado, 2009.

BARCELLOS, Ana Paula de. *Curso de direito constitucional*. Rio de Janeiro: Forense, 2018.

BARROSO, Luís Roberto. Comissões Parlamentares de Inquérito e suas competências: política, direito e devido processo legal. *Revista Jurídica Virtual da Presidência*, Brasília, v. 2, n. 15, ago. 2000. Disponível em: https://revistajuridica.presidencia.gov.br/index.php/saj/article/view/1001/985. Acesso em 15 out. 2018.

BARROSO, Luís Roberto. Constituição, democracia e supremacia judicial: direito e política no brasil contemporâneo. *Revista da Faculdade de Direito – UERJ*, v. 2, n. 21, jan./jun. 2012.

BARROSO, Luís Roberto. *Curso de direito constitucional contemporâneo*: os conceitos fundamentais e a construção do novo modelo. São Paulo: Saraiva, 2010.

BARROSO, Luís Roberto. *O controle de constitucionalidade no direito brasileiro*. São Paulo: Saraiva, 2019.

BARROSO, Luís Roberto. *O direito constitucional e a efetividade de suas normas*. Rio de Janeiro: Renovar, 1990.

BARROSO, Luís Roberto. *O direito constitucional e a efetividade de suas normas*. Rio de Janeiro: Renovar, 2006.

BERCOVICI, Gilberto. *Soberania e constituição*: para uma crítica do constitucionalismo. São Paulo: Quartier Latin, 2008.

BEVILÁQUA, Clóvis. *Teoria geral do direito civil*. Rio de Janeiro: Editora Paulo de Azevedo Ltda, 1955.

BICKEL, Alexander. *The least dangerous branch*: the Supreme Court at the bar of politics. New Haven: Yale University, 1986.

BINENBOJM, Gustavo. *A nova jurisdição constitucional brasileira*. Rio de Janeiro: Renovar, 2001.

BINENBOJM, Gustavo. *Uma teoria do direito administrativo*: direitos fundamentais, democracia e constitucionalização. Rio de Janeiro: Renovar, 2006.

BINENBOJM, Gustavo; CYRINO, André Rodrigues. O direito à moradia e a penhorabilidade do bem único do fiador em contratos de locação limites à revisão judicial de diagnósticos e prognósticos legislativos. *In*: SOUZA NETO, Claudio Pereira de; SARMENTO, Daniel (Coords.). *Direitos Sociais*: fundamentos, Judicialização e Direitos Sociais em Espécie. Rio de Janeiro: Lumen Juris, 2010.

BRANCO, Ricardo. *O efeito aditivo da declaração de inconstitucionalidade com força obrigatória geral*. Coimbra: Coimbra Editora, 2009.

BRANDÃO, Rodrigo. O STF e o dogma do legislador negativo. *Revista Direito, Estado e Sociedade*, Rio de Janeiro, n. 44, p. 190, jan./jun. 2014.

BRANDÃO, Rodrigo. *Supremacia judicial versus diálogos constitucionais*: a quem cabe a última palavra sobre o sentido da Constituição? Rio de Janeiro: Lumen Juris, 2017.

BREWER-CARÍAS, Allan Randolph. *Constitutional Courts as Positive Legislators*. Nova Iorque: Cambridge University Press, 2011.

BRUST, Léo. *A tipologia das decisões do STF*. Curitiba: Juruá, 2014.

CAMPO, Javier Jiménez. La declaración de inconstitucionalidad de la ley. *In*: LLORENTE, Francisco Rubio; CAMPO, Javier Jiménez. *Estudios sobre jurisdición constitucional*. Madri: McGraw-Hill, 1998.

CAMPOS, Carlos Alexandre de Azevedo. As sentenças manipulativas aditivas: os casos das cortes constitucionais da Itália, da África do Sul e do STF. *Revista de Processo*, v. 246, p. 403-427, ago. 2015.

CAMPOS, Carlos Alexandre de Azevedo. O estado de coisas inconstitucional e o litígio estrutural. *Conjur*, 01 set. 2015. Disponível em: https://www.conjur.com.br/2015-set-01/carlos-campos-estado-coisas-inconstitucional-litigio-estrutural. Acesso em 19 jun. 2018.

CANOTILHO, J. J. Gomes. *Direito constitucional e teoria da Constituição*. Coimbra: Almedina, 2000.

CAPPELLETTI, Mauro. *O controle judicial de constitucionalidade das leis no direito comparado*. Porto Alegre: Sérgio Antônio Fabris Editor, 1999.

CLÈVE, Clèmerson Merlin. *A fiscalização abstrata da constitucionalidade no direito brasileiro*. São Paulo: Revista dos Tribunais, 1995.

CLÈVE, Clèmerson Merlin. Teorias interpretativas, capacidades institucionais e crítica. In. *Hermenêutica, Constituição, decisão judicial*: estudos em homenagem ao professor Lenio Luiz Streck. Porto Alegre: Livraria do Advogado, 2016.

CLÈVE, Clèmerson Merlin; LORENZETTO, Bruno Meneses. *Governo democrático e jurisdição constitucional*. Belo Horizonte: Editora Fórum, 2016.

CRISAFULLI, Vezio. *Lezioni di diritto costituzionale, II – L'ordinamento costituzionale italiano*. Padova: CEDAM, 1984.

DIMOULIS, Dimitri; LUNARDI, Soraya. *Curso de processo constitucional*: controle de constitucionalidade e remédios constitucionais. São Paulo: Revista dos Tribunais, 2017.

DINAMARCO, Cândido Rangel. *A instrumentalidade do processo*. 14. ed. São Paulo: Malheiros, 2009.

DINAMARCO, Cândido Rangel. *Instituições de Direito Processual Civil*. 8. ed. São Paulo: Malheiros, 2016. v. 1.

DWORKIN, Ronald. *A matter of principle*. Cambridge: Harvard University Press, 1985.

ELKINS, Zachary; GINSBURG, Tom; MELTON, James. *The endurance of national constitutions*. Nova Iorque: Cambridge University Press, 2009.

ELY, John Hart. *Democracy and distrust*. Cambridge: Harvard University Press, 2002.

FERRAZ, Ana Cândida da Cunha. *Processos informais de mudança da Constituição*. Osasco: EDIFIEO, 2015.

FERREIRA FILHO, Manoel Gonçalves. O valor do ato inconstitucional em face do direito positivo brasileiro. *Revista de Direito Administrativo*, Rio de Janeiro, v. 230, p. 220-227, out./dez. 2002.

FREIRE, Alonso. Longevidade constitucional: o caso da Constituição de 1988. *Jota*, 21 mai. 2018. Disponível em: https://www.jota.info/opiniao-e-analise/artigos/longevidade-constitucional-1988-21052018. Acesso em 21 mai. 2018.

GALLOTTI, Maria Isabel. A declaração de inconstitucionalidade das leis e seus efeitos. *Revista de Direito Administrativo*, Rio de Janeiro, v. 170, p. 18-40, out./dez. 1987.

GARCÍA, Hernán Alejandro Olano. Tipología de nuestras Sentencias Constitucionales. *Revista Universitas*, n. 108, p. 596, dez. 2004.

GONÇALVES, Gabriel Accioly. *O desenvolvimento judicial do direito*: construções, interpretação criativa e técnicas manipulativas. Rio de Janeiro: Lumen Juris, 2016.

GRAU, Eros Roberto. *Ensaio e discurso sobre a interpretação/aplicação do direito*. São Paulo: Malheiros, 2009.

GUASTINI, Riccardo. *Il giudice e la leggi*: lezioni di diritto costituzionale. Torino: Giappichelli, 1995.

ISRAEL, Lucas Nogueira. *A legitimidade das sentenças manipulativas com efeitos aditivos no controle judicial de constitucionalidade*: entre a supremacia judicial e a supremacia parlamentar. Unb. Dissertação de mestrado, 2014. Disponível em: http://repositorio.unb.br/bitstream/10482/16943/1/2014_LucasNogueiraIsrael.pdf. Acesso em 21 abr. 2018.

KAUFMANN, Rodrigo de Oliveira. Mandado de injunção como poder-atribuição. *In*: MENDES, Gilmar; VALE, André Rufino do; QUINTAS, Fábio Lima (Orgs.). *Mandado de injunção*: estudos sobre sua regulamentação. São Paulo: Saraiva, 2013.

KELSEN, Hans. A garantia jurisdicional da Constituição (a justiça constitucional). *Revista de Direito Público*, n. 1, p. 91-109, jul./set. 2003.

KELSEN, Hans. O controle judicial da constitucionalidade: um estudo comparado das constituições austríaca e americana. *In*: KELSEN, Hans. *Jurisdição Constitucional*. São Paulo: Martins Fontes, 2007.

KELSEN, Hans. *Teoria Pura do Direito*. (Trad. João Batista Machado). São Paulo: Martins Fontes, 1995.

KRAMER, Larry D. *The people by themselves*: popular constitutionalism and judicial review. New York: Oxford University Press, 2004.

LANDA, César. Autonomía procesal del Tribunal Constitucional: la experiencia del Perú. *In: Anuario de derecho constitucional latinoamericano*. Montevideo, 2009. p. 295. Disponível em: https://revistas-colaboracion.juridicas.unam.mx/index.php/anuario-derecho-constitucional/article/viewFile/3875/3407. Acesso em 12 jun. 2018.

LEITE, Fábio Carvalho. Mitos e equívocos sobre a participação do senado no controle de constitucionalidade. *Revista Direito, Estado e Sociedade*, n. 52, p. 67-97, jan./jun. 2018. Disponível em: https://revistades.jur.puc-rio.br/index.php/revistades/article/view/1055/505. Acesso em 18 set. 2018.

LOPES, Pedro Moniz. Sobre as sentenças de inconstitucionalidade parcial qualitativa: análise de enunciados constitucionais de preferência. *In*: MORAIS, Carlos Blanco de (Coord). *As sentenças intermédias da justiça constitucional*: estudos luso-brasileiros de direito público. Lisboa: AAFDL, 2009.

LUNARDI, Soraya. *Teoria do processo constitucional*: análise de sua autonomia, natureza e elementos. São Paulo: Atlas, 2013.

MALFATTI, Elena; PANIZZA, Saulle; ROMBOLI, Roberto. *Giustizia Costituzionale*. 2. ed. Torino: Giappichelli, 2007.

MEDEIROS, Rui. *A decisão de inconstitucionalidade*. Lisboa: Universidade Católica Editora, 1999.

MELLO, Patrícia Perrone Campos. *Nos bastidores do STF*. São Paulo: Saraiva, 2015.

MELLO, Patrícia Perrone Campos. Trinta anos, uma Constituição, três Supremos: autorrestrição, expansão e ambivalência. *In*: BARROSO, Luís Roberto; MELLO, Patrícia Perrone Campos (Coord.). *A República que ainda não foi*: trinta anos da Constituição de 1988 na visão da Escola de Direito Constitucional da UERJ. Belo Horizonte: Fórum, 2018.

MELO, Teresa. Algoritmo ou destino: a constitucionalização do direito do trabalho a partir dos votos do Ministro Luís Roberto Barroso. *In*: SARAIVA, Renata *et al*. (Coords.). *Ministro Luís Roberto Barroso – 5 anos de Supremo Tribunal Federal*: homenagem de seus assessores. Belo Horizonte: Editora Fórum, 2018.

MELO, Teresa. Medidas Provisórias e estratégias antidemocráticas em tempos de Covid-19: diminuição de prazo para deliberação não é compatível com a ausência de previsão de comissões mistas. *Jota*, 14 abr. 2020. Disponível em: https://www.jota.info/

opiniao-e-analise/artigos/medidas-provisorias-e-estrategias-anti-democraticas-em-tempos-de-covid-19-14042020. Acesso em 14 abr. 2020.

MELO, Teresa. *Modulação temporal de efeitos*: técnica pragmatista de decisão e parâmetros para sua aplicação. Falta local: editora, 2020. no prelo.

MELO, Teresa. Precisamos falar sobre a Colômbia: tipos de sentença e técnicas de decisão da Corte Constitucional. *In*: MÔNACO, Gustavo Ferraz de Campos; LOULA, Maria Rosa (Coords). *Direito internacional e comparado*: trajetória e perspectivas – Homenagem aos 70 anos do Professor Catedrático Rui Manuel Moura Ramos. São Paulo: Quartier Latin, 2021. v. II.

MELO, Teresa. Supremo em ação: o que nos diz a mais nova ferramenta de controle da Corte. *Jota*, 08 mai. 2018. Disponível em: https://www.jota.info/opiniao-e-analise/artigos/supremo-em-acao-ferramenta-controle-10052018. Acesso em 16 ago. 2018.

MENDES, Conrado Hübner. Ativismo social, não judicial. *O Globo*, 16 ago. 2018. Disponível em: https://epoca.globo.com/conrado-hubner-mendes/ativismo-social-nao-judicial-22983759. Acesso em 16 ago. 2018.

MENDES, Conrado Hübner. *Controle de constitucionalidade e democracia*. Rio de Janeiro: Elsevier, 2008.

MENDES, Conrado Hübner. *Direitos fundamentais, separação de poderes e deliberação*. São Paulo: Saraiva, 2011.

MENDES, Conrado Hübner. Onze ilhas. Caderno Opinião. *Jornal Folha de São Paulo*, Edição de 01 de fevereiro de 2010. Disponível em: https://www1.folha.uol.com.br/fsp/opiniao/fz0102201008.htm. Acesso em 12 dez. 2018.

MENDES, Gilmar Ferreira. *Jurisdição Constitucional*. São Paulo: Saraiva, 1996.

MENDES, Gilmar Ferreira; BRANCO, Paulo Gustavo Gonet. *Curso de direito constitucional*. São Paulo: Saraiva Educação, 2018.

MEYER, Emílio Peluso Neder. *Decisão e jurisdição constitucional*: críticas às sentenças intermediárias, técnicas e efeitos do controle de constitucionalidade em perspectiva comparada. Rio de Janeiro: Lumen Juris, 2017.

MORAES, Guilherme Peña. *Justiça constitucional*: limites e possibilidades da atividade normativa dos tribunais constitucionais. São Paulo: Atlas, 2012.

MORAIS, Carlos Blanco de. Introdução às sentenças manipulativas e aos seus fundamentos. *In*: MORAIS, Carlos Blanco de (Coord.). *As sentenças intermédias da justiça constitucional*: estudos luso-brasileiros de direito público. Lisboa: AAFDL, 2009.

MORELLI, Sandra. The Colombian Constitutional Court: from institutional leadership, to conceptual audacity. *In*: BREWER-CARÍAS, Allan Randolph. *Constitutional Courts as Positive Legislators*. Nova Iorque: Cambridge University Press, 2011.

NOWAK, Jonh E.; ROTUNDA, Ronald D. *Constitutional law*. Saint Paul: West Publishing Co, 1995.

OSÓRIO, Aline. *Direito eleitoral e liberdade de expressão*. Belo Horizonte: Editora Fórum, 2017.

PAIVA, Paulo Frederico. Decisões manipulativas em controle de constitucionalidade e sua admissibilidade em matéria criminal. *Observatório da jurisdição constitucional*, Brasília: IDP, a. 2, 2008/2009.

PANZERA, Claudio. *Interpretare, manipolare, combinare*: una nuova prospettiva per lo studio delle decisioni della corte costituzionale. Roma: Edizioni Scientifiche Italiane, 2013.

PEGORADO, Lúcio. *La justicia constitucional. Una perspectiva comparada*. Madrid: Dykinson, 2004.

PELEJA JÚNIOR, Antônio Veloso. *Sentenças aditivas e jurisdição constitucional*. Curitiba: Juruá, 2017.

PEREIRA, Jane Reis Gonçalves. O Judiciário pode ser entendido como representante do povo? Um diálogo com "A razão sem voto" de Luís Roberto Barroso. *In*: VIEIRA, Oscar Vilhena; GLEZER, Rubens (Org.). *A razão e o voto*: diálogos constitucionais com Luís Roberto Barroso. São Paulo: FGV Direito SP Editora, 2017.

PIÇARRA, Nuno. *A separação dos poderes como doutrina e princípio constitucional*: um contributo para o estudo das suas origens e evolução. Coimbra: Coimbra Editora, 1989.

PIRES, Thiago Magalhães. Legislador negativo? O STF e a vinculação dos juizados especiais à jurisprudência do STF. *Revista de Direito do Estado*, Rio de Janeiro, a. 4, n. 15, jul./set. 2009.

POGREBINSCHI, Thamy. *Pragmatismo*: teoria Social e Política. Rio de Janeiro: Relume Dumará, 2005.

PUGIOTTO, Andrea. *Sindacato di Costituzionalità e "Diritto Vivente"*: genesi, uso, implicazioni. Milão: Dott. A. Giuffre Editore, 1994.

RABINOWITZ, Aaron; JONATHAN, Liz. *Israel's Higt Court Strikes Down exemption of ultra-Orthodox from military service*. 12 set. 2017. Disponível em: https://www.haaretz.com/israel-news/israel-s-high-court-strikes-down-exemption-of-ultra-orthodox-from-military-service-1.5450226. Acesso em 13 jun. 2018.

REVORIO, Francisco Javier Díaz. *Las sentencias interpretativas del tribunal constitucional*. Valladolid: Lex Nova, 2001.

RODRIGUES, Lêda Boechat. *A Corte Suprema e o Direito Constitucional Americano*. Rio de Janeiro: Civilização Brasileira, 1992.

RODRÍGUEZ-Patrón, Patrícia. *La "autonomía procesal" del Tribunal Constitucional*. Madrid: Civitas, 2003.

RODRÍGUEZ-Patrón, Patrícia. La libertad del tribunal constitucional alemán. *Revista Española de Derecho Constitucional*, a. 21, n. 62, p. 125-178, mai./ago. 2001.

RUA, Maria das Graças; ROMANINI, Roberta. *A concepção do ciclo de políticas públicas*. [s.d.]. Disponível em: http://igepp.com.br/uploads/ebook/para_aprender_politicas_publicas_-_unidade_06.pdf. Acesso em 30 abr. 2017.

SALVATO, Luigi. *Profilli del "diritto vivente" nella giurisprudenza costituzionale*. [s.d.]. Disponível em: https://www.cortecostituzionale.it/documenti/convegni_seminari/stu_276.pdf. Acesso em 4 nov. 2018.

SAMPAIO, José Adércio Leite. As sentenças intermediárias de constitucionalidade e o mito do legislador negativo. *In*: SAMPAIO, José Adércio Leite; CRUZ, Álvaro Ricardo de Souza (Orgs.). *Hermenêutica e jurisdição constitucional*: estudos em homenagem ao professor José Alfredo de Oliveira Baracho. Belo Horizonte: Del Rey, 2001.

SARLET, Ingo Wolfgang. *A eficácia dos direitos fundamentais*. Porto Alegre: Livraria do Advogado, 1998.

SARLET, Ingo; VIANNA, Rodrigo. A tutela dos direitos fundamentais e o STF como "legislador positivo". *Revista Mestrado em Direito*, Osasco, a. 13, n. 2, p. 95-133, jul./dez. 2013.

SARMENTO, Daniel (Org.). *Interesses públicos versus interesses privados*: desconstruindo o princípio da supremacia do interesse público. Rio de Janeiro: Lumen Iuris, 2005.

SARMENTO, Daniel. A eficácia temporal das decisões no controle de constitucionalidade. *In*: SARMENTO, Daniel (Org.). *O controle de constitucionalidade e a Lei nº 9.868/99*. Rio de Janeiro: Lumen Juris, 2001.

SARMENTO, Daniel. A Igualdade étnico-racial no direito constitucional brasileiro: discriminação 'de facto', teoria do impacto desproporcional e ação afirmativa. *In*: *Livres e Iguais – Estudos de Direito Constitucional*. Rio de Janeiro: Lumen Juris, 2006.

SARMENTO, Daniel. *A Proteção Judicial dos Direitos Sociais*: alguns parâmetros ético-jurídicos. [s.d.]. Disponível em: http://www.dsarmento.adv.br/content/3-publicacoes/17-a-protecao-judicial-dos-direitos-sociais-alguns-parametros-etico-juridicos/a-protecao-judicial-dos-direitos-sociais.alguns-parametros-etico-juridicos-daniel-sarmento.pdf. Acesso em 7 dez. 2018.

SARMENTO, Daniel. As lacunas constitucionais e sua integração. *Revista de Direitos e Garantias Fundamentais*, v. 12, p. 32, jul./dez. 2012.

SARMENTO, Daniel. As masmorras medievais e o Supremo. *Jota*, 06 jan. 2015. Disponível em: https://www.jota.info/stf/do-supremo/constituicao-e-sociedade-masmorras-medievais-e-o-supremo-06012015. Acesso em 30 abr. 2017.

SARMENTO, Daniel. Interpretação constitucional, pré-compreensão e capacidade institucional do intérprete. *In*: SOUZA NETO, Cláudio Pereira de; SARMENTO, Daniel; BINENBOJM, Gustavo (Coord.). *Vinte anos da Constituição Federal de 1988*. Rio de Janeiro: Lumen Juris, 2009.

SARMENTO, Daniel; SOUZA NETO, Cláudio Pereira. *Direito constitucional*: teoria, história e métodos de trabalho. Belo Horizonte: Editora Fórum, 2014.

SCHAUER, Frederick. *Playing by the rules*: a philosophical examination of rule-based decision-making in law and in life. Oxford: Clarendon Press, 1991.

SCHREIBER, Anderson. *Manual de direito civil contemporâneo*. São Paulo: Saraiva, 2018.

SILVA, Virgílio Afonso da. Interpretação conforme a Constituição: entre a trivialidade e a centralização judicial. *Revista Direito GV*, v. 2, n. 1, P. 203-204, jan./jun. 2006.

SOUSA FILHO, Ademar Borges de. *Sentenças aditivas na jurisdição constitucional brasileira*. Belo Horizonte: Fórum, 2016.

SOUZA NETO, Cláudio Pereira de. Mandado de Injunção: efeitos da decisão e âmbito de incidência. *Revista Interesse Público*, v. 43, p. 97-116, 2007.

SOUZA NETO, Cláudio Pereira de; SOUSA FILHO, Ademar Borges. Demarcação da terra indígena Raposa Serra do Sol. *Fórum de Direito Urbano e Ambiental – FDUA*, Belo Horizonte, a. 13, n. 74, p. 65-75, mar./abr. 2014. Parecer.

SUNSTEIN, Cass R.; VERMEULE, Adrian. Interpretation and Institutions. *Chicago Law School*, n. 156, p. 4-23, 2002.

TAVARES, Juarez Estevam Xavier. Inovações constitucionais no direito penal. *Revista de Direito da Defensoria Pública*, v. 3, n. 4, p. 51-72, 1990.

THE WORD BANK. *Financial Disclosure Law Library.* [s.d.]. Disponível em: https://publicofficialsfinancialdisclosure.worldbank.org. Acesso em 15 jan. 2019.

TOLEDO, Assis. *Princípios básicos do direito penal.* São Paulo: Saraiva, 2007.

TOSTA, André Ribeiro. *Instituições e o direito público:* empirismo, inovação e um roteiro de análise. Rio de Janeiro: Lumen Juris, 2019.

TRIBE, Lawrence. *The invisible constitution.* Oxford University Press: New York, 2008.

TUSHNET, Mark V. *Taking the Constitution away from the Courts.* Princeton: Princeton University Press, 1999.

TUSHNET, Mark V. *Weak courts, strong rights:* judicial review and social welfare rights in comparative constitutional law. Princeton: Princeton University Press, 2008.

TUSHNET, Mark. Constitutional hardball. *The John Marshall Law Review,* v. 37, n. 2, 2004. Disponível em: https://dash.harvard.edu/bitstream/handle/1/12916580/Constitutional%20Hardball%2037%20J.%20Marshall%20L.%20Rev.%20523%20%282004%29.pdf?sequence=1&isAllowed=y. Acesso em 10 jan. 2019.

VÁSQUEZ, Jorge León. El Tribunal Constitucional y la configuración de su derecho procesal. *Segunda Época,* n. 2, p. 6-22, jun./jul. 2009. Disponível em: derechovirtual.com. Acesso em 28 ago. 2018.

VEGA, Augusto Martín de la. *La sentencia constitucional en Italia:* tipología y efectos de las sentencias en la jurisdicción constitucional italiana: medio siglo de debate doctrinal. Madrid: Centro de Estudios Políticos y Constitucionales, 2003.

VIEIRA, Oscar Vilhena. *A batalha dos poderes:* da transição democrática ao mal-estar constitucional. São Paulo: Companhia das Letras, 2018.

VIEIRA, Oscar Vilhena. Da supremocracia à ministrocracia. Caderno Opinião. *Jornal Folha de São Paulo,* Edição de 28 de abril de 2018. Disponível em: https://www1.folha.uol.com.br/colunas/oscarvilhenavieira/2018/04/da-supremocracia-a-ministrocracia.shtml. Acesso em 12 dez. 2018.

VILE, M. J. C. *Constitutionalism and the separation of powers.* Oxford: Oxford University Press, 1967.

WALDRON, Jeremy. A essência da oposição ao judicial review. *In:* BIGONHA, Antônio Carlos Alpino; MOREIRA, Luiz (Org.). *Legitimidade da jurisdição constitucional.* Rio de Janeiro: Lumen Juris, 2010.

WALDRON, Jeremy. The core of the case against judicial review. *Yale Law Journal,* v. 115, n. 6, p. 1.360, 2006.

ZAGREBELSKY, Gustavo; MARCENÓ, Valeria. *Giustizia costituzionale.* Bologna: Il Mulino, 2018.